COMPROMISSO SIGNIFICATIVO
CONTRIBUIÇÕES SUL-AFRICANAS PARA OS PROCESSOS ESTRUTURAIS NO BRASIL

MATHEUS CASIMIRO GOMES SERAFIM

Daniel Sarmento
Prefácio

Juraci Mourão Lopes Filho
Apresentação

COMPROMISSO SIGNIFICATIVO
CONTRIBUIÇÕES SUL-AFRICANAS PARA OS PROCESSOS ESTRUTURAIS NO BRASIL

Belo Horizonte

FÓRUM
CONHECIMENTO JURÍDICO
2021

© 2021 Editora Fórum Ltda.

É proibida a reprodução total ou parcial desta obra, por qualquer meio eletrônico, inclusive por processos xerográficos, sem autorização expressa do Editor.

Conselho Editorial

Adilson Abreu Dallari
Alécia Paolucci Nogueira Bicalho
Alexandre Coutinho Pagliarini
André Ramos Tavares
Carlos Ayres Britto
Carlos Mário da Silva Velloso
Cármen Lúcia Antunes Rocha
Cesar Augusto Guimarães Pereira
Clovis Beznos
Cristiana Fortini
Dinorá Adelaide Musetti Grotti
Diogo de Figueiredo Moreira Neto (in memoriam)
Egon Bockmann Moreira
Emerson Gabardo
Fabrício Motta
Fernando Rossi
Flávio Henrique Unes Pereira

Floriano de Azevedo Marques Neto
Gustavo Justino de Oliveira
Inês Virgínia Prado Soares
Jorge Ulisses Jacoby Fernandes
Juarez Freitas
Luciano Ferraz
Lúcio Delfino
Marcia Carla Pereira Ribeiro
Márcio Cammarosano
Marcos Ehrhardt Jr.
Maria Sylvia Zanella Di Pietro
Ney José de Freitas
Oswaldo Othon de Pontes Saraiva Filho
Paulo Modesto
Romeu Felipe Bacellar Filho
Sérgio Guerra
Walber de Moura Agra

FÓRUM
CONHECIMENTO JURÍDICO

Luís Cláudio Rodrigues Ferreira
Presidente e Editor

Coordenação editorial: Leonardo Eustáquio Siqueira Araújo
Aline Sobreira de Oliveira

Av. Afonso Pena, 2770 – 15º andar – Savassi – CEP 30130-012
Belo Horizonte – Minas Gerais – Tel.: (31) 2121.4900 / 2121.4949
www.editoraforum.com.br – editoraforum@editoraforum.com.br

Técnica. Empenho. Zelo. Esses foram alguns dos cuidados aplicados na edição desta obra. No entanto, podem ocorrer erros de impressão, digitação ou mesmo restar alguma dúvida conceitual. Caso se constate algo assim, solicitamos a gentileza de nos comunicar através do *e-mail* editoraforum@editoraforum.com.br para que possamos esclarecer, no que couber. A sua contribuição é muito importante para mantermos a excelência editorial. A Editora Fórum agradece a sua contribuição.

Dados Internacionais de Catalogação na Publicação (CIP) de acordo com a AACR2

SE481c	Serafim, Matheus Casimiro Gomes
	Compromisso significativo : contribuições sul-africanas para os processos estruturais no Brasil / Matheus Casimiro Gomes Serafim.– Belo Horizonte : Fórum, 2021.
	204p.; 14,5 x 21,5cm
	ISBN: 978-65-5518-240-8
	1. Direito Público. 2. Processo Coletivo. 3. Direito Constitucional Comparado. I. Título.
	CDD 341.3
	CDU 342.9

Elaborado por Daniela Lopes Duarte - CRB-6/3500

Informação bibliográfica deste livro, conforme a NBR 6023:2018 da Associação Brasileira de Normas Técnicas (ABNT):

SERAFIM, Matheus Casimiro Gomes. *Compromisso significativo*: contribuições sul-africanas para os processos estruturais no Brasil. Belo Horizonte: Fórum, 2021. 204p. ISBN 978-65-5518-240-8.

*A Deus, que por simples graça tem me conduzido até aqui.
À minha família e, especialmente, aos meus amados pais, que nunca pouparam esforços para me darem uma educação de qualidade.
Aos meus amigos, os melhores irmãos e irmãs que um filho único poderia ter.*

AGRADECIMENTOS

Ao final da graduação, achava desnecessário fazer um tópico de agradecimentos grande demais. Quanto mais objetivo, melhor. Por sorte, percebi que essa é a parte mais importante do trabalho. Sem as pessoas que menciono aqui, nada do que foi escrito depois seria sequer possível.

Em primeiro lugar, agradeço a Deus, que apenas por graça tem cuidado da minha vida e me conduzido até aqui, capacitando-me para desafios que eu não imaginava que poderia enfrentar e superar.

À minha família, por todo o amor e cuidado comigo, especialmente às minhas tias Elma e Eliniete, à minha avó Tereza e à minha avó de coração Onete. Agradeço aos meus pais, Edilma e Marconi, pelo amor incondicional, pelo esforço em me dar uma educação de qualidade e pelo constante apoio na realização dos meus sonhos.

Agradeço ao orientador da minha dissertação, professor Felipe Braga, pelos ensinamentos, apoio e paciência nos últimos dois anos. No mundo acadêmico, onde tantos temem a pressão do seu orientador, tive a oportunidade de ser orientando por uma pessoa empática e gentil. A sua disponibilidade e seu interesse genuíno em contribuir com a minha pesquisa e crescimento acadêmico deram-me ânimo para oferecer o meu melhor ao longo do mestrado.

Ao meu coorientador, professor George Marmelstein, pela sua dedicação ao NUPID e pelas valiosas contribuições à minha pesquisa. Desde a minha monografia, o professor sempre foi atencioso e me ajudou a refletir sobre a perspectiva prática dos processos estruturais, mais facilmente percebidas por quem atua não só na função de pesquisador, mas também de aplicador do Direito.

Agradeço triplamente ao professor Juraci Mourão: por aceitar integrar a banca de defesa da dissertação, por escrever a apresentação desta obra e por seu cuidado com o NUPID. As reuniões de sua linha de pesquisa muito me ajudaram a aprimorar este livro. Sou inspirado por sua simplicidade e dedicação como professor e, sem dúvidas, é uma das minhas referências sobre como devo atuar no magistério.

Agradeço ao professor Daniel Sarmento, meu atual orientador na UERJ, que gentilmente aceitou o convite para prefaciar este livro. Suas críticas e sugestões sobre minha dissertação, cuja versão final originou este trabalho, ajudaram muito a aprimorá-la. Ouvir os direcionamentos de quem lida com os processos estruturais na prática abre os olhos do pesquisador para problemas que, na teoria, não existem.

Agradeço ao professor José Sérgio Cristóvam, que prontamente aceitou participar da banca de defesa de minha dissertação. As considerações feitas sobre o trabalho, especialmente as relacionadas à perspectiva do Direito Administrativo, também foram fundamentais para a publicação desta obra.

Agradeço a todos os professores, do ensino fundamental ao superior, que fizeram parte de minha jornada acadêmica. Sem suas contribuições, eu não poderia chegar até aqui, inclusive, sonhando em também ser professor. Em especial, agradeço ao professor Hugo de Brito Machado Segundo, pela sua disponibilidade em assumir a coordenação do NUPID quando tanto precisávamos. O professor Hugo também é um referencial acadêmico para mim, e espero seguir o seu exemplo de competência no magistério. Agradeço também ao professor Glauco Barreira Magalhães Filho, que, ao longo de três anos de monitoria durante a faculdade, muito me estimulou a seguir a carreira acadêmica e a ingressar no mestrado.

Agradeço aos meus amigos, que tanto me apoiam e têm a difícil tarefa de escutar horas de áudios meus no WhatsApp. Aos amigos do colégio, da UNI7, da Sociedade de Debates e da UFC, a minha mais sincera gratidão! Sem vocês, a vida em geral e a jornada acadêmica em especial seriam muito mais difíceis.

Preciso agradecer especialmente a alguns amigos que tiveram um papel especial nestes últimos dois anos. Aos mosqueteiros Ernani Soares e Leonardo Moraes, pelo apoio constante em todas as áreas de minha vida, especialmente na profissional e acadêmica. Às minhas queridas amigas Ana Beatriz e Ana Letícia, pela paciência, cuidado e apoio nesse período. À Raíra Marques, companheira para todos os momentos, que, além de ouvir infinitos áudios sobre este trabalho sem reclamar, sempre esteve disponível para me ajudar com as dificuldades que surgiram nestes dois anos de mestrado.

Por fim, mas de forma alguma menos importante, agradeço aos amigos que trilharam o caminho acadêmico junto comigo. Ao Caio Rodrigues, que já era um amigo querido na época da graduação, mas que no mestrado foi meu parceiro na criação do NUPID, um dos projetos mais incríveis de que pude participar e que fez toda a diferença na minha trajetória acadêmica. À Geórgia e ao Guilherme, amizades impensáveis na graduação, mas que hoje desejo levar para a vida! Ao parceiro de mestrado e de estudos para o doutorado Gabriel Valentim, pela amizade e por acreditar mais na minha capacidade do que eu mesmo. À Carla Barreto, um dos grandes presentes que o mestrado me deu, pelos conselhos e torcida incondicional. À Eduarda Cunha, querida amiga e parceira de artigos, que, com longos áudios e debates no WhatsApp, ajudou a aprimorar a versão final deste trabalho. À Isabelly Cysne e à Stephane Lima, por serem o meu mestre Yoda, sempre com sábios conselhos e estímulos a seguir na carreira acadêmica.

Well, people respond in accordance to how you relate to them. If you approach them on the basis of violence, that's how they'll react. But if you say, 'We want peace, we want stability', we can then do a lot of things that will contribute towards the progress of our society.
(Nelson Mandela)

If you want peace, you don't talk to your friends. You talk to your enemies.
(Desmond Tutu)

SUMÁRIO

PREFÁCIO
Daniel Sarmento..17

APRESENTAÇÃO
Juraci Mourão Lopes Filho..21

CAPÍTULO 1
INTRODUÇÃO..25

CAPÍTULO 2
PRESSUPOSTOS PARA A COMPREENSÃO DOS PROCESSOS ESTRUTURAIS..31

2.1 A resposta do Judiciário às omissões políticas: os processos estruturais 32

2.1.1 Os processos estruturais como instrumento para a transformação de um estado de coisas 35

2.1.2 As chaves de acesso às políticas públicas: os remédios estruturais ..40

2.2 Os processos estruturais no Brasil 44

2.3 Os riscos da utilização de remédios estruturais 54

2.3.1 Quando o Judiciário ultrapassa os seus limites: incapacidade, separação de poderes e o efeito *backlash*....................................54

2.3.2 Os riscos do raciocínio indutivista descontextualizado.................60

2.4 Avaliando a qualidade de um remédio estrutural dialógico: as normas de participação de Susan Sturm 64

2.5 Em busca de uma nova metáfora: a importância da tradução jurídica nos estudos comparados de processos estruturais................69

2.5.1 Do transplante à tradução: uma nova metáfora para os estudos comparativos 71

2.5.2 Diretrizes metodológicas para uma tradução jurídico-cultural 76

CAPÍTULO 3
A SOLUÇÃO SUL-AFRICANA PARA OS PROCESSOS ESTRUTURAIS: O COMPROMISSO SIGNIFICATIVO 81

3.1 O papel da Corte Constitucional na nova democracia sul-africana: a implementação gradual dos direitos socioeconômicos 83

3.1.1 As competências da Corte Constitucional na Constituição de 1996...84

3.1.2 O papel da Corte Constitucional na implementação dos direitos socioeconômicos 90

3.1.3 Os processos estruturais entre o simbólico e o efetivo: o caso *Grootboom* 94

3.1.4 As bases da procedimentalização dos processos estruturais: o caso *Port Elizabeth* 97

3.2 O caso *Olivia Road vs. City of Johannesburg* e a origem do Compromisso Significativo 99

3.2.1 Compromisso Significativo: manifestação da democracia participativa sul-africana 102

3.2.2 As principais características do Compromisso Significativo 108

3.2.3 Quando a participação ocorre fora do tribunal: o Compromisso Significativo político 109

3.2.4 Conclusão parcial 112

3.3 Os riscos de uma Corte Constitucional passiva: o caso *Mamba* 115

3.3.1 A utilização do Compromisso Significativo no caso *Mamba* 115

3.3.2 A excessiva deferência ao Executivo e a perda da força normativa dos direitos socioeconômicos 117

3.3.3 Conclusão parcial 121

3.4 O caso *Joe Slovo* e o aprimoramento do remédio estrutural: as vantagens de um *strong Meaningful Engagement* 123

3.4.1 As controvérsias do julgamento 127

3.4.2 A importância do *strong Meaningful Engagement* 129

3.4.3 Conclusão parcial 132

CAPÍTULO 4
A PARTICIPAÇÃO PÚBLICA EM PROCESSOS ESTRUTURAIS: CONTRIBUIÇÕES SUL-AFRICANAS PARA O BRASIL 135

4.1 Fundamentos jurídicos para a utilização de um remédio estrutural participativo no Brasil 136

4.1.1 Fundamentos constitucionais: o constitucionalismo transformador e o fortalecimento da democracia participativa 137

4.1.2 Fundamentos legais: o CPC e a busca por uma execução estrutural flexível e negociada 140
4.2 O Compromisso Significativo e as críticas aos processos estruturais 143
4.2.1 O ativismo judicial dialógico e a necessidade de repensar a separação de poderes 143
4.2.1.1 O diálogo institucional como novo paradigma de relacionamento entre os Poderes 144
4.2.1.2 É realmente necessário um ativismo judicial dialógico? 150
4.2.2 O diálogo institucional como alternativa à incompetência técnica do Judiciário 153
4.2.3 A importância do diálogo institucional para a colaboração da Administração Pública 159
4.3 A importância da democratização dos processos estruturais 162
4.3.1 O valor intrínseco: a ampliação do espaço público deliberativo 163
4.3.2 Valores extrínsecos: vantagens práticas para a democratização dos processos estruturais 168
4.3.2.1 O ganho epistêmico e o papel do Judiciário no enfrentamento de pontos cegos 168
4.3.2.2 A participação pública e o efeito desestabilizador 171
4.3.2.3 A transparência da atividade estatal 177

CAPÍTULO 5
CONCLUSÃO 183

REFERÊNCIAS 189

PREFÁCIO

Este livro corresponde à excelente dissertação de mestrado defendida por Matheus Casimiro Gomes Serafim perante a pós-graduação em direito da Universidade Federal do Ceará (UFC), sob a orientação dos professores Felipe Braga Albuquerque (orientador) e George Marmelstein Lima (coorientador). Tive a honra de integrar a banca examinadora e fiquei muito impressionado com a qualidade e originalidade do trabalho, que versa sobre tema extremamente importante para o direito brasileiro contemporâneo: o processo estrutural sobre direitos fundamentais.

Trata-se de um denso estudo de direito constitucional comparado. Diante da novidade do debate sobre o processo estrutural no Brasil, a obra mergulha na literatura e jurisprudência de um país que é uma das grandes referências na matéria: a África do Sul. Assim, extrai da fecunda experiência sul-africana *insights* importantes para o cenário brasileiro, com destaque para o instituto do *Meaningful Engagement*, traduzido como "Compromisso Significativo". Para o autor, o Compromisso Significativo pode ser definido como "um remédio estrutural utilizado pelo Judiciário para estabelecer um diálogo entre cidadãos e comunidades, de um lado, e o Poder Público, de outro, de forma que essas partes tentem, a partir da compreensão das perspectivas do outro, formular um acordo sobre a implementação de programas socioeconômicos que afetam a população".

Como se sabe, o processo estrutural é aquele voltado ao equacionamento de questões altamente complexas que envolvem a necessidade de alteração de políticas públicas e de modificação no funcionamento de instituições e estruturas sociais. O seu foco mais frequente é a proteção de direitos fundamentais – o que, naturalmente, inclui os direitos sociais, econômicos e culturais (DESCs), mas não se limita a eles. Por vezes, a tutela processual adequada dos direitos fundamentais depende de mudanças significativas na atuação do Estado ou de outros poderes sociais. Nesse cenário, a atuação jurisdicional, além de desafiar a ortodoxia da dogmática processual, também suscita relevantes questionamentos constitucionais, como os relativos à tensão com o princípio democrático e o da separação de poderes.

Como lembram os críticos do processo estrutural, juízes não são eleitos pelo povo, com mandato para promover amplas reformas sociais. No mais das vezes, eles tampouco possuem a *expertise* necessária para conceber soluções para graves problemas sociais, cujo equacionamento pressupõe profundos conhecimentos técnicos extrajurídicos. Além disso, mesmo quando muito bem-intencionadas, as decisões judiciais podem gerar efeitos adversos graves e imprevistos, inclusive pela mobilização contrária de setores inconformados da sociedade (*backlash*).

Por outro lado, a inércia ou a excessiva timidez judicial em casos de graves violações a direitos fundamentais pode resultar na perpetuação ou até no agravamento dessas situações contrárias à Constituição, em desfavor de grupos já excluídos e vulneráveis. A omissão judicial pode gerar efeitos perversos para esses segmentos sociais, os quais tampouco conseguem que sua voz seja ouvida e devidamente considerada no âmbito da política majoritária ou da burocracia estatal.

Essas delicadas questões não constituem singularidade brasileira. Pelo contrário, elas têm sido discutidas em muitos países que também vivenciam ou vivenciaram a experiência dos processos estruturais sobre direitos fundamentais, como os Estados Unidos, a Colômbia, a Índia e a África do Sul. O estudo dos debates travados nesses e em outros países, bem como da sua experiência concreta com o tema – o que envolve não apenas o conhecimento das decisões judiciais, como também dos seus efeitos práticos na sociedade – é importante para o Brasil, neste momento em que o processo estrutural voltado à proteção de direitos fundamentais ainda engatinha entre nós. Tenho vivido essa necessidade em minha atividade profissional, como advogado em processos estruturais no STF, como a ADPF nº 347 (que trata do "estado de coisas inconstitucional" do sistema prisional brasileiro), a ADPF nº 635 (relativa à letalidade excessiva da polícia fluminense contra a população negra das favelas) e a ADPF nº 709 (referente a falhas no enfrentamento da pandemia da Covid entre povos indígenas).

Por isso, deve ser lido e celebrado o belo trabalho de Matheus Casimiro Gomes Serafim. Sua escolha da África do Sul como objeto de estudo foi muito feliz, não só pela relevância da experiência do país no litígio estrutural, como também pelas similitudes entre o Brasil e aquela nação africana, seja em relação às características sociais – profunda desigualdade, pobreza extrema de camadas da população –, seja no que se refere aos perfis das respectivas constituições, ambas fortemente comprometidas com a transformação das relações sociais, com a proteção dos direitos fundamentais, com o acesso à justiça e com a democracia participativa.

Deve ser festejada a maior abertura para os diálogos Sul-Sul nos estudos jurídicos comparados, de que este livro é fecundo exemplo. E a escolha de uma única jurisdição para a análise comparativa, longe de constituir defeito, foi inequívoco mérito do trabalho, já que permitiu discussão realmente profunda, com a devida contextualização do tema, a discussão pormenorizada de cada um dos casos mais importantes da jurisprudência constitucional sul-africana, além do amplo recurso à bibliografia produzida por juristas daquele próprio país.

No uso do direito comparado, o autor não se deteve apenas sobre o que funcionou, analisando, igualmente, o que não funcionou – no caso, decisões em que o Judiciário sul-africano adotou postura mais passiva, sem viabilizar o efetivo diálogo entre autoridades e vítimas, nem fixar parâmetros para resolução dos problemas enfrentados ou monitorar as ações adotadas pelos poderes públicos. No melhor direito comparado, é assim que deve ser: sem mistificações do que vem de fora, deve-se aprender tanto com os acertos quanto com os erros alheios. E esse aprendizado é hoje fundamental para o Brasil, que ainda ensaia seus primeiros passos no litígio estrutural perante o STF.

Trata-se, em suma, de um trabalho construído sobre premissas teóricas sólidas, muito bem pesquisado, e de leitura fluida e agradável. O autor não foge de questões espinhosas, nem recorre a apostas algo pueris sobre a capacidade ilimitada do Judiciário de transformar a realidade. Ele sabe que não bastam canetadas para a resolução de graves problemas sociais que vitimam as camadas subalternas da população. Mas também não ignora que, diante da barbárie, a omissão judicial não constitui alternativa legítima. Sua aposta é na atuação judicial dialógica, que envolva e valorize a participação não apenas dos demais poderes estatais, como sobretudo das próprias vítimas, na construção das soluções para graves violações a direitos fundamentais. Essa participação equitativa deve ser assegurada e monitorada pelo Judiciário, sem idealizações abstratas sobre o diálogo entre partes tão desiguais e assimétricas.

Após defender na UFC a sua excelente dissertação de mestrado, ora publicada, Casimiro, aprovado em disputado processo seletivo, ingressou no doutorado em Direito Público da UERJ, no qual pretende continuar seus estudos sobre o processo estrutural, em suas dimensões constitucionais. Para mim, é uma grande felicidade ter me tornado seu orientador, certo de que vou aprender muito com ele, em tema tão necessário para a defesa dos direitos fundamentais dos grupos vulneráveis no Brasil.

Matheus Casimiro Gomes Serafim já publicou diversos artigos acadêmicos, mas este é o seu primeiro livro. Trata-se certamente de uma belíssima estreia, que já evidencia seu talento incomum e disposição para mobilizá-lo em favor dos direitos fundamentais e de um constitucionalismo transformador. Boa leitura!

Rio de Janeiro, 31 de maio de 2021.

Daniel Sarmento
Professor Titular de Direito Constitucional da UERJ.

APRESENTAÇÃO

O leitor tem em mãos trabalho de excelência sobre tema relevante de jovem e promissor jurista brasileiro, fruto de pesquisa acadêmica das mais sérias e submetida à banca de que tive a honra de participar ao lado de juristas dos mais expressivos do país. É a obra de estreia de Matheus Casimiro Gomes Serafim, escrita como etapa formal para a obtenção do título de Mestre em Direito pela Universidade Federal do Ceará. Contudo, Casimiro escreveu mais do que uma dissertação, o texto é mais do que o simples cumprimento de condição para sua titulação. Esta apresentação tem a intenção de demonstrar, em linhas gerais, as razões para essas afirmações.

O estudo dos processos estruturais é ainda recente no Brasil, sobretudo se comparado com outros assuntos próprios do processo constitucional, e vem se colocando como instrumento importante e mesmo estratégico para lidar com uma série de fatores que permeiam a realidade jurídica atual, desde a generalizada busca de satisfação de direitos em juízo até a otimização da atividade jurisdicional, permitindo um diálogo entre os poderes estatais, com vistas a solucionar os inevitáveis desacordos jurídicos e mesmo de moralidade política que naturalmente permeiam uma jovem democracia, que busca superar um cenário de desigualdade social, baixa liberdade individual e incremento das instituições.

O primeiro acerto de Casimiro reside justamente em perceber essas peculiaridades fáticas que rodeiam os aspectos teóricos do tema e que necessariamente o influenciam, pois, embora busque inspiração na doutrina de tradicionais centros de influência sobre nosso Direito Constitucional, como os Estados Unidos e Europa continental, ele buscou a compreensão de como o tema é desenvolvido na África do Sul, cujos desafios são bem mais próximos dos nossos. Há um capítulo inteiramente dedicado à solução sul-africana, especialmente com estudo de casos que evidenciam uma evolução da compreensão, desde uma ingenuidade e boa vontade encontradas no *leading case* até o amadurecimento e compreensão dos próprios limites nos mais recentes. É um alerta de que muito do entusiasmo inicial verificado nas primeiras experiências brasileiras é apenas uma decorrência do desconhecimento pleno das capacidades dos processos dessa natureza. É compreensível, portanto, mas Casimiro demonstra que podemos evitar mais descaminhos ao se conhecer bem a experiência da África do Sul.

No entanto, o autor mostra que, por mais que o Brasil seja mais parecido com o país africano do que, por exemplo, com o Canadá, onde há também discussões sobre o assunto, não é possível apenas um transplante, convidando, então, seu leitor a realizar uma tradução, que, então, afasta uma mera "reprodução fidedigna", pois é "ilusório acreditar que uma completa identidade entre o original e a tradução poderia ser alcançada, visto que as línguas estão em constante modificação".

No caso da tradução de institutos e temas jurídicos não é somente a língua (com sua função constitutiva da realidade) que muda e interfere, mas também o conjunto das estruturas fundamentais da sociedade, a concepção de justiça, as noções de direito e de moralidade que permeiam a sociedade são igualmente relevantes. A atenção a isso também é evidenciada na obra. Se a experiência sul-africana está no cerne do livro, na condição de capítulo 2, o capítulo inicial bem apresenta o atual quadro brasileiro sobre o tema.

Merece destaque a apresentação dos riscos que os processos estruturais podem trazer, desde o *backlash* legislativo, que pode entrincheirar retrocesso em questão em que o Judiciário possa ter avançado em demasia, rápido demais ou sem o devido diálogo institucional. Nesse sentido, são também destacadas as preocupações com um raciocínio indutivo descontextualizado, como o próprio para lidar com o mérito de tais processos.

O capítulo 3 é, consequentemente, um arremate, em que Casimiro aponta justamente para uma revisão da separação dos poderes, entre os quais se busca aquele a quem deve caber a última palavra para sustentar uma democratização dos processos estruturais, com valores intrínsecos e extrínsecos.

Todos esses aspectos são abordados com linguagem clara e segura, própria de quem se afeiçoou e apropriou bem do objeto de investigação, mesmo porque utilizou mais de duzentas referências em três línguas distintas, desde obras clássicas, passando por obras jurídicas, filosóficas, de ciência política, além de artigos científicos e livros mais recentes e, ainda, precedentes dos mais diversos, tanto nacionais quanto estrangeiros.

Por fim, para que possa comprovar minha afirmação do primeiro parágrafo desta apresentação, é preciso acrescentar algo que o leitor talvez só tenha um vislumbre pelas entrelinhas: a seriedade e dedicação do jovem autor às letras jurídicas e à pesquisa acadêmica. Participamos juntos, durante os pandêmicos anos de 2020 e 2021, de grupo de estudo interinstitucional, em que foi possível testemunhar a dedicação e empenho de Casimiro ao desenvolvimento da ciência jurídica. Como dito, esta é apenas a primeira de muitas contribuições que certamente ele dará ao cenário jurídico brasileiro.

Tenham todos uma boa leitura!

Fortaleza, julho de 2021.

Juraci Mourão Lopes Filho
Professor e coordenador do mestrado acadêmico em Direito do Centro Universitário Christus (Unichristus). Doutor em Direito Constitucional pela Universidade de Fortaleza (Unifor). Procurador do Município de Fortaleza. Advogado.

CAPÍTULO 1

INTRODUÇÃO

Poucos temas jurídicos têm suscitado tantas pesquisas nos últimos anos quanto o controle judicial de políticas públicas e as suas implicações. Desde o início dos anos 2000, diversos artigos, monografias, dissertações e teses têm sido produzidos sobre a questão. A teoria do mínimo existencial, o argumento da reserva do possível e a legitimidade judicial para intervir em políticas públicas são algumas das questões decorrentes do controle judicial de políticas públicas amplamente exploradas em trabalhos acadêmicos.

Diante de infindáveis discussões sobre o tema, não é estranho que alguns juristas pensem que essa é uma questão esgotada. Aparentemente, é mais um daqueles tradicionais debates que chegaram a um impasse, em que tudo que havia para ser dito já o foi e que novas pesquisas apenas reformulam argumentos antigos para, no máximo, dar novos nomes a velhos conhecidos.

Apesar de compreensível, o pensamento não poderia ser mais enganoso. De fato, muito já se disse e ainda se dirá sobre o controle judicial de políticas públicas no Brasil, mas é necessário que seja assim, visto que esse é um debate construído sobre uma tensão insolúvel. Neste trabalho, essa tensão é chamada de dilema da justiciabilidade dos direitos sociais, econômicos e culturais (DESCs). Por um lado, a Constituição de 1988 determina a separação de poderes e estatui competências típicas para cada um deles, designando ao Executivo a atribuição de formular e implementar políticas públicas. Por outro, assegura a plena força normativa dos direitos fundamentais, inclusive dos socioeconômicos, que devem vincular continuamente a atuação estatal. Além disso, em seu art. 5º, XXXV, assegura a inafastabilidade da jurisdição, prevendo que a lei não pode excluir da apreciação judicial lesão ou ameaça a direito.

O Judiciário, portanto, parece estar em um paradoxo. Pode optar por uma postura deferente em relação às escolhas públicas do Executivo, respeitando plenamente suas atribuições, sob pena de esvaziar a força normativa dos DESCs. Em contrapartida, pode adotar uma postura ativista, intervindo nas competências administrativas e até mesmo formulando políticas públicas, sob pena de violar a separação de poderes e de tomar decisões para as quais não possui capacidade técnica suficiente.

O paradoxo é, por definição, uma contradição que não pode ser plenamente resolvida. Por isso a inesgotabilidade da discussão sobre o controle judicial de políticas públicas. Ainda que seja antiga, a realidade jurídica e social constantemente produz novas situações em que essa tensão sai da Constituição e manifesta-se na prática. Consequentemente, é tarefa do jurista não ficar apenas repetindo argumentos já amplamente conhecidos, mas atentar-se para essas novas circunstâncias que fortalecem a tensão entre Executivo e Judiciário, pensando em soluções que amenizam o dilema da justicibilidade.

Os processos estruturais são uma dessas novas realidades. Ainda que não seja um fenômeno novo no País, já ocorrendo há décadas em primeira e segunda instância, especialmente em ações coletivas, a sua teorização só se fortaleceu a partir de 2015, especialmente com o julgamento da medida cautelar da Ação de Descumprimento de Preceito Fundamental (ADPF) nº 347/DF – ação estrutural que pretende reconhecer o Estado de Coisas Inconstitucional (ECI) do sistema prisional brasileiro.

Desde então, outras importantes ações estruturais foram ajuizadas no Supremo Tribunal Federal (STF): a ADPF nº 635, que questiona a constitucionalidade da política de segurança pública do Estado do Rio de Janeiro, especialmente a letalidade de suas operações policiais nas comunidades da cidade; a ADPF nº 682, que pretendia reconhecer o ECI do ensino jurídico superior; a ADPF nº 709, que objetiva sanar omissões do Poder Público no combate à pandemia da Covid-19 entre os povos indígenas; a ADPF nº 742, que questiona as omissões do governo federal na proteção de grupos quilombolas durante a pandemia; e a ADPF nº 822, que pede o reconhecimento de um Estado de Coisas Inconstitucional da atuação do governo federal no combate à pandemia.

A matéria também tem recebido maior atenção do Legislativo, uma vez que alguns Projetos de Lei (PL) tentam regular o processo coletivo estrutural no País. Entre essas tentativas, cabe ressaltar o PL nº 8.058/2014, atualmente em tramitação na Câmara dos Deputados, o qual pretende regular a intervenção judicial no âmbito das políticas públicas, reconhecendo que, nesses casos, o processo judicial terá características estruturais. Outro exemplo foi o Projeto de Lei do Senado (PLS) n° 736/2015, já arquivado, o qual dispunha que o STF, ao reconhecer o ECI em alguma decisão, deveria determinar a realização de um Compromisso Significativo entre o Poder Público e os segmentos populacionais afetados.

Este livro busca novas soluções para um problema antigo que agora se manifesta de uma forma diferente na realidade jurídica brasileira. Para isso, pretende-se aprender com a experiência sul-africana em demandas estruturais. A Corte Constitucional da África do Sul, preocupada com o mesmo dilema da justiciabilidade enfrentado em nosso País, desenvolveu o Compromisso Significativo, remédio estrutural que possui duas características essenciais: o diálogo institucional e a participação da comunidade afetada pelo litígio estrutural na construção de sua solução.

É importante ressaltar que a expressão Compromisso Significativo não é a tradução mais precisa para o termo *Meaningful Engagement*. Isso porque existem julgados, como *Olivia Road*, em que a Corte utiliza a expressão *engagement* enaltecendo a necessidade de as partes se engajarem significativamente na resolução do problema estrutural, colaborando entre si e atuando em boa-fé.

Assim, a Corte geralmente utiliza a expressão *engagement* não como o resultado da negociação, mas como uma efetiva colaboração para alcançar um acordo. Por outro lado, a expressão Compromisso, ainda que possa ser um dos sentidos da palavra *engagement*, ressalta mais o resultado da negociação do que o esforço conjunto para produzi-lo. À vista disso, acredita-se que a expressão Engajamento Significativo seria a mais adequada para expressar o sentido pretendido pela Corte ao utilizar o *Meaningful Engagement*.

Nesse contexto, por que utilizar o termo Compromisso Significativo no título do livro e em todo o seu texto? Ocorre que o termo *Meaningful Engagement* tem sido traduzido no Brasil como Compromisso Significativo, tanto no âmbito acadêmico quanto no Legislativo. O PLS n° 736/2015 determinava que um Compromisso Significativo fosse realizado quando o STF reconhecesse um Estado de Coisas Inconstitucional em alguma decisão. Além disso, autores que estudam processos estruturais ou que analisaram a experiência sul-africana com o instituto, como Katya Kozicki, Bianca van der Broocke, David Pardo e Isabelly Cysne – os quais são utilizados neste trabalho –, também optaram pela tradução "Compromisso Significativo".

Uma das principais dificuldades na ciência jurídica, funcionando como um grave obstáculo para a construção de quadros teóricos amplamente aceitos pelos juristas, é exatamente a constante opção que alguns fazem por adotar terminologias novas para tratar de temas e institutos já conhecidos, mas que são nomeados de outra forma. Assim, este trabalho não busca complicar ainda mais a terminologia dos processos estruturais no Brasil, muito pelo contrário; pretende-se colaborar com o esclarecimento e refinamento de conceitos ainda divergentes. Por essas razões, apesar de se entender que o termo Engajamento Significativo traduz de modo mais preciso a expressão *Meaningful Engagement*, opta-se por manter a nomenclatura Compromisso Significativo, que já vem sendo utilizada no País.

Antes de apresentar a metodologia adotada e a estruturação do trabalho, é importante alertar o leitor sobre o que este trabalho não trata. Desde 2015, ampla produção acadêmica tem abordado os processos estruturais a partir da perspectiva do direito processual civil. Renomados autores têm oferecido excelentes contribuições para pensar o processo coletivo estrutural no país, podendo-se citar como exemplo: Edilson Vitorelli, Marco Félix Jobim, Sérgio Cruz Arenhart, Gustavo Osna, Hermes Zaneti Jr., Fredie Didier, Leonardo Nunes e Matheus Galdino. Os referidos autores são utilizados na pesquisa e seus estudos ajudaram no desenvolvimento do livro, especialmente na consolidação dos conceitos apresentados no capítulo 2.

A abordagem dada aqui não será a partir da perspectiva do processo civil, mas do direito constitucional comparado. Enquanto no Brasil o tema foi capitaneado por processualistas, não se pode dizer o mesmo de outros países. É comum que remédios estruturais sejam desenvolvidos por Cortes Constitucionais e, em seguida, aplicados em outras instâncias do Judiciário, razão pela qual é um tema que também chama a atenção dos constitucionalistas desses países. Exemplos disso são a África do Sul, a Colômbia, a Índia e os Estados Unidos, cujo caso *Brown vs. Board of Education* é tido por alguns como a origem dos processos estruturais.

Feito esse esclarecimento, é necessário apresentar o marco teórico que será utilizado. Além de importantes autores brasileiros que pesquisam o tema, como os mencionados anteriormente, a principal base teórica para a pesquisa foram artigos, dissertações e teses de autores sul-africanos. Duas razões justificam a escolha. Primeiro, porque há controvérsias sobre alguns casos sul-africanos, quando analisados na perspectiva de um estrangeiro e na perspectiva de autores nacionais. Exemplo disso é o caso *Grootboom*, bastante celebrado no cenário internacional, mas muito criticado por autores sul-africanos. É necessário, portanto, privilegiar a visão daqueles que vivem e acompanham a realidade do país e a atuação de sua Corte Constitucional.

Em segundo lugar, pela qualidade e quantidade de trabalhos sul-africanos produzidos sobre o tema. Há excelentes pesquisas que tratam sobre a efetividade dos DESCs, o dilema da justiciabilidade, o diálogo institucional entre Executivo e Legislativo, o constitucionalismo transformador e a participação pública na resolução de litígios estruturais. Como principais autores utilizados na pesquisa, podem ser citados: Sandra Liebenberg, Lilian Chenwi, Brian Ray, Sameera Mahomedy, Phillipe Swanepoel, Daniel Brand e Christoper Mbazira.

Quanto à metodologia, além da tradicional análise bibliográfica e documental, realiza-se um estudo jurídico comparativo com a experiência sul-africana em processos estruturais, especialmente em três casos: *Olivia Road*, *Mamba* e *Joe Slovo*. No capítulo 3, destinado ao estudo comparado, as razões pelas quais os referidos casos foram selecionados são aprofundadas. Por enquanto, cabe ressaltar três motivos principais: são casos paradigmáticos para utilização do Compromisso Significativo, influenciando a aplicação desse remédio após o ano de 2010; tratam de problemas semelhantes aos enfrentados no Brasil, como o direito à moradia e o despejo de grupos que ocupam locais inapropriados; não são exemplos apenas de sucesso, mas também de fracasso do Compromisso, o que possibilita um aprendizado mais amplo.

Importante fazer, ainda, um segundo esclarecimento metodológico. Além das pesquisas que abordam questões técnicas do processo civil no processo estrutural, há um segundo grupo de estudos sobre o tema, também fortalecidos desde 2015. São pesquisas que analisam a possibilidade de transplantar remédios estruturais estrangeiros para o Brasil, como o Estado de Coisas Inconstitucional, desenvolvido na Colômbia. Alguns desses autores também são utilizados no referencial teórico desta obra, principalmente: Carlos Alexandre de Azevedo Campos, Eduarda Peixoto da Cunha e Isabelly Cysne.

Entretanto, como será apresentado no tópico 2.5, a metáfora do transplante jurídico, a qual tem conduzido boa parte dos estudos jurídicos comparativos, é equivocada e pode comprometer algumas das principais vantagens do direito comparado. Por isso, adota-se a ideia de tradução jurídica, isto é, buscam-se características estrangeiras que auxiliem a aprimorar o direito nacional, cientes de que o resultado desse processo não é uma simples importação de um instituto estrangeiro, mas a criação de algo novo. Portanto, a finalidade desta pesquisa não é defender a possibilidade ou impossibilidade de transplantar o

Compromisso Significativo para o Brasil. Antes, pretende-se aprender com os sucessos e fracassos da experiência sul-africana, apontando contribuições que podem ajudar a desenvolver um remédio estrutural adequado à realidade jurídica nacional.

Por fim, é útil apresentar a estruturação da pesquisa. No capítulo 2, são apresentados os pressupostos fundamentais deste estudo, que irão sustentar todas as análises posteriores. Com a abundância de trabalhos sobre processos estruturais, diferentes termos têm sido utilizados, como litígios estruturais, remédios estruturais, sentenças estruturais e processos estruturais. É importante compreender as diferenças entre esses conceitos e saber quais serão adotados aqui. Além disso, o capítulo apresenta as principais críticas que podem ser feitas aos processos estruturais: a incapacidade técnica do Judiciário para intervir em políticas públicas; a ameaça à separação de poderes; o risco de um efeito *backlash* e o raciocínio indutivista descontextualizado. O último tópico do capítulo apresenta a diferença entre a metáfora do transplante e a da tradução jurídica, apresentando as três diretrizes metodológicas que norteiam o estudo comparativo: similaridade, contextualização e justificação.

O capítulo 3 é totalmente destinado à realização do estudo jurídico comparativo. Em um primeiro momento, realiza-se uma contextualização sobre a nova ordem constitucional sul-africana e sua Corte Constitucional, que nascem umbilicalmente ligadas. Também é feita uma contextualização sobre os principais casos de direitos socioeconômicos que conduziram a Corte à criação do Compromisso Significativo em *Olivia Road*. Em seguida, são apresentados os três casos selecionados.

Por fim, o capítulo 4 é dividido em duas partes. A primeira, composta pelo tópico 4.1, busca esclarecer quais os fundamentos constitucionais e legais para a utilização de um remédio estrutural participativo semelhante ao Compromisso Significativo no Brasil. Já a segunda parte, composta pelos tópicos 4.2 e 4.3, apresenta as principais contribuições do Compromisso para os processos estruturais no País. No tópico 4.2, analisa-se como o diálogo institucional pode mitigar as críticas usualmente feitas a essas demandas. Enquanto isso, o tópico 4.3 foca na segunda característica distintiva do Compromisso, qual seja a participação pública, apresentando razões intrínsecas e extrínsecas para a democratização dos processos estruturais.

CAPÍTULO 2

PRESSUPOSTOS PARA A COMPREENSÃO DOS PROCESSOS ESTRUTURAIS

É muito comum, tanto em ambientes acadêmicos quanto em conversas cotidianas, ocorrerem discussões que aparentam ser infindáveis e não conduzem a um resultado real. Ainda que os debatedores se empenhem em fundamentar da melhor forma possível o seu ponto de vista, não se obtém, de forma geral, um consenso ou o convencimento de uma das partes. Entre outras razões, isso costuma ocorrer porque há uma divergência subjacente à discussão, que geralmente não é percebida pelos debatedores: os pressupostos que fundamentam as suas visões de mundo são discordantes, o que impossibilita a persuasão.

A solução para esse problema é a elucidação, no início de qualquer exposição argumentativa, de quais são os pressupostos adotados por aquele que defende um determinado ponto. Se isso é importante em discussões ordinárias, torna-se ainda mais relevante na estruturação de uma teoria científica.

Uma teoria é um modelo estrutural que objetiva explicar determinada realidade. As teorias podem ser compreendidas como quadros teóricos, ou seja, sistemas que interconectam diversos elementos que, juntos, pretendem explicar um dado fenômeno. Conforme explica Oliveira,[1] toda formulação teórica de um problema só é compreensível e avaliável no contexto de um quadro teórico, sem o qual tudo permanece vago e indeterminado. Em síntese, um quadro teórico é o conjunto de todos os elementos pressupostos por qualquer atividade discursiva teórica.

---

[1] OLIVEIRA, Manfredo. *A ontologia em debate no pensamento contemporâneo*. São Paulo: Paulus, 2014. p. 206.

Puntel[2] defende que há uma pluralidade de quadros teóricos e que cada um deles possibilita sentenças verdadeiras, todavia não no mesmo nível. O autor afirma que, em se tratando da verdade, não há apenas um binômio verdadeiro ou falso: existem diferentes graus, e, quanto mais adequado um quadro teórico for para explicar a realidade, mais próximo à verdade ele está. O fenômeno verdade é, na realidade, um grande complexo contendo muitas facetas e diferentes graus, de modo que cada quadro teórico possui um grau determinado de verdade.[3]

A pluralidade de modelos teóricos, no entanto, não implica a inexistência de uma hierarquia entre eles. Ao contrário, o grau de verdade de um não é igual ao de outro, podendo ser superior ou inferior. Complementando esse pensamento, Puntel afirma que "quadros referenciais teóricos formam uma hierarquia com base nos critérios de teoricidade, inteligibilidade, coerência, abertura temática ilimitada e rigor expositivo".[4]

Os argumentos de Puntel revelam uma das mais importantes tarefas de um pesquisador. Para a construção de um quadro teórico apto a explicar adequadamente a realidade, é necessário esclarecer e sistematizar os seus pressupostos. Com base nesses fundamentos, todo o edifício teórico será construído, e, se eles forem frágeis, a construção irá desmoronar facilmente. Tendo em vista a relevância de sistematizar os pressupostos indispensáveis de uma teoria, este capítulo estabelece os conceitos essenciais que norteiam a pesquisa e que serão necessários para as análises posteriormente desenvolvidas.

2.1 A resposta do Judiciário às omissões políticas: os processos estruturais

A partir do contexto de *Welfare State*, fortalecido após a Segunda Guerra Mundial, iniciou-se uma ampla positivação de direitos fundamentais nas novas Constituições,[5] as quais incluíram matérias que, até então, não eram consideradas tipicamente constitucionais. Além disso,

---

[2] OLIVEIRA, Manfredo. *A ontologia em debate no pensamento contemporâneo*. São Paulo: Paulus, 2014. p. 207.
[3] PUNTEL, Lorenz B. *Structure and Being*: A Theoretical Framework for a Systematic Philosophy. Pennsylvania: The Pennsylvania State University Press, 2008. p. 242.
[4] PUNTEL, Lorenz B. *A unidade da filosofia e a pluralidade de correntes filosóficas*: expressão da potencialidade criadora do pensamento, prova de autodesqualificação da filosofia ou problema solúvel/insolúvel?. Porto Alegre (mimeo), 2013. p. 17.
[5] BEATTY, David M. *A essência do Estado de Direito*. Tradução de Ana Aguiar Cotrim. São Paulo: WMF Martins Fontes, 2014. p. 216.

os direitos sociais e coletivos ganharam maior relevância, retomando a tendência iniciada pela Constituição mexicana, de 1917, e pela Constituição de Weimar, de 1919.[6] Juntamente a esse processo, teve início o estudo da dimensão objetiva dos direitos fundamentais, a qual vincula a atuação estatal nas mais diversas áreas, impondo ao Estado o dever de atuar constantemente em prol de sua efetivação.[7] Assim, os direitos fundamentais não são mais vistos apenas como escudos que protegem o cidadão contra intervenções estatais, mas como diretrizes que devem nortear toda a atuação do Estado.

A previsão constitucional de um extenso rol de direitos não foi suficiente, entretanto, para assegurar a sua efetivação. Infelizmente, essa positivação teve caráter predominantemente simbólico. Tratando do tema, Neves[8] explica que toda Constituição possui uma dimensão simbólica, destinada a influenciar o imaginário social, consagrando valores relevantes para a sociedade, e uma dimensão instrumental, a qual intenta conformar, efetivamente, a realidade política e social subjacente. O verdadeiro problema não é a existência dessa dupla dimensão, mas a subordinação da segunda à primeira.

Nesse cenário, surge o conceito de omissões políticas. Aqui, não há um vácuo normativo, ou seja, não se trata de completa ausência das normas infraconstitucionais destinadas à efetivação dos direitos fundamentais. Na verdade, pode existir ampla diversidade normativa tratando sobre determinado tema e, ainda assim, existir uma grave omissão política. Como explica Marmelstein,[9] essas lacunas podem ser compreendidas como a falta de políticas públicas necessárias à proteção de direitos constitucionalmente assegurados, ocasionando-lhes profundas e reiteradas violações por parte do Poder Público.

À vista dessas omissões, os segmentos populacionais afetados recorrem ao Judiciário com o intuito de obter uma solução para a inércia

---

[6] DELGADO, Maurício José Godinho; SOUZA, Luiza Baleeiro Coelho. Introdução ao Welfare State: construção, pilares estruturais e sentido civilizatório. *Revista da Faculdade Mineira de Direito*, v. 22, n. 43, p. 1-28, 2019. p. 8.
[7] NASCIMENTO, F. A. S. *Direitos fundamentais e sua dimensão objetiva*. Porto Alegre: Sergio Antônio Fabris, 2016. p. 68.
[8] NEVES, Marcelo. Constitucionalização simbólica e desconstitucionalização fática: mudança simbólica de constituição e permanência das estruturas reais de poder. *Revista de Informação Legislativa*, Brasília, v. 33, n. 132, p. 321-330, 1996. p. 325.
[9] MARMELSTEIN, George. A eficácia incompleta das normas constitucionais: desfazendo um mal-entendido sobre o parâmetro normativo das omissões inconstitucionais. *Revista Jurídica da Fa7*, Fortaleza, v. 12, n. 1, p. 10-28, 2015a. p. 25.

estatal.[10] Surgem, assim, as demandas estruturais, processos complexos que envolvem múltiplos interesses e intentam modificar a estrutura de determinadas instituições, geralmente públicas. Como esclarecem Meireles e Salazar,[11] questões típicas de litígios estruturais envolvem diversos valores da sociedade, da mesma forma que, não só há vários interesses concorrentes em jogo, mas também há a possibilidade de que as esferas jurídicas de terceiros, que não integram o conflito, sejam afetadas pela decisão judicial.[12]

Afinal, o que é um processo estrutural? Nos últimos anos, com a proliferação de publicações sobre a temática, uma multiplicidade de conceitos, muitas vezes mal explicados, tem ocupado o centro do debate. Em trabalhos sobre o tema, é comum encontrar expressões como decisões estruturais,[13] remédios estruturais,[14] medidas estruturantes,[15] sentenças estruturais,[16] litígios estruturais[17] e processos estruturais.[18] Existe real diferença entre esses termos? Os dois próximos subtópicos pretendem responder a esse questionamento, esclarecendo quais conceitos serão adotados nesta pesquisa.

---

[10] FERRAZ, Octavio Luiz Motta. Between activism and deference: social rights adjudication in the Brazilian Supreme Federal Tribunal. *In*: GARCÍA, Helena Alviar; KLARE, Karl; WILLIAMS, Lucy A. (Ed.). *Social and Economic Rights in Theory and Practice*: Critical Inquiries. Nova York: Routledge Research in Human Rights Law, 2014. p. 121-137. p. 121.

[11] SALAZAR, Rodrigo; MEIRELES, Edilton. Decisões estruturais e acesso à justiça. *Revista Cidadania e Acesso à Justiça*, [s.l.], v. 3, n. 2, p. 21-38, 02 dez. 2017. p. 32.

[12] ARENHART, Sérgio Cruz. Processo multipolar, participação e representação de interesses concorrentes. *In*: ARENHART, Sérgio Cruz; JOBIM, Marco Félix (Org.). *Processos estruturais*. Salvador: Juspodivm, 2017. p. 423-448. p. 423-424.

[13] ARENHART, Sérgio Cruz. Decisões estruturais no direito processual civil brasileiro. *Revista de Processo*, [s.l.], v. 38, n. 225, p. 389-410, nov. 2013.

[14] PUGA, Mariela G. *Litigio Estructural*. 2013. 329f. Tese (Doutorado) – Faculdade de Direito, Universidade de Buenos Aires, Buenos Aires, 2013.

[15] JOBIM, Marco Félix. *Medidas estruturantes*: da Suprema Corte Estadunidense ao Supremo Tribunal Federal. Porto Alegre: Livraria do Advogado, 2013.

[16] CAMPOS, Carlos Alexandre de Azevedo. *Estado de coisas inconstitucional*. Salvador: Juspodivm, 2016.

[17] VITORELLI, Edilson. Levando os conceitos a sério: processo estrutural, processo coletivo, processo estratégico e suas diferenças. *Revista de Processo*, v. 284, p. 333-369, out. 2018.

[18] GALDINO, Matheus Souza. *Processos estruturais*: identificação, funcionamento e finalidade. Salvador: Juspodivm, 2020.

2.1.1 Os processos estruturais como instrumento para a transformação de um estado de coisas

Com a ampla positivação dos DESCs e o fortalecimento do Estado Social ao longo do século XX, os ordenamentos jurídicos passaram a prever instrumentos processuais que permitissem a tutela coletiva desses direitos. Isso porque o ajuizamento apenas de ações individuais, muitas vezes baseadas em direitos que eram titularizados por uma coletividade, colaborava para a ocorrência de graves problemas: insegurança jurídica, já que decisões muito diferentes poderiam ser proferidas para pessoas que se encontravam em situação jurídica similar; inefetividade da tutela jurisdicional, que poderia obter melhores resultados ao tutelar a coletividade e não diversas demandas individuais fundadas no mesmo litígio; e promoção da economia processual, já que os esforços do Judiciário, então pulverizados em diversas ações individuais, poderiam ser centralizados em um único processo coletivo. Segundo Cappelleti e Garth,[19] a criação de instrumentos processuais que permitem a tutela coletiva faz parte da segunda fase do acesso à justiça.

Ainda que o processo coletivo represente um importante avanço para o acesso à justiça, ele ainda se demonstra insuficiente para uma plena tutela jurisdicional dos DESCs, uma vez que existem litígios coletivos com características muito específicas. Enquanto alguns processos coletivos podem ser solucionados com prestações pecuniárias ou a realização de uma obrigação de fazer, outras demandas coletivas exigem algo mais. Elas não podem ser resolvidas apenas com uma compensação pecuniária ou a realização de alguma prestação específica. Na verdade, exigem reformas mais profundas da realidade, implicando uma série de mudanças que devem ser executadas ao longo do tempo.

Nesse contexto, tem-se um dos conceitos mais relevantes para a pesquisa. Enquanto os litígios coletivos são conflitos entre interesses juridicamente relevantes, em que uma das partes é vista como uma coletividade titular de direitos ou deveres, os litígios coletivos estruturais possuem essas mesmas características, mas com um importante elemento adicional: os direitos da coletividade não são violados por uma ação específica da outra parte, mas decorrem de um estado de coisas contrário

---

[19] CAPPELLETTI, Mauro; GARTH, Bryant. *Acesso à justiça*. Tradução de Ellen Gracie Northfleet. Porto Alegre: Sergio Antonio Fabris, 1988. p. 18-19.

ao direito, cuja mudança depende, geralmente, da reestruturação de uma política, programa ou instituição pública.[20]

Os litígios estruturais são caracterizados por uma interligação de interesses particulares em um mosaico complexo, de forma que só é possível atender ao interesse particular depois de determinar o quadro geral dos interesses envolvidos.[21] Além disso, há a possibilidade de que as esferas jurídicas de terceiros, os quais não integram o conflito, sejam afetadas pela decisão judicial que intenta solucioná-lo.[22] Para Galdino,[23] as referidas características fazem com que os processos estruturais sejam multipolares ou policêntricos, isto é, tenham vários centros de interesse concorrentes, que serão diretamente impactados pela decisão judicial.

Em sua tríplice classificação dos litígios coletivos, Vitorelli[24] afirma que os litígios estruturais são litígios irradiados, o que implica duas características importantes. Primeiro, possuem uma alta conflituosidade, já que a coletividade atingida é dividida em subgrupos, que podem possuir interesses concorrentes e que serão afetados de formas diferentes pela decisão judicial. Segundo, possuem alta complexidade, visto que há ampla diversidade de soluções jurídicas aplicáveis ao caso concreto e que irão impactar de diferentes formas os grupos envolvidos.

É importante ressaltar também que, em litígios estruturais, direitos individuais também podem ser violados. Pode-se citar como exemplo o grave problema estrutural do sistema prisional brasileiro, no qual os direitos à vida e à integridade dos indivíduos são ameaçados, bem como o direito à saúde de toda a coletividade que se encontra inserida naquele. Por essa razão, Vitorelli[25] argumenta que, em litígios coletivos, como é o caso dos litígios estruturais, é difícil separar as dimensões individual e coletiva dos direitos afetados.

---

[20] VITORELLI, Edilson. Levando os conceitos a sério: processo estrutural, processo coletivo, processo estratégico e suas diferenças. *Revista de Processo*, v. 284, p. 333-369, out. 2018. p. 340.

[21] PUGA, Mariela. El litigio estructural. *Revista de Teoría del Derecho de la Universidad de Palermo*, v. 1, n. 2, p. 41-82, 2014. p. 48.

[22] ARENHART, Sérgio Cruz. Processo multipolar, participação e representação de interesses concorrentes. *In*: ARENHART, Sérgio Cruz; JOBIM, Marco Félix (Org.). *Processos estruturais*. Salvador: Juspodivm, 2017. p. 423-448, p. 423-424.

[23] GALDINO, Matheus Souza. *Processos estruturais*: identificação, funcionamento e finalidade. Salvador: Juspodivm, 2020. p. 239-241.

[24] Para o autor, com base no nível de conflituosidade e complexidade, os litígios coletivos podem ser classificados em litígios globais, litígios locais e litígios irradiados. VITORELLI, Edilson. *Processo civil estrutural*: teoria e prática. Salvador: Juspodivm, 2020. p. 28-32.

[25] VITORELLI, Edilson. *Processo civil estrutural*: teoria e prática. Salvador: Juspodivm, 2020. p. 42-45.

Portanto, neste trabalho, a constante associação entre os DESCs e os processos estruturais não deve induzir o leitor à compreensão de que não existem direitos individuais violados em litígios estruturais. Centra-se a análise nos DESCs por sua especial dependência[26] de prestações positivas do Estado e pela sua usual presença em litígios coletivos (especialmente os estruturais).

Os litígios estruturais são um dado da realidade, isto é, eles existem ainda que o Direito não forneça instrumentos processuais para que sejam tutelados coletivamente.[27] Contudo, é possível que a ordem jurídica possibilite o recurso a um tipo de processo coletivo específico, capaz de lidar com essa espécie de litígio: os processos estruturais. Tratando da questão, Vitorelli explica:

> O processo estrutural é um processo coletivo no qual se pretende, pela atuação jurisdicional, a reorganização de uma estrutura, pública ou privada, que causa, fomenta ou viabiliza a ocorrência de uma violação a direitos, pelo modo como funciona, originando um litígio estrutural.[28]

Para o autor, os processos estruturais têm, como ponto de partida, a sistemática violação aos direitos fundamentais, mas o objetivo não é apenas reparar os danos já ocasionados, e sim promover uma readequação das políticas públicas necessárias à efetivação dos direitos violados ou reorganizar estruturalmente as instituições responsáveis

---

[26] Fala-se em especial dependência, pois a diferença entre direitos individuais e sociais, em relação à necessidade de gastos públicos para a sua proteção, é apenas quantitativa. Como mostram Sunstein e Holmes, a crença de que apenas os direitos socioeconômicos demandam gastos públicos é equivocada, visto que o Estado precisa investir em políticas públicas para proteger clássicos direitos individuais, como a vida e a propriedade. Pode-se falar em uma especial dependência dos DESCs em relação às políticas públicas, pois estes demandam mais investimentos, mas isso não significa que os direitos individuais exigem apenas abstenções estatais. Ademais, o posicionamento dos autores é consoante ao argumento de Vitorelli. Quando o Estado elabora uma política pública, busca proteger os direitos de uma coletividade, sendo usual que haja direitos individuais e socioeconômicos protegidos pela mesma política. Por isso, quando se está diante de um litígio coletivo em que se questiona uma política pública, ainda que um direito socioeconômico seja a primeira justificativa para o controle judicial de políticas públicas, é possível que direitos individuais também estejam sendo violados. HOLMES; Stephen; SUNSTEIN, Cass R. *O custo dos direitos*: por que a liberdade depende dos impostos. Tradução de Marcelo Brandão Cipolla. São Paulo: WMF Martins Fontes, 2019.

[27] VIOLIN, Jordão. *Processos estruturais em perspectiva comparada*: a experiência norte-americana na resolução de litígios policêntricos. 2019. 256f. Tese (Doutorado) – Curso de Direito, Universidade Federal do Paraná, Curitiba, 2019. p. 219.

[28] VITORELLI, Edilson. *Processo civil estrutural*: teoria e prática. Salvador: Juspodivm, 2020. p. 60.

por realizá-las.[29] No modelo tradicional de processo, opera o binômio direito-obrigação: caso seja comprovada a existência da violação de um direito, o Judiciário determina a sua reparação. A indenização dos segmentos populacionais afetados, no entanto, não soluciona a omissão política e, por consequência, não impede que as violações continuem ocorrendo.[30] Para resolver o problema, o processo estrutural possibilita o tratamento da origem do litígio: a reestruturação de uma instituição pública.

De fato, essa espécie de processo costuma envolver a reorganização burocrática de instituições estatais, mas nem sempre isso acontece, como é o caso de ações que objetivam reparar danos ambientais causados por entes privados. Pela lógica de Vitorelli,[31] esses seriam, no máximo, processos de interesse público, que pretendem obter a efetivação de um direito coletivo pelo Estado, mas que, se não envolverem a reestruturação de uma instituição pública, não podem ser considerados processos estruturais. Consequentemente, todo processo estrutural seria de interesse público, mas nem todo processo de interesse público seria um processo estrutural.

Por outro lado, Arenhart[32] apresenta como exemplo de processo estrutural ACP do Carvão, em que houve a implementação de uma decisão de recuperação ambiental em Criciúma, Santa Catarina, impondo aos réus (mineradoras, seus sócios-gerentes, União e Estado de Santa Catarina), entre outras medidas, o dever de apresentar, em seis meses, um projeto de recuperação da região. A execução negociada e a necessidade de mudar um estado de coisas violador de direitos justificaria o entendimento de que seria um processo estrutural. Contudo, Vitorelli[33] argumenta que não seria possível compreender a ACP do Carvão como processo estrutural, já que as medidas visavam a reparar uma conduta privada. Como superar esse impasse conceitual?

---

[29] VITORELLI, Edilson. *O devido processo legal coletivo*: representação, participação e efetividade da tutela jurisdicional. 2015. 719f. Tese (Doutorado) – Curso de Direito, Ciências Jurídicas, Universidade Federal do Paraná, Curitiba, 2015. p. 564.

[30] VITORELLI, Edilson. *O devido processo legal coletivo*: representação, participação e efetividade da tutela jurisdicional. 2015. 719f. Tese (Doutorado) – Curso de Direito, Ciências Jurídicas, Universidade Federal do Paraná, Curitiba, 2015. p. 564.

[31] VITORELLI, Edilson. *Processo civil estrutural*: teoria e prática. Salvador: Juspodivm, 2020. p. 73.

[32] ARENHART, Sérgio Cruz. Processos estruturais no direito brasileiro: reflexões a partir do caso da ACP do carvão. *Revista de Processo Comparado*, São Paulo, v. 2, 2015, edição eletrônica.

[33] VITORELLI, Edilson. *Processo civil estrutural*: teoria e prática. Salvador: Juspodivm, 2020. p. 73.

Concorda-se com Vitorelli que, geralmente, os processos estruturais implicam a reestruturação de uma instituição pública. No entanto, reduzir o conceito apenas a esses casos o tornaria excessivamente restritivo, deixando de englobar processos que costumam ser associados com os litígios estruturais, como o referido caso da ACP do Carvão. Por essa razão, concorda-se com Galdino,[34] o qual defende que os processos estruturais são instrumentos processuais que buscam transformar um estado de coisas A, violador de direitos fundamentais, em um estado de coisas B, promotor de direitos. Isso costuma implicar uma reestruturação de uma instituição pública, mas não necessariamente.

Compreender o processo estrutural como um instrumento de modificação de um estado de coisas também contribui para esclarecer uma dúvida recorrente. Já se sabe que os processos estruturais podem ser utilizados para a modificação de políticas públicas ou reestruturação de instituições estatais. Mas seria possível utilizá-los para reestruturar instituições privadas? Sim, é possível. Se os processos estruturais são um instrumento jurídico que pretende transformar um estado de coisas A, violador de direitos, em um estado de coisas B, assegurador de direitos, isso pode ocorrer em instituições públicas e privadas. Tratando do tema, Batista[35] apresenta o processo de recuperação judicial como um exemplo de processo estrutural, com o objetivo de restabelecer uma empresa em crise.

Nesta obra, a expressão processo estrutural sempre fará referência aos processos coletivos estruturais de interesse público, os quais podem ser compreendidos como um conjunto ordenado de atos jurídicos destinados a obter uma tutela judicial coletiva, capaz de transformar, gradualmente, um estado de coisas A, violador de direitos fundamentais, em um estado de coisas B, apto a promover os direitos que dele dependem.[36] O interesse público desses processos decorre do fato de que a coletividade pleiteia a efetivação de direitos em face do Estado, o que costuma implicar uma reestruturação de políticas, programas ou instituições públicas.

---

[34] GALDINO, Matheus Souza. *Processos estruturais*: identificação, funcionamento e finalidade. Salvador: Juspodivm, 2020. p. 123.
[35] BATISTA, Felipe Vieira. *A recuperação judicial como processo coletivo*. 2017. 155f. Dissertação (Mestrado) – Curso de Direito, Universidade Federal da Bahia, Salvador, 2017. p. 120.
[36] SERAFIM, Matheus Casimiro Gomes; FRANÇA, Eduarda Peixoto da Cunha; NÓBREGA, Flavianne Fernanda Bitencourt. Processos estruturais e direito à moradia no Sul Global: contribuições das experiências sul-africana e colombiana. *Revista Opinião Jurídica*, Fortaleza, v. 19, n. 32, p. 148-183, 2021. p. 155.

2.1.2 As chaves de acesso às políticas públicas: os remédios estruturais

Tendo em vista o ajuizamento de ações estruturais, o Judiciário, em todo o mundo, tem proferido decisões estruturais que viabilizam a intervenção judicial no âmbito de atuação dos poderes políticos, no intuito de sanar as omissões estatais. Nesse contexto, faz-se necessário diferenciar três expressões que têm sido muito utilizadas em trabalhos sobre o tema: decisões estruturais, sentenças estruturais e remédios estruturais.

As decisões estruturais (*structural injunctions*) são provimentos jurisdicionais que fixam medidas cuja finalidade é conduzir a uma transformação de um estado de coisas violador de direitos, tendo sua origem na Suprema Corte dos Estados Unidos, com o julgamento do caso *Brown vs. Board of Education*.[37] Ao proferir uma decisão estrutural, o Judiciário fixa uma série de determinações para os poderes políticos com o intuito de reorganizar estruturalmente instituições públicas e privadas.[38] Como esclarece Fiss,[39] para defender a Constituição nos casos de omissões políticas, o juiz decide reformar a estrutura interna da organização pública e utilizar a *injunction* como instrumento primário para efetuar e administrar essa reconstrução.

Geralmente, as medidas estabelecidas em uma decisão estrutural implicam uma reestruturação das instituições responsáveis pela prestação de serviços públicos com o objetivo de reorganizá-las burocraticamente e, por conseguinte, promover a efetivação de direitos fundamentais dos grupos sociais afetados pela deficiente atuação estatal.[40]

Além disso, as decisões estruturais orientam-se para uma perspectiva futura e não apenas em curto prazo, a fim de evitar que o estado de coisas questionado torne-se, ao final do processo judicial, um

---

[37] Como explica Violin, os processos estruturais tiveram início não no caso *Brown I*, em 1954, mas em *Brown II*, em 1955, quando a Suprema Corte fixou medidas destinadas a assegurar a reforma estrutural pretendida. VIOLIN, Jordão. *Processos estruturais em perspectiva comparada*: a experiência norte-americana na resolução de litígios policêntricos. 2019. 256f. Tese (Doutorado) – Curso de Direito, Universidade Federal do Paraná, Curitiba, 2019. p. 32-33.

[38] JOBIM, Marco Félix. *Medidas estruturantes*: da Suprema Corte Estadunidense ao Supremo Tribunal Federal. Porto Alegre: Livraria do Advogado, 2013. p. 91-93.

[39] FISS, Owen. To make the Constitution a living truth: four lectures on the Structural Injunction. *In*: ARENHART, Sérgio Cruz; JOBIM, Marco Félix (Org.). *Processos estruturais*. Salvador: Juspodivm, 2017. p. 583-607. p. 590.

[40] COTA, Samuel Paiva; NUNES, Leonardo Silva. Medidas estruturais no ordenamento jurídico brasileiro: os problemas da rigidez do pedido na judicialização dos conflitos de interesse público. *Revista de Informação Legislativa*, v. 55, n. 217, p. 243-255, jan./mar. 2018. p. 244.

problema maior do que era originalmente.[41] Por tratarem de questões complexas e de difícil resolução, o legado das decisões estruturais não deve ser aferido apenas pela resolução imediata do caso concreto para o qual foi proferida. Como explicam Fachin e Bueno,[42] "provimentos desta complexidade têm, por consequência, efeitos também complexos e que assim devem ser apreendidos".

Tudo o que se disse sobre as decisões estruturais pode ser dito também sobre as sentenças estruturais, expressão utilizada por Campos,[43] em sua pesquisa sobre o Estado de Coisas Inconstitucional, e por alguns autores estrangeiros, como Mariela Puga.[44] A utilização do termo sentença estrutural, todavia, pode levar à falsa impressão de que, em processos estruturais, apenas as sentenças podem prever medidas estruturais, o que não é verdade.

Segundo o art. 203, §1º, do Código de Processo Civil (CPC), a sentença é o pronunciamento por meio do qual o juiz põe fim à fase cognitiva do procedimento comum, bem como extingue a execução. Como será visto no capítulo 3, medidas estruturais podem ser determinadas antes mesmo da decisão terminativa do processo, como ocorreu no caso *Olivia Road*. Dessa forma, concorda-se com a preferência de Arenhart[45] pela expressão decisões estruturais, gênero do qual as sentenças estruturais são espécies. Para os fins deste trabalho, acredita-se que o mais adequado seja utilizar uma expressão mais ampla para designar os provimentos jurisdicionais que apresentam medidas estruturais, razão pela qual se adota a expressão decisões estruturais.

Por fim, cabe esclarecer um conceito chave para o estudo dos processos estruturais, mas que tem sido pouco mencionado em trabalhos no Brasil: os remédios estruturais. Medidas estruturais, entendidas como determinações judiciais para reformar um estado de coisas, podem ser previstas dentro de processos estruturais e até mesmo em

---

[41] SALAZAR, Rodrigo; MEIRELES, Edilton. Decisões estruturais e acesso à justiça. *Revista Cidadania e Acesso à Justiça*, [s.l.], v. 3, n. 2, p. 21-38, 02 dez. 2017. p. 32.

[42] BUENO, C. C.; FACHIN, Melina Girardi. Decisões estruturantes na jurisdição constitucional brasileira: critérios processuais da tutela jurisdicional de direitos prestacionais. *Revista de Estudos Institucionais*, v. 4, p. 211-246, 2018. p. 225.

[43] CAMPOS, Carlos Alexandre de Azevedo. *Estado de coisas inconstitucional*. Salvador: Juspodivm, 2016. p. 187-189.

[44] PUGA, Mariela. El litigio estructural. *Revista de Teoría del Derecho de la Universidad de Palermo*, v. 1, n. 2, p. 41-82, 2014. p. 77.

[45] ARENHART, Sérgio Cruz. Decisões estruturais no direito processual civil brasileiro. *Revista de Processo*, [S.l.], v. 38, n. 225, p. 389-410, nov. 2013.

processos comuns.[46] Assim, é possível verificar apenas uma ou duas medidas previstas, de forma não sistematizada, em uma decisão judicial comum, ou uma série integrada de medidas destinadas a mudar o estado de coisas violador de direitos, hipótese esta que ocorre no caso das decisões estruturais.

Aqui se encaixa o conceito de remédios estruturais. A partir da pesquisa de Puga,[47] compreendem-se os remédios estruturais como um conjunto integrado de ordens e medidas, estabelecidas em uma decisão estrutural com o intuito de solucionar um problema estrutural. Uma medida específica e isolada, proferida fora de uma ação estrutural, não pode ser encarada como um remédio estrutural, já que este é composto por uma série interdependente de medidas e determinações. Assim, os remédios estruturais funcionam como verdadeiras chaves de acesso, abrindo as portas das políticas públicas para o Judiciário.

É possível que um remédio estrutural tenha características básicas fixas e que, após ser aplicado em vários casos, receba até mesmo uma nomenclatura específica. Podem ser citados como exemplos o Estado de Coisas Inconstitucional, desenvolvido na Colômbia, e o Compromisso Significativo, desenvolvido na África do Sul.

Feitos os devidos esclarecimentos, e para encerrar os tópicos de delimitação conceitual, é importante ressaltar que, como todo medicamento, os remédios estruturais também possuem efeitos colaterais. Costuma-se apontar dois riscos principais relacionados à sua utilização: a incompetência técnica do Judiciário em intervir na formulação de políticas públicas e a falta de legitimidade das instâncias judiciais em modificar as decisões tomadas pelos setores políticos,[48] críticas que serão aprofundadas no tópico 2.3.

Com base no grau de intervenção do Judiciário, bem como no diálogo desse Poder com o Executivo, o Legislativo e os segmentos populacionais afetados, podem-se identificar três paradigmas que orientam o desenvolvimento e a aplicação dos remédios estruturais: o *strong-form review*, o *weak-form review* e o *democratic experimentalism*. Antes de analisá-los individualmente, é importante ter em mente que esses três modelos são tipos ideais weberianos, ou seja, não são encontrados

---

[46] VITORELLI, Edilson. *Processo civil estrutural*: teoria e prática. Salvador: Juspodivm, 2020. p. 67.

[47] PUGA, Mariela G. *Litigio Estructural*. 2013. 329f. Tese (Doutorado) – Faculdade de Direito, Universidade de Buenos Aires, Buenos Aires, 2013.

[48] VITORELLI, Edilson. Litígios estruturais: decisão e implementação de mudanças socialmente relevantes pela via processual. *In*: ARENHART, Sérgio Cruz; JOBIM, Marco Félix (Org.). *Processos estruturais*. Salvador: Juspodivm, 2017. p. 369-422. p. 372.

de forma pura na realidade. Na verdade, são modelos que focam prioritariamente em determinadas características, em detrimento de outras,[49] com o intuito de favorecer a melhor compreensão do fenômeno.

No *strong-form review*, a chance de uma intervenção jurisdicional ineficiente e violadora da separação de poderes é consideravelmente maior. Isso porque, nesse modelo, o Judiciário dá a última palavra sobre a solução das omissões estatais,[50] influenciando diretamente na formulação de políticas públicas. O órgão judicial responsável pela questão atua de forma solipsista, determinando, em grande parte, como o Poder Público deve agir. As *structural injunctions*, da forma como foram utilizadas pela Suprema Corte Americana até os anos 1990, podem ser enquadradas nesse modelo. Além disso, é possível enquadrar nessa classificação o Estado de Coisas Inconstitucional em sua primeira fase de aplicação.

Em contrapartida, no *weak-form review*, busca-se a construção de um diálogo institucional entre os setores políticos e o Judiciário, com o intuito de retirar deste Poder o monopólio sobre a interpretação dos dispositivos constitucionais envolvidos no litígio.[51] Consequentemente, as instâncias judiciais respeitam as funções típicas da Administração Pública e não intentam formular, unilateralmente, as medidas que devem ser adotadas para a superação das omissões políticas.

Por fim, tem-se o experimentalismo, defendido por Sabel e Simon[52] como um desdobramento do *weak-form review*.[53] Atuando sob esse paradigma, além de um permanente diálogo entre o Judiciário e os poderes políticos, as Cortes abrem a discussão para os segmentos populacionais afetados pela inércia estatal, promovendo a inclusão desses grupos no processo deliberativo de superação das omissões políticas.[54] Portanto, a sua característica distintiva é a grande abertura

---

[49] NEVES, Marcelo. *Entre Hidra e Hércules*: princípios e regras constitucionais. 2. ed. São Paulo: WMF Martins Fontes, 2014. p. 101-102.
[50] TUSHNET, Mark V. *Weak Courts, Strong Rights:* Judicial Review and social welfare rights in comparative constitutional law. Princeton: Princeton University Press, 2008. p. 21.
[51] RAY, Brian. *Engaging with Social Rights:* Procedure, Participation, and Democracy in South Africa's Second Wave. Cambridge: Cambridge University Press, 2016. p. 24.
[52] SABEL, Charles F.; SIMON, William H. *Destabilization rights:* how public law litigation succeeds. Cambridge: Harvard Law Review, 2004. p. 1019.
[53] Tushnet identifica o experimentalismo como uma variante do modelo fraco de revisão judicial. TUSHNET, Mark V. *Weak Courts, Strong Rights:* Judicial Review and social welfare rights in comparative constitutional law. Princeton: Princeton University Press, 2008. p. 249.
[54] LIEBENBERG, Sandra; YOUNG, Katharine G. Adjudicating social and economic rights: Can democratic experimentalism help?. *In*: GARCÍA, Helena Alviar; KLARE, Karl; WILLIAMS, Lucy A. (Ed.). *Social and Economic Rights in Theory and Practice*: Critical Inquiries. Nova York: Routledge Research in Human Rights Law, 2014. p. 237-257. p. 240.

à participação do segmento populacional afetado pela omissão e das instituições públicas e privadas interessadas na demanda estrutural.

Devidamente esclarecidos os três principais paradigmas que orientam a utilização dos remédios estruturais, bem como os conceitos fundamentais para o desenvolvimento desta pesquisa, é importante saber como eles têm sido recepcionados pelo Legislativo e pelo Judiciário no Brasil.

2.2 Os processos estruturais no Brasil

A discussão sobre os limites da intervenção jurisdicional no âmbito das políticas públicas não é inédita no Brasil, tampouco o são os processos estruturais, que já ocorrem no País há décadas, principalmente em primeira e segunda instância.[55] A real novidade é a teorização sobre os processos estruturais e o estudo sobre como podem impactar o controle judicial de políticas públicas. Para os fins desta pesquisa, não é pertinente analisar processos estruturais que não tramitaram no STF. Como o estudo comparativo a ser desenvolvido analisa casos decididos pela Corte Constitucional sul-africana, o mais adequado é analisar como o tema tem sido tratado pelo Tribunal e pelo Congresso Nacional.

Antes de apresentar as mais importantes ações estruturais recentemente ajuizadas no STF, é necessário conhecer importantes precedentes do Tribunal sobre os direitos socioeconômicos, que justificam o controle judicial de políticas públicas.

Um dos principais casos para a construção do entendimento de que o Judiciário deve intervir nas omissões políticas foi o julgamento do Recurso Extraordinário (RE) nº 271.286/RS. Pacientes destituídos de recursos financeiros demandaram contra o Estado, requerendo o fornecimento gratuito de medicamentos para o tratamento da Aids. Na ocasião, o ministro Celso de Mello, relator do processo, afastou o argumento de que o Judiciário não poderia interferir na alocação de recursos públicos, entendendo que:

> O caráter programático da regra inscrita no art. 196 da Carta Política – que tem por destinatários todos os entes políticos que compõem, no plano institucional, a organização federativa do Estado brasileiro (JOSÉ CRETELLA JÚNIOR, "Comentários à Constituição de 1988",

---

[55] VITORELLI, Edilson. *Processo civil estrutural*: teoria e prática. Salvador: Juspodivm, 2020. p. 67.

vol. VIII/4332-4334, item n. 181, 1993, Forense Universitária) – não pode converter-se em promessa constitucional inconsequente, sob pena de o Poder Público, fraudando justas expectativas nele depositadas pela coletividade, substituir, de maneira ilegítima, o cumprimento de seu impostergável dever, por um festo irresponsável de infidelidade governamental ao que determina a própria Lei Fundamental do Estado. Nesse contexto, incide, sobre o Poder Público, a gravíssima obrigação de tornar efetivas as prestações de saúde, incumbindo-lhe promover, em favor das pessoas e das comunidades, medidas – preventivas e de recuperação –, que, fundadas em políticas públicas idôneas, tenham por finalidade viabilizar e dar concreção ao que prescreve, em seu art. 196, a Constituição da República.[56]

A decisão tornou-se um importante precedente, citado em diversas instâncias judiciais para contrapor o argumento estatal de que o Judiciário, em matéria de direitos socioeconômicos, não pode interferir no orçamento público ou nas escolhas feitas pelo Executivo, alegando que isso consistiria em uma violação à separação de poderes.[57] Desde que a política pública não seja idônea, como apontado pelo ministro Celso de Mello, o Judiciário pode intervir na atuação estatal, fazendo com que o Poder Público observe seus deveres constitucionais. A intervenção não seria uma carta branca para formular políticas públicas, mas destinada à correção de claras e arbitrárias violações estatais aos seus deveres constitucionais.

Esse entendimento foi fortalecido pela ADPF nº 45, cuja citação tornou-se recorrente em casos que tratam sobre direitos sociais e a possibilidade de intervenção do Judiciário no âmbito das políticas públicas. Na verdade, a ação foi considerada prejudicada em virtude da perda superveniente do seu objeto. Ainda assim, o ministro Celso de Mello, relator da ação, defendeu a tese de que o Judiciário está legitimado a exercer controle sobre a implementação de políticas públicas em casos de abuso ou arbitrariedade do Poder Público.[58] Consequentemente, nos

---

[56] BRASIL. Supremo Tribunal Federal. Recurso Extraordinário nº 271.286/RS. Relator: Ministro Celso de Mello. *Diário Oficial da União*, Brasília, 2000. p. 1.419-1.420. Disponível em: http://redir.stf.jus.br/paginadorpub/paginador.jsp?docTP=AC&docID=335538. Acesso em: 16 maio 2020.

[57] FERRAZ, Octavio Luiz Motta. Between activism and deference: social rights adjudication in the Brazilian Supreme Federal Tribunal. *In*: GARCÍA, Helena Alviar; KLARE, Karl; WILLIAMS, Lucy A. (Ed.). *Social and Economic Rights in Theory and Practice:* Critical Inquiries. Nova York: Routledge Research in Human Rights Law, 2014. p. 121-137. p. 123.

[58] BRASIL. Supremo Tribunal Federal. *Arguição de Descumprimento de Preceito Fundamental nº 45/DF*. Arguente: Partido da Social-Democracia Brasileira – PSDB. Relator: Ministro Celso de

casos em que o mínimo existencial de uma coletividade está ameaçado por ações ou omissões estatais, não é possível que o Estado utilize os argumentos da discricionariedade ou da reserva do possível para justificar a sua inércia.

Em julgamentos sobre o direito à educação, o STF também reiterou o seu entendimento de que pode intervir na atuação do Poder Público quando há uma violação arbitrária do dever de implementar políticas públicas adequadas. Um importante exemplo é o RE n° 594.018/RJ, que tratava sobre a falta de professores no sistema público de educação na cidade de São Gonçalo. O Tribunal entendeu que havia uma clara e arbitrária violação do direito à educação, determinando que o Estado contratasse mais professores. Apesar de reconhecer que a formulação e a execução de políticas públicas cabem, tipicamente, ao Executivo e ao Legislativo, o Tribunal julgou ser possível que o Judiciário, excepcionalmente, determine que políticas públicas definidas pela própria Constituição sejam implementadas pelos órgãos estatais omissos.[59] A decisão teve como importante fundamento a decisão do ministro Celso de Mello na ADPF n° 45.[60]

Além dos casos apresentados, Jobim[61] aponta o julgamento da Ação Popular n° 3.388/RR como um precursor dos processos estruturais no País. A ação foi ajuizada em face da União, em 20 de maio de 2005, com o objetivo de impugnar o modelo contínuo de demarcação do território indígena Raposa Serra do Sol,[62] questionando a Portaria n° 534/2005, a

---

Mello. Disponível em: http://www.sbdp.org.br/arquivos/material/343_204%20ADPF%20 2045.pdf. Acesso em: 17 set. 2019.

[59] BRASIL. Supremo Tribunal Federal. Recurso Extraordinário n° 594.018/RJ. Relator: Ministro Eros Grau. *Diário Oficial da União*, Brasília, 2009. p. 2365. Disponível em: http://www.mpsp.mp.br/portal/page/portal/Educacao/Jurisprudencia/STF-%20RE%20594018-RJ-Carencia%20de%20professores.pdf. Acesso em: 16 maio 2020.

[60] FERRAZ, Octavio Luiz Motta. Between activism and deference: social rights adjudication in the Brazilian Supreme Federal Tribunal. *In*: GARCÍA, Helena Alviar; KLARE, Karl; WILLIAMS, Lucy A. (Ed.). *Social and Economic Rights in Theory and Practice*: Critical Inquiries. Nova York: Routledge Research in Human Rights Law, 2014. p. 121-137. p. 129.

[61] JOBIM, Marco Félix. *Medidas estruturantes*: da Suprema Corte Estadunidense ao Supremo Tribunal Federal. Porto Alegre: Livraria do Advogado, 2013. p. 166.

[62] A reserva Raposa Serra do Sol é uma área de terra indígena situada no nordeste do estado brasileiro de Roraima, abarcando os municípios de Normandia, Pacaraima e Uiramutã, entre os rios Tacutu, Maú, Surumu, Miang e a fronteira com a Venezuela, cuja criação foi destinada à posse permanente dos grupos indígenas ingaricós, macuxis, patamonas, taurepangues e uapixanas. A reserva destacada é uma das maiores porções de terra indígena do país, com 1.743.089 hectares e 1000 quilômetros de perímetro. Quase 27% do território amazônico hoje é ocupado por terras indígenas, sendo que 46,37% de Roraima correspondem a essas áreas. MINHOTO, Antonio Celso Baeta. Ativismo judicial em foco: o Supremo Tribunal Federal na busca do equilíbrio entre inclusão social e respeito ao livre mercado. *Revista Jurídica da Presidência*, v. 17 n. 113, p. 629-656, 2016. p. 647.

qual viabilizava a retirada dos produtores rurais da região. Em 2008, o caso foi julgado, preservando a demarcação da terra indígena e sendo declarada válida a portaria, entretanto o STF impôs dezoito restrições à demarcação, conforme o artigo 321, §3º, da Constituição Federal, em prol do interesse público da União.[63]

Ainda que esses casos tenham viabilizado uma maior intervenção do Judiciário nas competências do Executivo, em prol da efetivação dos direitos socioeconômicos, o principal marco para aumentar o interesse no estudo das demandas estruturais foi o julgamento do pedido de medida cautelar na ADPF nº 347/DF, em 2015. A partir dessa decisão, o interesse doutrinário pelo tema aumentou significativamente, e isso se deve, principalmente, à sua inovação: pela primeira vez o Tribunal fez expressa referência à utilização de um remédio estrutural estrangeiro, o Estado de Coisas Inconstitucional, com o intuito de modificar o funcionamento de um conjunto de instituições públicas.

A ação foi ajuizada em razão da realidade caótica do sistema prisional brasileiro. Segundo o Levantamento Nacional de Informações Penitenciárias (Infopen), divulgado em 2020 pelo Ministério da Justiça, entre o ano de 2005 e o de 2019, a população carcerária brasileira duplicou. São 755.274 presos para 442.349 vagas, ocasionando o déficit de 312.925 vagas. A situação fica ainda mais preocupante ao se considerar a informação de que, do total da população encarcerada, 30,43% são presos provisórios, isto é, que ainda aguardam o seu julgamento.[64]

Diante desse cenário, o Partido Socialismo e Liberdade (PSOL) ajuizou a ADPF nº 347/DF, na qual apresentou, entre outros pedidos, o reconhecimento do Estado de Coisas Inconstitucional[65] do sistema prisional. O Tribunal já possuía o entendimento de que o Judiciário poderia determinar reformas em presídios, quando os direitos dos detentos estivessem sendo violados de forma sistemática. Esse entendimento foi consolidado no RE nº 592.581, no qual se afirmou a "Competência do Poder Judiciário para determinar ao Poder Executivo

---

[63] JOBIM, Marco Félix. *Medidas estruturantes*: da Suprema Corte Estadunidense ao Supremo Tribunal Federal. Porto Alegre: Livraria do Advogado, 2013. p. 166.
[64] BRASIL. Ministério da Justiça. DEPEN – Departamento Penitenciário Nacional. *Levantamento nacional de informações penitenciárias – INFOPEN*. Brasília: Ministério da Justiça – DEPEN, fevereiro de 2020a. Disponível em: https://ap.powerbi.com/view?r=eyJrIjoiMmU4ODAwNTAtY2 IyMS00OWJiLWE3ZTgtZGNjY2ZhNTYzZDliIiwidCI6ImViMDkwNDIwLTQ0NGMt NDNmNy05MWYyLTRiOGRhNmJmZThlMSJ9. Acesso em: 20 dez. 2019.
[65] O ECI é um remédio estrutural utilizado pela Corte Constitucional da Colômbia quando há uma série de profundas violações aos direitos fundamentais de determinado segmento populacional, decorrente de ações e omissões dos órgãos estatais. CAMPOS, Carlos Alexandre de Azevedo. *Estado de coisas inconstitucional*. Salvador: Juspodivm, 2016. p. 189.

a realização de obras em estabelecimentos prisionais com o objetivo de assegurar a observância de direitos fundamentais dos presos".[66]

Analisando os pedidos cautelares da ação, o relator, ministro Marco Aurélio, determinou que os juízes e os tribunais, entre outras medidas, estabelecessem, quando possível, penas alternativas à prisão, e que a União liberasse o saldo acumulado do Fundo Penitenciário Nacional, devendo ser utilizado em prol da finalidade para o qual foi criado, sendo proibida a realização de novos contingenciamentos.[67]

O que mais chama atenção na ação, no entanto, é o seu extenso rol de pedidos finais, possibilitando que o Tribunal revise as políticas públicas elaboradas pelo Executivo. Nesse sentido, é importante conhecer os pedidos formulados na ADPF:

> a) Declarar o estado de coisas inconstitucional do sistema penitenciário brasileiro; b) Confirmar as medidas cautelares aludidas acima; *c) Determinar ao Governo Federal que elabore e encaminhe ao STF, no prazo máximo de 3 meses, um plano nacional ("Plano Nacional") visando à superação do estado de coisas inconstitucional do sistema penitenciário brasileiro, dentro de um prazo de 3 anos;* d) Submeter o Plano Nacional à análise do Conselho Nacional de Justiça, da Procuradoria Geral da República, da Defensoria Geral da União, do Conselho Federal da Ordem dos Advogados do Brasil, do Conselho Nacional do Ministério Público, e de outros órgãos e instituições que queiram se manifestar sobre o mesmo, além de ouvir a sociedade civil, por meio da realização de uma ou mais audiências públicas; *e) Deliberar sobre o Plano Nacional, para homologá-lo ou impor medidas alternativas ou complementares, que o STF reputar necessárias para a superação do estado de coisas inconstitucional. Nesta tarefa, a Corte pode se valer do auxílio do Departamento de Monitoramento e Fiscalização do Sistema Carcerário e do Sistema de Execução de Medidas Socioeducativas do Conselho Nacional de Justiça. f) Após a deliberação sobre o Plano Nacional, determinar ao governo de cada Estado e do Distrito Federal que formule e apresente ao STF, no prazo de 3 meses, um plano estadual ou distrital, que se harmonize com o Plano Nacional homologado, e que contenha metas e propostas específicas para a*

---

[66] BRASIL. Supremo Tribunal Federal. Recurso Extraordinário nº 592.581. Relator: Ministro Ricardo Lewandowski. *Diário Oficial da União*, Brasília, 2015a. Disponível em: http://www.stf.jus.br/portal/jurisprudenciaRepercussao/verAndamentoProcesso.asp?incidente=2637302&numeroProcesso=592581&classeProcesso=RE&numeroTema=220. Acesso em: 17 set. 2019.

[67] VIEIRA JUNIOR, R. J. A. *Separação de poderes, estado de coisas inconstitucional e compromisso significativo*: novas balizas à atuação do Supremo Tribunal Federal. Brasília: Núcleo de Estudos e Pesquisas/CONLEG/Senado, dez. 2015. Texto para Discussão nº 186. p. 19. Disponível em: https://www12.senado.leg.br/publicacoes/estudos-legislativos/tipos-de-estudos/textos-para-discussao/td186. Acesso em: 25 jul. 2019.

superação do estado de coisas inconstitucional na respectiva unidade federativa, no prazo máximo de 2 anos. Cada plano estadual ou distrital deve tratar, no mínimo, de todos os aspectos referidos no item "c" supra, e conter previsão dos recursos necessários para a implementação das suas propostas, bem como a definição de um cronograma para a efetivação das mesmas. g) Submeter os planos estaduais e distrital à análise do Conselho Nacional de Justiça, da Procuradoria Geral da República, do Ministério Público da respectiva unidade federativa, da Defensoria Geral da União, da Defensoria Pública do ente federativo em questão, do Conselho Seccional da OAB da unidade federativa, e de outros órgãos e instituições que queiram se manifestar. Submetê-los, ainda, à sociedade civil local, em audiências públicas a serem realizadas nas capitais dos respectivos entes federativos, podendo a Corte, para tanto, delegar a realização das diligências a juízes auxiliares, ou mesmo a magistrados da localidade, nos termos do art. 22, II, do Regimento Interno do STF. *h) Deliberar sobre cada plano estadual e distrital, para homologá-lo ou impor outras medidas alternativas ou complementares que o STF reputar necessárias para a superação do estado de coisas inconstitucional na unidade federativa em questão.* Nessa tarefa, mais uma vez, a Corte Suprema pode se valer do auxílio do Departamento de Monitoramento e Fiscalização do Sistema Carcerário e do Sistema de Execução de Medidas Socioeducativas do Conselho Nacional de Justiça. *i) Monitorar a implementação do Plano Nacional e dos planos estaduais e distrital, com o auxílio do Departamento de Monitoramento e Fiscalização do Sistema Carcerário e do Sistema de Execução de Medidas Socioeducativas do Conselho Nacional de Justiça, em processo público e transparente, aberto à participação colaborativa da sociedade civil, até que se considere sanado o estado de coisas inconstitucional do sistema prisional brasileiro.*[68] (grifou-se)

Além das medidas apontadas, o PSOL, no que se refere ao pedido para que a União elabore um Plano Nacional visando à superação do Estado de Coisas Inconstitucional do sistema penitenciário, requer que seja estabelecido o prazo de três anos para que a situação seja solucionada, bem como elenca finalidades e metas a serem alcançadas. Aduz o partido que:

> O Plano Nacional deverá conter propostas e metas específicas para a superação das graves violações aos direitos fundamentais dos presos em todo o país, especialmente no que toca à (i) redução da superlotação dos presídios; (ii) contenção e reversão do processo de hiperencarceramento

---

[68] BRASIL. Supremo Tribunal Federal. Arguição de Descumprimento de Preceito Fundamental nº 347/DF. Relator: Ministro Marco Aurélio. *Diário Oficial da União*, Brasília, 2015b. p. 70-73. Disponível em: http://www.jota.info/wp-content/uploads/2015/05/ADPF-347.pdf. Acesso em: 25 jul. 2019.

existente no país; (ii) diminuição do número de presos provisórios; (iii) adequação das instalações e alojamentos dos estabelecimentos prisionais aos parâmetros normativos vigentes, no que tange a aspectos como espaço mínimo, lotação máxima, salubridade e condições de higiene, conforto e segurança; (iv) efetiva separação dos detentos de acordo com critérios como sexo, idade, situação processual e natureza do delito; (v) garantia de assistência material, de segurança, de alimentação adequada, de acesso à justiça, à educação, à assistência médica integral e ao trabalho digno e remunerado para os presos; (vi) contratação e capacitação de pessoal para as instituições prisionais; (vii) eliminação de tortura, de maus tratos e de aplicação de penalidades sem o devido processo legal nos estabelecimentos prisionais; (viii) adoção de medidas visando a propiciar o tratamento adequado para grupos vulneráveis nas prisões, como mulheres e população LGBT.

O Plano Nacional deve conter, também, a previsão dos recursos necessários para a implementação das suas propostas, bem como a definição de um cronograma para a efetivação das medidas de incumbência da União Federal e de suas entidades.[69]

Após 6 anos, o julgamento da ação teve início em 28.05.2021. Em seu voto, o ministro Marco Aurélio defendeu o reconhecimento de um Estado de Coisas Inconstitucional no sistema carcerário do país, tendo em vista a violação generalizada de direitos fundamentais.[70] O relator também votou que o STF determinasse que o governo federal elaborasse, em até 90 dias, um plano nacional para superação, em três anos, de problemas como superlotação de presídios e o alto número de presos provisórios. Após o voto do relator, o ministro Luis Roberto Barroso pediu vista do processo, suspendendo o julgamento.

Apesar da demora em julgar os pedidos finais da ADPF nº 347, surgem outras tentativas de utilizar o ECI no País. Em 07.05.2020, o Conselho Federal da OAB ajuizou a ADPF nº 682, pleiteando a suspensão das autorizações para criação de novos cursos jurídicos que ainda não iniciaram o seu funcionamento, bem como vetar a abertura de novas vagas em instituições privadas. Entre os pleitos apresentados, a entidade

---

[69] BRASIL. Supremo Tribunal Federal. Arguição de Descumprimento de Preceito Fundamental nº 347/DF. Relator: Ministro Marco Aurélio. *Diário Oficial da União*, Brasília, 2015b. p. 72-73. Disponível em: http://www.jota.info/wp-content/uploads/2015/05/ADPF-347.pdf. Acesso em: 25 jul. 2019.

[70] BRASIL. Supremo Tribunal Federal. Arguição de Descumprimento de Preceito Fundamental nº 347/DF. Relator: Ministro Marco Aurélio. *Diário Oficial da União*, Brasília, 2015b. Disponível em: https://portal.stf.jus.br/processos/detalhe.asp?incidente=4783560. Acesso em: 27 jun. 2021.

pediu para o Tribunal "Reconhecer o Estado de Coisas Inconstitucional referente à situação do ensino jurídico, em decorrência da violação sistemática ao preceito constitucional que garante a qualidade do ensino jurídico superior (art. 209, CF)".[71]

No dia 15 de maio, o relator da ação, ministro Ricardo Lewandowski, negou seguimento à ADPF, entendendo que a OAB não utilizou o instrumento processual adequado para defender suas pretensões. Interessante observar que, segundo o relator, um dos equívocos da entidade foi não questionar ato normativo específico, mas apenas demonstrar preocupação com política educacional no País, impugnando a abertura de novos cursos jurídicos.[72] Para o ministro, a ADPF não é meio adequado para buscar a correção de políticas vigentes, ainda que sejam caracterizadas as suas falhas e insuficiências. Curiosamente, a ADPF nº 347 também não questiona omissões normativas, mas políticas, sendo que é exatamente por isso que pode ser considerada um processo estrutural, possibilitando a intervenção judicial no âmbito das políticas públicas.

Tentativa mais recente de utilização do ECI ocorreu na ADPF nº 822, ajuizada por 18 entidades coletivas, questionando as políticas de saúde do governo federal no enfrentamento da pandemia de Covid-19. O relator da ação, ministro Marco Aurélio, acolheu o pedido para declarar o Estado de Coisas Inconstitucional na condução de políticas públicas destinadas à realização dos direitos à vida e à saúde.[73] Dessa forma, determinou aos entes federados, sob a coordenação da União, medidas como a realização de campanhas educativas sobre as formas de prevenção da doença e distribuição de máscaras em áreas de concentração populacional e baixo percentual de adesão às medidas preventivas. Após o voto do relator, o ministro Gilmar Mendes pediu vista do processo, suspendendo o julgamento.

---

[71] BRASIL. Supremo Tribunal Federal. Arguição de Descumprimento de Preceito Fundamental nº 682. Petição inicial. Relator: Ministro Ricardo Lewandowski. *Diário Oficial da União*, Brasília, 2020a. p. 70. Disponível em: https://www.jota.info/wp-content/uploads/2020/05/oab-suspensao-cursos-de-direito.pdf. Acesso em: 09 maio 2020.

[72] BRASIL. Supremo Tribunal Federal. Arguição de Descumprimento de Preceito Fundamental nº 682. Decisão monocrática do relator. Relator: Ministro Ricardo Lewandowski. *Diário Oficial da União*, Brasília, 2020b. p. 6. Disponível em: http://www.stf.jus.br/arquivo/cms/noticiaNoticiaStf/anexo/ADPF682.pdf. Acesso em: 17 ago. 2020.

[73] BRASIL. Supremo Tribunal Federal. Arguição de Descumprimento de Preceito Fundamental nº 822. Voto do relator. Relator: Ministro Marco Aurélio. *Diário Oficial da União*, Brasília, 2021. p. 25. Disponível em: https://www.migalhas.com.br/arquivos/2021/6/462C9A5171F20B_5364115.pdf. Acesso em: 26 jun. 2021.

Mas existem outras relevantes ações estruturais no STF que não recorrem ao Estado de Coisas Inconstitucional. Exemplo importante é a ADPF nº 635, também chamada de ADPF das favelas, que questiona a política de segurança pública do Estado do Rio de Janeiro, especialmente a crescente letalidade da atuação policial em comunidades periféricas.[74] A ação possibilitou uma audiência pública histórica, nos dias 16 e 19 de abril de 2021, com participações de representantes de movimentos sociais, organizações e entidades relacionadas aos direitos humanos e às vítimas de violência do Estado.

Por fim, importante ressaltar que a relevância das ações estruturais não passou despercebida durante a pandemia. Em maio de 2020, a Articulação dos Povos Indígenas do Brasil (APIB) ajuizou a ADPF nº 709, que trata de duas situações pertinentes à pandemia de Covid-19. Primeiro, aborda a necessidade de adoção de medidas de proteção e promoção da saúde dos Povos Indígenas Isolados e de Recente Contato (PIIRC), bem como propõe medidas mais amplas voltadas aos Povos Indígenas em geral. A ação tem caráter eminentemente estrutural, já que visa a modificar um estado de coisas violador de direitos fundamentais, reordenando a atuação da União na defesa dos Povos Indígenas.[75] Os pedidos cautelares da ação, que foram julgados e referendados pelo plenário do STF em 05.08.2020, serão retomados no capítulo 4.

Ação semelhante é a ADPF nº 742, também de 2020, ajuizada contra ações e omissões do governo federal em relação ao enfrentamento da pandemia nas comunidades quilombolas.[76] Em 23.02.2021, o STF julgou a ação, determinando que a União elabore, no prazo de 30 dias, um plano nacional de enfrentamento da pandemia da Covid-19, com providências e protocolos destinados à população quilombola. Além disso, o Plenário determinou que o governo federal deveria constituir, em até 72 horas, grupo de trabalho interdisciplinar e paritário, com a finalidade de debater, aprovar e monitorar a execução do plano de

---

[74] BRASIL. Supremo Tribunal Federal. Arguição de Descumprimento de Preceito Fundamental nº 635. Relator: Ministro Edson Fachin. *Diário Oficial da União*, Brasília, 2019. Disponível em: https://portal.stf.jus.br/processos/detalhe.asp?incidente=5816502. Acesso em: 26 jun. 2021.

[75] BRASIL. Supremo Tribunal Federal. Arguição de Descumprimento de Preceito Fundamental nº 709. Decisão monocrática sobre os pedidos cautelares. Relator: Ministro Luis Roberto Barroso. *Diário Oficial da União*, Brasília, 2020c. p. 5-7. Disponível em: http://portal.stf.jus.br/processos/downloadPeca.asp?id=15343710124&ext=.pdf. Acesso em: 31 out. 2020.

[76] BRASIL. Supremo Tribunal Federal. Arguição de Descumprimento de Preceito Fundamental nº 742. Relator: Ministro Marco Aurélio. *Diário Oficial da União*, Brasília, 2020d. Disponível em http://portal.stf.jus.br/processos/detalhe.asp?incidente=6001379. Acesso em: 26 jun. 2021.

imunização, com integrantes, pelo menos, do Ministério da Saúde, do Ministério da Mulher, da Família e dos Direitos Humanos, da Fundação Cultural Palmares, da Defensoria Pública da União, do Ministério Público Federal, do Conselho Nacional de Direitos Humanos, da Associação Brasileira de Saúde Coletiva e de representantes das comunidades quilombolas.

Percebendo a crescente relevância dos processos estruturais e a possibilidade de que o Judiciário amplie o seu controle sobre políticas públicas, alguns Projetos de Lei (PL) foram apresentados no Legislativo, na tentativa de regular o processo coletivo estrutural no País. Entre essas tentativas, cabe ressaltar o PL nº 8.058/2014, atualmente em tramitação na Câmara dos Deputados, que pretende regular a intervenção judicial no âmbito das políticas públicas, reconhecendo que, nesses casos, o processo judicial terá características estruturais.[77] Outro exemplo foi o Projeto de Lei do Senado (PLS) nº 736/2015. Tendo em vista os riscos decorrentes de uma má utilização do ECI pelo STF, o senador Antônio Carlos Valadares apresentou, em 11.11.2015, o referido Projeto, o qual, além de estabelecer pressupostos objetivos a serem observados pelo Tribunal para o reconhecimento do ECI, determinava que o reconhecimento desse estado de coisas implicaria a celebração de um Compromisso Significativo entre o Poder Público e os segmentos populacionais afetados pelo litígio estrutural.[78]

A possibilidade de adotar o ECI no Brasil deixou muitos juristas receosos, fazendo com que os processos estruturais fossem vistos com desconfiança ou incredulidade. Afinal, "O Judiciário não faz políticas públicas. Ele atua apenas contingencialmente".[79] Complementando essa ideia, Streck[80] chega a afirmar que "O que quero dizer é que, em

---

[77] BRASIL. Câmara dos Deputados. *Projeto de Lei nº 8058/2014*. Institui processo especial para o controle e intervenção em políticas públicas pelo Poder Judiciário e dá outras providências. Brasília, 2014. Disponível em: https://www.camara.leg.br/proposicoesWeb/fichadetrami tacao?idProposicao=687758. Acesso em: 03 fev. 2021.

[78] BRASIL. *Projeto de Lei do Senado nº 736/2015*. Altera as Leis nºs 9.882, de 03 de dezembro de 1999, e 13.105, de 16 de março de 2015, para estabelecer termos e limites ao exercício do controle concentrado e difuso de constitucionalidade pelo Supremo Tribunal Federal, dispor sobre o estado de coisas inconstitucional e o compromisso significativo. Brasília, 2015c. Disponível em: https://www25.senado.leg.br/web/atividade/materias/-/materia/124010. Acesso em: 02 jan. 2020.

[79] STRECK, Lenio Luiz; LIMA, Martonio Mont'Alverne Barreto. Lei das Políticas Públicas é "Estado Social a golpe de caneta?". *Revista Consultor Jurídico*, v. 10, 2015. Disponível em: https://www.conjur.com.br/2015-fev-10/lei-politicas-publicas-estado-social-golpe-caneta. Acesso em: 30 dez. 2020.

[80] STRECK, Lenio Luiz. Estado de coisas inconstitucional é uma nova forma de ativismo. *Revista Consultor Jurídico*, v. 24, 2015. Disponível em: https://www.conjur.com.br/2015-out-24/

sendo factível/correta a tese do ECI, a palavra 'estruturante' poderá ser um guarda-chuva debaixo do qual será colocado tudo o que o ativismo quiser, desde os presídios ao salário mínimo". No próximo subtópico, serão apresentadas as principais críticas usualmente feitas aos processos estruturais.

2.3 Os riscos da utilização de remédios estruturais

Os direitos socioeconômicos são uma realidade do constitucionalismo contemporâneo, e a Constituição de 1988 não foge à regra, pelo contrário, estabelece uma série de direitos e garantias sociais, os quais exigem a atuação constante do Estado para que sejam plenamente usufruídos pelos seus titulares. Atualmente, a problemática central no debate sobre processos estruturais como instrumentos adequados à efetivação dos DESCs não é se esses direitos possuem força normativa ou se o Judiciário deve promover a sua efetivação, mas de como ele deve fazer isso.[81]

Portanto, todo quadro teórico que pretenda fundamentar a utilização de remédios estruturais no País deve enfrentar os quatro principais riscos de sua utilização: a incapacidade institucional do Judiciário para intervir em políticas públicas, a ameaça à separação de poderes, o efeito *backlash* e o raciocínio indutivo descontextualizado.

2.3.1 Quando o Judiciário ultrapassa os seus limites: incapacidade, separação de poderes e o efeito *backlash*

Colocar três dos quatro obstáculos aos processos estruturais em um único tópico pode parecer, em um primeiro momento, uma tentativa de economizar tempo e realizar uma análise superficial. A intenção, entretanto, não é essa. Como será demonstrado, quando o Judiciário ultrapassa os limites da sua competência, acumulando funções típicas do Executivo, os três resultados podem ser obtidos simultaneamente: incapacidade para intervir no problema estrutural, violação à separação de poderes e efeito *backlash*.

---

observatorio-constitucional-estado-coisas-inconstitucional-forma-ativismo. Acesso em: 30 dez. 2020.

[81] TUSHNET, Mark. A response to David Landau. *In*: ARENHART, Sérgio Cruz; JOBIM, Marco Félix (Org.). *Processos estruturais*. Salvador: Juspodivm, 2017. p. 53-62. p. 53.

A primeira questão levantada contra a intervenção judicial no âmbito das políticas públicas é o clássico argumento de que o Judiciário, ao proceder dessa forma, usurpa competências exclusivas dos poderes políticos. Na concepção mais rígida da separação de poderes, "[...] sempre haverá um *núcleo essencial* da função que não é passível de ser exercido senão pelo Poder competente".[82] Com base nessa argumentação, muitos criticaram a introdução de direitos sociais na nova Constituição sul-africana.[83] Para que o Judiciário possa promover a efetividade desses direitos, é inevitável que interfira, em alguma medida, no âmbito de atuação do Executivo, razão pela qual seria melhor não os incluir no texto constitucional.

A ameaça à separação de poderes está diretamente ligada ao dilema da justiciabilidade dos DESCs. Segundo Michelman,[84] é comum que o Judiciário, ao julgar processos estruturais, veja-se refém do dilema de justiciabilidade dos direitos socioeconômicos, devendo escolher entre uma postura ativista ou de autoconstrição, decisão que sempre leva ou ao embaraço ou ao descrédito institucional. Por um lado, a instância judicial intervém diretamente na formulação de políticas públicas, ainda que não tenha a capacidade técnica necessária para reorganizar as prioridades do orçamento público. Por outro, adotando uma postura diferente, pode esvaziar o conteúdo normativo dos DESCs, deixando-os dependentes da discricionariedade do Poder Público. Para os críticos, a resposta correta à tensão é uma posição de autoconstrição judicial, evitando-se decisões consideradas ativistas.

Em segundo lugar, tem-se a incapacidade técnica dos membros do Judiciário, seja para intervir e formular políticas públicas, seja para supervisionar a sua implementação. Os órgãos jurisdicionais são compostos por magistrados que têm o Direito como formação acadêmica, não reunindo, em tese, conhecimentos suficientes para realizar realocações orçamentárias ou analisar todos os fatores envolvidos na formulação de uma política pública. O mesmo pode ser dito de seus assessores, que os auxiliam no embasamento jurídico das decisões, mas não são, em regra, especialistas em outras áreas de conhecimento fundamentais para a criação de políticas públicas adequadas.

---

[82] RAMOS, Eival da Silva. *Ativismo judicial*: parâmetros dogmáticos. 2. ed. São Paulo: Saraiva, 2015. p. 118.
[83] RAY, Brian. *Engaging with Social Rights:* Procedure, Participation, and Democracy in South Africa's Second Wave. Cambridge: Cambridge University Press, 2016. p. 35.
[84] MICHELMAN, F. I. The constitution, social rights, and liberal political justification. *International Journal of Constitutional Law*, [s.l.], v. 1, n. 1, p. 13-34, jan. 2003. p. 16.

Conforme relembra Arenhart,[85] as demandas estruturais envolvem um extenso rol de complexas questões econômicas, sociais e culturais, não sendo uma tarefa fácil fixar a solução para as omissões políticas que originaram o litígio. Assim, uma atuação unilateral da instância judicial pode não só violar a separação de poderes, mas também conduzir à aplicação de medidas paliativas, que, na melhor das hipóteses, produzem efeitos em curto prazo, porém não resolvem o verdadeiro problema.

A crítica da incapacidade técnica apresenta uma segunda dimensão, a qual questiona a capacidade institucional do Judiciário em manter a supervisão sobre a execução de políticas públicas, mesmo aquelas que foram originadas de um processo estrutural. Os juízes, já superlotados de processos, não conseguirão abarcar uma nova competência: supervisionar pessoalmente a realização do plano de ação formulado pela Administração Pública. Em síntese, seja pela falta de conhecimentos técnicos para formular políticas públicas, seja por incapacidade institucional para supervisionar a implementação das referidas políticas, os processos estruturais não deveriam ser vistos como alternativas adequadas à solução das omissões políticas.

Por último, tem-se a possibilidade de um remédio estrutural gerar um efeito *backlash* que comprometa a sua eficiência. Segundo Kozicki,[86] o termo tem sido utilizado para designar uma contundente reação contrária a decisões judiciais consideradas excessivamente progressistas, podendo advir tanto da sociedade quanto dos poderes políticos instituídos, comprometendo a eficiência da sentença proferida. O fenômeno tende a ocorrer quando uma decisão diverge consideravelmente da normatização consagrada socialmente ou das instituições em relação às quais segmentos influentes da população mantenham uma significativa fidelidade normativa.[87] Intervenções unilaterais do Judiciário em políticas públicas podem conduzir a um efeito *backlash*,

---

[85] ARENHART, Sérgio Cruz. Processo multipolar, participação e representação de interesses concorrentes. *In*: ARENHART, Sérgio Cruz; JOBIM, Marco Félix (Org.). *Processos estruturais*. Salvador: Juspodivm, 2017. p. 423-448. p. 448.

[86] KOZICKI, Katya. *Backlash*: as "reações contrárias" à decisão do Supremo Tribunal Federal na ADPF n° 153. *In*: SOUZA JÚNIOR, José Geraldo de *et al.* (Org.). *O direito achado na rua*: introdução crítica à justiça de transição na América Latina. v. 7. Brasília: UnB, 2015. p. 192-196. p. 194.

[87] VALLE, Vanice Regina Lírio do. *Backlash à decisão do Supremo Tribunal Federal*: pela naturalização do dissenso como possibilidade democrática [online]. 2013. p. 9. Disponível em: https://www.academia.edu/5159210/Backlash_%C3%A0_decis%C3%A3o_do_Supremo_Tribunal_Federal_pela_naturaliza%C3%A7%C3%A3o_do_dissenso_como_possibilidade_democr%C3%A1tica. Acesso em: 26 nov. 2019.

dificultando o comprometimento da Administração Pública com a implementação da decisão.

É importante ressaltar que nem sempre o efeito *backlash* produzirá consequências deletérias para a ordem constitucional. Como defendem Siegel e Post,[88] o *backlash* social é uma forma de os cidadãos questionarem o sentido dado pelos juízes à Constituição, pressionando o Judiciário, o Executivo e o Legislativo a adotarem uma interpretação mais adequada ao que esses grupos acreditam ser os verdadeiros valores constitucionais. Os autores concluem, assim, que o *backlash* social a uma decisão judicial, na verdade, pode promover o engajamento político dos cidadãos e fortalecer a legitimidade da Constituição.[89]

Apesar de se concordar com a análise dos referidos autores, a utilização do termo *backlash*, neste trabalho, faz referência à reação institucional do Legislativo e do Executivo contra decisões judiciais que contrariam os seus interesses. O recorte é necessário, já que o principal tipo de efeito *backlash* que pode ameaçar um processo estrutural é a deliberada decisão da Administração Pública em prejudicar a sua implementação,[90] como será visto no estudo do caso *Mamba*. Portanto, aqui não será analisado o *backlash* social, mencionado por Siegel e Post, mas apenas o *backlash* institucional.

Exemplo recente do fenômeno, no Brasil, foi o caso da vaquejada, declarada inconstitucional pelo STF, que reconheceu como inválida a Lei nº 15.299/2013, a qual regulamentava a atividade no Estado do Ceará e teve sua constitucionalidade questionada na ADI nº 4.983.[91] Reagindo à decisão proferida em 2016, o Congresso Nacional aprovou a Emenda Constitucional nº 96/2017, estabelecendo que as práticas desportivas que utilizam animais não são cruéis, desde que sejam uma manifestação cultural.[92]

---

[88] POST, Robert; SIEGEL, Reva. Roe rage: democratic constitutionalism and backlash. *Harvard Civil Rights-Civil Liberties Law Review*, v. 42, p. 373-433, 2007. p. 379-380.

[89] POST, Robert; SIEGEL, Reva. Roe rage: democratic constitutionalism and backlash. *Harvard Civil Rights-Civil Liberties Law Review*, v. 42, p. 373-433, 2007. p. 405.

[90] LIEBENBERG, Sandra; YOUNG, Katharine G. Adjudicating social and economic rights: Can democratic experimentalism help?. *In*: GARCÍA, Helena Alviar; KLARE, Karl; WILLIAMS, Lucy A. (Ed.). *Social and Economic Rights in Theory and Practice*: Critical Inquiries. Nova York: Routledge Research in Human Rights Law, 2014. p. 237-257. p. 239.

[91] LOPES FILHO, Juraci Mourão; CIDRÃO, Taís Vasconcelos. A (in)constitucionalidade da vaquejada: desacordos, integridade e *backlash*. *Revista de Direito Econômico e Socioambiental*, v. 9, n. 3, p. 119-160, 2018. p. 122-123.

[92] CARVALHO, Márcia Haydée Porto de; MURAD, Rakel Dourado. O caso da vaquejada entre o Supremo Tribunal Federal e o Poder Legislativo: a quem cabe a última palavra?. *Revista de Biodireito e Direito dos Animais*, [s.l.], v. 3, n. 2, p. 18-37, p. 35, dez. 2017.

Um bom exemplo de como os referidos problemas podem comprometer os efeitos de uma decisão estrutural pode ser observado no histórico do Estado de Coisas Inconstitucional. Analisando o desenvolvimento do ECI, Campos[93] conclui que é possível diferenciar duas fases principais na aplicação do instituto: a primeira, marcada pela ineficiência e por intervenções solipsistas do Judiciário, cujo maior exemplo é a sentença T-153; já a segunda, iniciada com a sentença T-25, é caracterizada pelo rigor na identificação de situações que verdadeiramente ensejam o reconhecimento do ECI, bem como por uma maior preocupação com a eficiência das demandas estruturais.

Assim como ocorre hoje no Brasil, a Colômbia possuía um sistema prisional falho, permeado de graves violações aos direitos fundamentais dos encarcerados e comprometido pelo processo de superlotação.[94] Diante dessa realidade, diversas ações de tutela[95] foram propostas no intuito de exigir do Estado uma solução. Inicialmente, as ações ajuizadas tratavam do sistema prisional das cidades de Bogotá e *Bellavista*, entretanto, percebendo que semelhantes violações aos direitos fundamentais eram encontradas em prisões de todo o país, a Corte Constitucional Colombiana (CCC) reconheceu o ECI de todo o sistema carcerário, na tentativa de superar as omissões políticas existentes.

À vista disso, a Corte determinou uma série de medidas que deveriam ser adotadas pelas instituições prisionais, a fim de proteger os direitos fundamentais dos encarcerados. Essas medidas incluíam reformulações nas políticas públicas existentes, construção de novos módulos prisionais e reorganização das disposições orçamentárias, com o intuito de dar uma prioridade fiscal maior para a crise existente.[96]

---

[93] CAMPOS, Carlos Alexandre de Azevedo. *Estado de coisas inconstitucional*. Salvador: Juspodivm, 2016. p. 167.

[94] MARMELSTEIN, George. O estado de coisas inconstitucional: uma análise panorâmica. *In*: OLIVEIRA, Pedro Augusto de; LEAL, Gabriel Prado (Org.). *Diálogos jurídicos luso-brasileiros – perspectivas atuais de direito público: o direito em tempos de crise*. v. 1. Salvador: Faculdade Baiana de Direito, 2015. p. 241- 264. p. 245-247.

[95] A ação de tutela é um instrumento processual introduzido pela Constituição Colombiana de 1991, no intuito de proteger a dimensão subjetiva dos direitos fundamentais. Valendo-se dessa ação, qualquer pessoa pode ingressar em juízo pleiteando proteção aos seus direitos fundamentais, que eventualmente estejam ameaçados pela ação ou omissão de qualquer autoridade pública. VARGAS HERNÁNDEZ, Clara Inés. La garantía de la dimensión objetiva de los derechos fundamentales y labor del juez constitucional colombiano en sede de acción de tutela: el llamado "estado de cosas inconstitucional". *Estudios Constitucionales*, v. 1, n. 1, p. 203-228, 2003. p. 205-206.

[96] MAIA, Isabelly Cysne Augusto. *Análise da ADPF nº 347 e da inadequabilidade do estado de coisas inconstitucional para a efetivação dos serviços públicos*: por novos protagonistas na esfera pública democrática. 2018. 177f. Dissertação (Mestrado) – Curso de Direito, Universidade Federal do Ceará, Fortaleza, 2018. p. 36.

Ainda que a atuação jurisdicional tenha sido imbuída de boas intenções, os objetivos pretendidos pela Corte não foram alcançados, isso porque, conforme explicam Garavito e Franco,[97] a CCC adotou uma postura de legitimidade duvidosa e ineficiente, focando em soluções impostas unilateralmente e que produziram efeitos, sobretudo, em curto prazo. Analisando as razões para esse fracasso, Maia[98] aponta três fatores principais: medidas excessivamente rigorosas e impostas de forma unilateral pela Corte, ausência de meios de fiscalização por parte do Judiciário e tangenciamento do cerne da questão carcerária do país.

Ao proferir a sentença T-153, a Corte determinou uma série de alterações nas políticas públicas estatais sem dialogar com os poderes políticos competentes para realizá-las. O resultado desses comandos foi o documento *General Program to Comply with Constitutional Court Ruling T-153 of April 28, 1998* pelo Inpec (Instituto Nacional de Penitenciárias e Prisões),[99] o qual estabeleceu a criação de novos módulos prisionais para dois mil presos, bem como determinou a construção de três complexos carcerários, responsáveis por criar cinco mil e seiscentas novas vagas no sistema prisional.

Além dessa atuação unilateral, Ariza[100] aponta que a CCC não estabeleceu formas eficientes de fiscalização, da mesma maneira que não explicou como a reforma de presídios existentes seria a melhor solução em longo prazo e, principalmente, não realizou discussões sobre a razão dos altos níveis de encarceramento do país. Consequentemente, a sentença T-153, ainda que em um primeiro momento tenha contribuído com a redução da superlotação prisional, funcionou como uma medida paliativa, apenas adiando o retorno da crise.[101] A prova de que essa

---

[97] GARAVITO, César Rodríguez; FRANCO, Diana Rodríguez. *Cortes y cambio social*: Cómo la Corte Constitucional transformó el desplazamiento forzado en Colombia. Bogotá: Colección de Justicia, 2010. p. 36.

[98] MAIA, Isabelly Cysne Augusto. *Análise da ADPF nº 347 e da inadequabilidade do estado de coisas inconstitucional para a efetivação dos serviços públicos:* por novos protagonistas na esfera pública democrática. 2018. 177f. Dissertação (Mestrado) – Curso de Direito, Universidade Federal do Ceará, Fortaleza, 2018. p. 36.

[99] ARIZA, Libardo José. The Economic and Social Rights of Prisoners and Constitutional Court Intervention in the Penitentiary System in Colombia. *In*: MALDONADO, Daniel Bonilla. *Constitutionalism of the Global South*: The activist tribunals of India, South Africa, and Colombia. New York: Cambridge University Press, 2013. p. 129-162. p. 153.

[100] ARIZA, Libardo José. The Economic and Social Rights of Prisoners and Constitutional Court Intervention in the Penitentiary System in Colombia. *In*: MALDONADO, Daniel Bonilla. *Constitutionalism of the Global South*: The activist tribunals of India, South Africa, and Colombia. New York: Cambridge University Press, 2013. p. 129-162, p. 151.

[101] CHAGAS, Tayná Tavares das *et al*. Estado de coisas inconstitucional: um estudo sobre os casos colombiano e brasileiro. *Revista Quaestio Iuris*, [s.l.], v. 8, n. 4, p. 2596-2612, 2015. p. 2601-2602.

decisão foi ineficiente é que a Corte reconheceu o ECI do sistema penitenciário em outras duas decisões: a decisão T-338, de 2013, e a T-162, de 2015.[102]

Em estudo sobre a eficiência da medida cautelar concedida na ADPF nº 347/DF e como os poderes políticos reagiram à decisão, Magalhães[103] defende que os pedidos finais aproximam negativamente os dois países, afirmando ainda que a centralização da formalização de planos de ação e de políticas públicas pelo STF enfraquece politicamente o Executivo e o Legislativo, os quais não têm incentivos suficientes para fornecer, autonomamente, os meios para solucionar a crise do sistema prisional.

Apesar da força dos argumentos apresentados pelos opositores dos processos estruturais, bem como dos exemplos de excessiva intervenção judicial que conduz à ineficiência das decisões, o presente estudo intenta demonstrar que os riscos apontados neste tópico podem ser contornados com base em um modelo de remédio estrutural participativo. As críticas aqui apresentadas serão retomadas no capítulo 4, no qual se analisa o potencial do Compromisso Significativo para mitigá-las.

2.3.2 Os riscos do raciocínio indutivista descontextualizado

É comum o pensamento de que o método científico é empírico-indutivo.[104] Empírico, em razão das constantes experimentações para verificar a validade de uma hipótese formulada pelo cientista. Indutivo, tendo em vista o raciocínio que vai do particular para o geral: mediante reiteradas observações de um fenômeno, formulam-se leis gerais que se pretendem válidas para ocorrências futuras.

A realidade, no entanto, é diversa. Na verdade, o pensamento indutivo, ainda que seja psicologicamente convincente, é logicamente falho. David Hume já apontava para a falta de validade lógica desse tipo

---

[102] CAMPOS, Carlos Alexandre de Azevedo. *Estado de coisas inconstitucional*. Salvador: Juspodivm, 2016. p. 133.
[103] MAGALHÃES, Breno Baía. O estado de coisas inconstitucional na ADPF nº 347 e a sedução do direito: o impacto da medida cautelar e a resposta dos poderes políticos. *Revista Direito GV*, [s.l.], v. 15, n. 2, p. 1-37, 2019. p. 31.
[104] CHALMERS, A. F. *O que é ciência afinal?*. Tradução de Raul Filker. Brasília: Brasiliense, 1993. p. 24.

de raciocínio.[105] Mesmo que várias experiências tenham sido realizadas e que em todas elas os resultados obtidos sejam os mesmos, não há garantia lógica de que os próximos resultados obedecerão à regra geral formulada. Tratando do tema, Ignácio defende a impossibilidade de construir uma teoria científica a partir do pensamento indutivo:

> Sendo assim, o procedimento lógico que nos leva a pensar que o descobrimento de teorias científicas se dá a partir de um considerável número de observações feitas por um cientista isento de preconceitos e, após isso, passarmos a minuciosa análise e tentativas de verificação destas hipóteses e daí obtermos uma lei científica, além de não existir, é um mito, é impossível que tal coisa ocorra.[106]

Complementando essa crítica, Chalmers[107] aponta também que sequer existem critérios para determinar quantas vezes uma experiência deve ser realizada para que haja um "número suficiente" a fim de se criar uma regra geral. Por não possuir uma garantia lógica, o princípio da indução não deve orientar o desenvolvimento de uma teoria dos processos estruturais brasileira. Apesar disso, é possível constatar indícios de sua utilização na ADPF nº 347/DF.

Na referida ação, ainda que a parte autora apresente importantes dados da Clínica de Direitos Fundamentais da Universidade do Rio de Janeiro, ao defender a aplicação do ECI ao sistema prisional, apresenta um rol de julgados da Corte Constitucional Colombiana, transmitindo a ideia de que o problema será resolvido se o STF reproduzir, com fidedignidade, o instituto estrangeiro.[108] Contudo, não há uma contextualização sobre esses casos, quais foram as dificuldades de sua resolução, se tais problemas poderiam ser verificados no Brasil, dentre outras questões. O mesmo ocorre quando são mencionados outros casos estrangeiros, como *Grootboom*.[109]

---

[105] POPPER, Karl. O problema da indução. *In*: MILLER, David (Org.). *Popper*: textos escolhidos. Tradução de Vera Ribeiro. Rio de Janeiro: Contraponto, 2010. p. 102.

[106] IGNÁCIO, Leonardo Edi. *O progresso da ciência*: uma análise comparativa entre Karl R. Popper e Thomas S. Kuhn. 2015. 121f. Dissertação (Mestrado) – Curso de Filosofia, Filosofia, Universidade Federal de Santa Maria, Santa Maria, 2015. p. 29.

[107] CHALMERS, A. F. *O que é ciência afinal?*. Tradução de Raul Filker. Brasília: Brasiliense, 1993. p. 25.

[108] BRASIL. Supremo Tribunal Federal. Arguição de Descumprimento de Preceito Fundamental nº 347/DF. Relator: Ministro Marco Aurélio. *Diário Oficial da União*, Brasília, 2015b. p. 9-12. Disponível em: http://www.jota.info/wp-content/uploads/2015/05/ADPF-347.pdf. Acesso em: 25 jul. 2019.

[109] BRASIL. Supremo Tribunal Federal. Arguição de Descumprimento de Preceito Fundamental nº 347/DF. Relator: Ministro Marco Aurélio. *Diário Oficial da União*, Brasília, 2015b. p. 13-14.

A maior falha, no entanto, não está na aplicação do princípio indutivo, mas na descontextualização que o acompanha. O raciocínio apresentado segue o seguinte processo: primeiro, elencam-se vários julgados nos quais o remédio estrutural obteve êxito e, em seguida, defende-se a aplicação fidedigna do instituto a uma nova realidade, o que seria suficiente para superar as omissões políticas existentes. Esse pensamento, entretanto, erra em dois momentos: esquece-se de analisar adequadamente o contexto de origem do remédio, bem como de observar a nova realidade jurídica e social à qual ele agora será aplicado.

A falta de contextualização dos casos estrangeiros também pode ser percebida na ADPF nº 347/DF. Em sua petição inicial, a parte autora elenca casos em que o ECI foi utilizado na Colômbia, com o intuito de defender a sua aplicação também no Brasil. Entretanto, além de fundamentar a sua argumentação no princípio da indução, o principal caso elencado, qual seja o da aplicação do ECI ao sistema prisional colombiano, não é um exemplo de uso bem-sucedido do instituto, fato que não é mencionado pela autora.[110]

Além disso, até mesmo nos prazos previstos na petição inicial há uma aproximação acrítica do caso colombiano. Na ADPF nº 347/DF, requer-se um prazo de três meses para que a Administração Pública formule os planos de solução da crise do sistema prisional. Curiosamente, esse é o mesmo prazo conferido na sentença T-153 para que o Estado colombiano elaborasse os planos de superação da crise.[111] Ademais, há outra similaridade: pede-se que o plano do Executivo seja apto a superar a crise do sistema prisional em três anos, enquanto na decisão colombiana o prazo concedido para a superação do ECI foi de quatro anos.[112] Vale lembrar que essas determinações exíguas e unilaterais contribuíram para a pouca eficiência da sentença T-153.

Disponível em: http://www.jota.info/wp-content/uploads/2015/05/ADPF-347.pdf. Acesso em: 25 jul. 2019.

[110] No máximo, a parte autora afirma que a decisão T-153 recebeu algumas críticas, porém nada mais que isso. BRASIL. Supremo Tribunal Federal. Arguição de Descumprimento de Preceito Fundamental nº 347/DF. Relator: Ministro Marco Aurélio. *Diário Oficial da União*, Brasília, 2015b. p. 9-12. Disponível em: http://www.jota.info/wp-content/uploads/2015/05/ADPF-347.pdf. Acesso em: 25 jul. 2019.

[111] CHAGAS, Tayná Tavares das *et al*. Estado de coisas inconstitucional: um estudo sobre os casos colombiano e brasileiro. *Revista Quaestio Iuris*, [s.l.], v. 8, n. 4, p. 2596-2612, 2015. p. 2601-2602.

[112] MARMELSTEIN, George. O estado de coisas inconstitucional: uma análise panorâmica. *In*: OLIVEIRA, Pedro Augusto de; LEAL, Gabriel Prado (Org.). *Diálogos jurídicos luso-brasileiros – perspectivas atuais de direto público: o direito em tempos de crise*. v. 1. Salvador: Faculdade Baiana de Direito, 2015. p. 241-264. p. 245-247.

À vista dos pontos apresentados, nota-se que a importação do ECI pode ocorrer de forma acrítica, sem a devida observação do contexto no qual foi produzido e sem as devidas acomodações à realidade brasileira. Nesse sentido, Vieira e Bezerra,[113] analisando a adoção do ECI na ADPF nº 347/DF, afirmam que a forma como o instituto foi adotado no País, sem considerar a premente necessidade de promover um redesenho institucional, acaba por esvaziá-lo. Do mesmo modo é o pensamento de Magalhães, que afirma:

> Do ponto de vista dogmático, não é tarefa simples explicar a inserção do ECI no direito constitucional brasileiro. A decisão do STF na ADPF nº 347 é inconsistente na caracterização dos pressupostos que justificariam a declaração de um ECI, as medidas cautelares deferidas são pouco efetivas, há uma injustificada demora no julgamento do mérito, os poderes apresentaram respostas pouco substantivas e que seguem a mesma natureza das políticas tradicionalmente desenvolvidas no Brasil e a capacidade de uma Corte Suprema mudar um estado fático de coisas por meio do Direito é posta em dúvida.[114]

A importação acrítica, todavia, também atingiu o PLS nº 736/2015, que pretendia introduzir o Compromisso Significativo no País. O projeto incorria em imprecisões conceituais, tentando aplicar dois remédios estruturais estrangeiros simultaneamente. Sempre que o Estado de Coisas Inconstitucional fosse utilizado, um Compromisso Significativo deveria ser formado entre as partes. A utilização simultânea dos dois remédios, se observados os critérios de sua utilização em seus países de origem, não seria viável, uma vez que possuem pressupostos de aplicação e graus de intervenção judicial diferentes.

O presente tópico não pretende defender a inutilidade do estudo comparado para o desenvolvimento dos litígios estruturais no País. Concorda-se com Virgílio Afonso da Silva, o qual afirma que o diálogo entre jurisdições deve ser uma prática fomentada, tendo em vista que "[...] o constitucionalismo – e a interpretação constitucional – não são apenas questões estritamente nacionais porque os problemas

---

[113] VIEIRA, J. R.; BEZERRA, R. Estado de coisas fora do lugar: uma análise comparada entre a Sentencia T025 e a ADPF nº 347/DF-MC. *In*: VIEIRA, José Ribas; CAMARGO, Margarida Maria Lacombe; SIDDHARTA, Legale (Org.). *Jurisdição constitucional e direito constitucional internacional*. Belo Horizonte: Fórum, 2016. p. 203-223. p. 221.

[114] MAGALHÃES, Breno Baía. O estado de coisas inconstitucional na ADPF nº 347 e a sedução do Direito: o impacto da medida cautelar e a resposta dos poderes políticos. *Revista Direito GV*, [s.l.], v. 15, n. 2, p. 1-37, 2019. p. 31-32.

são internacionalmente comuns".[115] Dessa forma, é fundamental que o Judiciário brasileiro aprenda com os precedentes estrangeiros relacionados ao tema a fim de aprimorar a sua atuação. Os grandes litígios estruturais são recentes na jurisdição constitucional brasileira, sendo fundamental aprender com os acertos e os erros de outros países nessa matéria. Isso será de grande valia para o STF desenvolver novos mecanismos aptos a lidar com esses processos.

Estudos comparativos, no entanto, precisam levar em consideração dois fatores: não devem partir do princípio indutivo de que, se forem elencadas algumas decisões eficientes de outros países, é garantida a eficiência do remédio estrutural em futuros casos ou em outras realidades; devem atentar para o contexto no qual e para o qual o remédio foi desenvolvido, bem como adequá-lo à nova realidade jurídico-social na qual será aplicado. A questão será retomada no último tópico deste capítulo, no qual são analisadas abordagens metodológicas alternativas para o estudo comparado de processos estruturais.

2.4 Avaliando a qualidade de um remédio estrutural dialógico: as normas de participação de Susan Sturm

A finalidade deste trabalho é estudar a experiência sul-africana com as demandas estruturais e, com base nesse aprendizado, identificar contribuições para os processos estruturais no Brasil. Mas como avaliar a qualidade dos remédios estruturais adotados pela Corte Constitucional sul-africana? Quais parâmetros serão utilizados para determinar a sua qualidade e adequação? Sem responder a esses questionamentos, não faz sentido avançar para o próximo capítulo.

Um trabalho que defende a utilização de um remédio estrutural dialógico precisa fixar diretrizes normativas que orientem a sua utilização e contribuam para a qualidade da participação dos grupos afetados. Com essa preocupação, Susan Sturm desenvolveu uma teoria normativa sobre como os remédios estruturais participativos devem ser implementados.[116] Os critérios apontados pela autora

---

[115] SILVA, Virgílio Afonso da. Integração e diálogo constitucional na América do Sul. *In*: VON BOGDANDY, Armin; PIOVESAN, Flávia; ANTONIAZZI, Mariela Morales. *Direitos humanos, democracia e integração jurídica na América do Sul*. Rio de Janeiro: Lumen Juris, 2010. p. 515-530. p. 528.

[116] ALBUQUERQUE, Felipe Braga; SERAFIM, Matheus Casimiro Gomes. A importância da participação pública nos processos estruturais: contribuições da teoria normativa de Susan Sturm. *REI – Revista Estudos Institucionais*, v. 6, n. 2, p. 643-665, 2020.

serão de grande relevância para avaliar a experiência sul-africana. As diretrizes normativas são: participação, respeito à separação de poderes, imparcialidade, fundamentação adequada das decisões e remediação.

O primeiro critério apontado por Sturm é a participação. Para a autora, os grupos que são afetados pela implementação de um remédio estrutural, ou que são responsáveis por essa implementação, devem ter a oportunidade de verdadeiramente influenciar o desenvolvimento das medidas que serão implementadas.[117] A participação teria dois propósitos principais: primeiro, assegurar a dignidade das partes que são afetadas pelo litígio, tratando-as como parceiras na construção de soluções efetivas;[118] segundo, a participação na elaboração das políticas públicas contribuiria para que as partes, em especial o Poder Público, engajassem-se na efetivação do remédio.[119] Tratando da relação entre participação, legitimidade e cooperação das partes com a implementação do remédio estrutural, Sturm defende que:

> A legitimidade de um remédio não vem de encontrar e proclamar o resultado certo, mas de supervisionar um processo que é justo e que produz resultados efetivos. Diferentemente do processo de responsabilização, o sucesso na implementação de medidas estruturantes depende da cooperação daqueles que devem implementar, apoiar e viver com suas consequências. A fase de remediação coloca o desafio de obter a compreensão e a aceitação do remédio por aqueles que são afetados por ele. A forma como as partes percebem a legitimidade da intervenção dos tribunais é crucial para alcançar cooperação nos casos concretos e para manter a legitimidade do envolvimento judicial.[120]

Sturm chama atenção, no entanto, para a necessidade de que a participação ocorra de uma forma que mitigue o desequilíbrio entre

---

[117] STURM, Susan P. A normative theory of public law remedies. *Georgetown Law Journal*, v. 79, p. 1357-1445, 1991. p. 1410.

[118] STURM, Susan P. A normative theory of public law remedies. *Georgetown Law Journal*, v. 79, p. 1357-1445, 1991. p. 1392.

[119] STURM, Susan P. A normative theory of public law remedies. *Georgetown Law Journal*, v. 79, p. 1357-1445, 1991. p. 1393.

[120] "Remedial legitimacy comes not from finding and proclaiming the right result, but from overseeing a process that is fair and that produces effective results. Unlike the process of liability determination, the structural injunction's successful implementation depends on the cooperation of those who must implement, support, and live with it. The remedial stage poses the challenge of achieving the understanding and acceptance of the remedy by those who are affected by it. The parties' perception of the legitimacy of the court's intervention is crucial to achieving cooperation in a particular case and to maintaining the legitimacy of judicial involvement". STURM, Susan. The Promise of Participation. *Iowa Law Review*, v. 78, p. 981-1010, 1993. p. 989.

o poder de barganha das diferentes partes. Para isso, o Judiciário desempenha um papel fundamental, contribuindo para diminuir a distância entre o Poder Público e o grupo afetado. Assim, a autora afirma que:

> Finalmente, a participação pode ajudar as várias partes interessadas no processo de reparação pública que não têm capacidade de participar efetivamente do processo de decisão pública. Os afetados são frequentemente pobres, politicamente impotentes e desorganizados e, portanto, podem ser menos capazes de influenciar a decisão corretiva. No entanto, os valores atendidos pela participação no estágio corretivo dependem de algum envolvimento direto daqueles que devem viver com os resultados. Um importante critério de participação corretiva, portanto, é a capacidade de determinada prática corretiva controlar desigualdades de poder, recursos e sofisticação.[121]

Para contornar o problema do desequilíbrio, Sturm aponta algumas possibilidades. Uma boa alternativa para equalizar o poder de barganha é a representação dos grupos sociais mais vulneráveis, ou seja, esses segmentos sociais seriam representados por instituições tecnicamente capacitadas, que possuam experiência na defesa dos direitos fundamentais discutidos no litígio. Susan aponta a importância de que esses representantes ajam com *accountability*, isto é, não só deem satisfações para a comunidade representada, mas também ajam com responsabilidade ao exercer a representação, buscando defender da melhor forma possível os interesses dos representados.[122]

Outra importante medida é adotar formas de interação que promovam a cooperação e o consenso, abandonando a trágica concepção adversarial dos processos judiciais.[123] O Judiciário também possui um papel relevante para a equalização, exercendo uma função de supervisão

---

[121] "Finally, participation can aid the various stakeholders in the public remedial process who lack the capacity to participate effectively in public remedial decision making. The plaintiffs frequently are poor, politically powerless, and unorganized, and thus may be less able to influence the remedial decision. Yet, the values served by participation at the remedial stage depend on some direct involvement by those who must live with the results. An important criterion of remedial participation, therefore, is the capacity of a particular form of remedial practice to control for unequal power, resources, and sophistication". STURM, Susan P. A normative theory of public law remedies. *Georgetown Law Journal*, v. 79, p. 1357-1445, 1991. p. 1396.

[122] STURM, Susan P. A normative theory of public law remedies. *Georgetown Law Journal*, v. 79, p. 1357-1445, 1991. p. 1410.

[123] STURM, Susan P. A normative theory of public law remedies. *Georgetown Law Journal*, v. 79, p. 1357-1445, 1991. p. 1410.

das negociações a serem desenvolvidas. A instância judicial deve assegurar um procedimento deliberativo justo e equitativo, e não uma mera imposição das vontades de uma parte sobre a outra.[124]

Quanto ao segundo critério, o respeito à separação de poderes, Sturm[125] afirma que qualquer remédio estrutural deve se preocupar com o respeito às competências das instituições governamentais envolvidas no processo. Para a autora, com a crescente inclusão dos direitos socioeconômicos nos textos constitucionais, o debate não deve ser sobre a sua exigibilidade judicial, mas sobre como os tribunais devem exercer o seu dever de proteger esses direitos. Para contornar a crítica de que o Judiciário carece de legitimidade para aplicar remédios estruturais, Sturm[126] afirma que as instâncias judiciais devem respeitar a integridade dos órgãos públicos, ou seja, as suas competências típicas. Caso o Judiciário extrapole os seus limites, isso pode comprometer a legitimidade do remédio, e até mesmo a sua eficácia.[127] Permitir uma efetiva participação é fundamental para mitigar as críticas de que a intervenção judicial violou a separação de poderes.[128]

Em terceiro lugar, os juízes devem ter muito cuidado ao proferirem decisões estruturais, buscando sempre a imparcialidade e a objetividade na tomada de decisão.[129] A parcialidade do juiz, condicionada por concepções prévias sobre o caso, pode comprometer a eficácia da participação pública, já que o julgador pode querer impor às partes as soluções que ele julga como mais adequadas.[130]

Tratando do tema, Vitorelli apresenta a influência dos vieses cognitivos[131] no discernimento do juiz envolvido em uma demanda

---

[124] SCOTT, Joanne; STURM, Susan. Courts as catalysts: re-thinking the judicial role in new governance. *Columbia Journal of European Law*, v. 13, p. 565-594, 2006. p. 565-566.
[125] STURM, Susan P. A normative theory of public law remedies. *Georgetown Law Journal*, v. 79, p. 1357-1445, 1991. p. 1410.
[126] STURM, Susan P. A normative theory of public law remedies. *Georgetown Law Journal*, v. 79, p. 1357-1445, 1991. p. 1405.
[127] STURM, Susan P. A normative theory of public law remedies. *Georgetown Law Journal*, v. 79, p. 1357-1445, 1991. p. 1403-1404.
[128] SWANEPOEL, Philip. *The potential of structural interdicts to constitute effective relief in socio-economic rights cases*. 2017. 220f. Dissertação (Mestrado) – Curso de Direito, Stellenbosch University, Stellenbosch, 2017. p. 24.
[129] STURM, Susan P. A normative theory of public law remedies. *Georgetown Law Journal*, v. 79, p. 1357-1445, 1991. p. 1397-1398.
[130] STURM, Susan P. A normative theory of public law remedies. *Georgetown Law Journal*, v. 79, p. 1357-1445, 1991. p. 1397.
[131] As heurísticas são atalhos mentais que facilitam a tomada de decisão, ajudando a encontrar respostas adequadas, ainda que geralmente imperfeitas, para perguntas difíceis. A heurística ocorre quando a mente cria padrões, baseada em experiências prévias, que condicionam os

estrutural. Como o autor destaca, existem várias pré-compreensões que podem condicionar a interpretação do juiz, facilitando a sua adesão, ainda que inconsciente, aos interesses de uma das partes do litígio.[132] Tendo em vista a complexidade dos processos estruturais, que comportam uma diversidade de interesses, a influência dessas heurísticas pode ser prejudicial. Por causa disso, o autor alerta que o juiz precisa estar ciente desses riscos, bem como das técnicas que podem ser utilizadas para diminuir a influência dos diferentes vieses.[133]

O quarto critério é a exigência de uma decisão fundamentada para justificar o remédio estrutural escolhido.[134] O Tribunal deve especificar as razões que o motivaram a proferir uma decisão estrutural, baseando-se tanto em considerações empíricas, levando em conta as circunstâncias do caso concreto, como em disposições normativas e precedentes judiciais, responsáveis por demonstrar a adequação jurídica da escolha.[135] Como alerta Liebenberg,[136] a falha em atender a esse princípio pode deixar o Tribunal vulnerável às acusações de que o Judiciário está usando indevidamente o seu poder coercitivo sem uma devida justificação. Portanto, a observância a essa diretriz contribui para atender à exigência de imparcialidade[137] e auxilia o Judiciário a tomar melhores decisões em futuros processos estruturais que tratem de casos semelhantes.

Por fim, Sturm apresenta o critério da remediação: o remédio estrutural deve ser apto a proteger efetivamente os direitos fundamentais ameaçados. É importante deixar claro quais os direitos violados pelo

---

julgamentos futuros de um indivíduo. Assim, funcionam como atalhos mentais, viabilizando a redução da complexidade da realidade e permitindo que decisões sejam tomadas de forma mais rápida. A sua utilização pode ocasionar os vieses, compreendidos como tendências sistemáticas de violar o padrão de racionalidade de uma decisão, ou seja, são desvios de racionalidade. TVERSKY, Amos; KAHNEMAN, Daniel. Judgment under uncertainty: Heuristics and biases. *Science*, v. 185, n. 4157, p. 1124-1131, 1974.

[132] VITORELLI, Edilson. Litígios estruturais: decisão e implementação de mudanças socialmente relevantes pela via processual. *In*: ARENHART, Sérgio Cruz; JOBIM, Marco Félix (Org.). *Processos estruturais*. Salvador: Juspodivm, 2017. p. 369-422. p. 384-385.

[133] VITORELLI, Edilson. Litígios estruturais: decisão e implementação de mudanças socialmente relevantes pela via processual. *In*: ARENHART, Sérgio Cruz; JOBIM, Marco Félix (Org.). *Processos estruturais*. Salvador: Juspodivm, 2017. p. 369-422. p. 390-391.

[134] STURM, Susan P. A normative theory of public law remedies. *Georgetown Law Journal*, v. 79, p. 1357-1445, 1991. p. 1411.

[135] STURM, Susan P. A normative theory of public law remedies. *Georgetown Law Journal*, v. 79, p. 1357-1445, 1991. p. 1411.

[136] LIEBENBERG, Sandra. Remedial principles and meaningful engagement in education rights disputes. *PER: Potchefstroomse Elektroniese Regsblad*, v. 19, n. 1, p. 1-43, 2016. p. 8.

[137] STURM, Susan P. A normative theory of public law remedies. *Georgetown Law Journal*, v. 79, p. 1357-1445, 1991. p. 1411.

Poder Público, quais as obrigações das partes, e por que o remédio escolhido é o mais adequado, tendo em vista o caso concreto e os interesses conflitantes.[138] Sturm[139] também ressalta a importância de fixar critérios para avaliar as medidas que serão implementadas e de o Tribunal fazer isso em diálogo com as partes.

A partir dos cinco critérios apresentados, será possível avaliar as soluções adotadas pela Corte Constitucional sul-africana. Antes de iniciar o estudo comparativo, entretanto, é importante realizar um último esclarecimento metodológico: qual metáfora e quais diretrizes irão nortear o estudo comparado, tema do último tópico deste capítulo.

2.5 Em busca de uma nova metáfora: a importância da tradução jurídica nos estudos comparados de processos estruturais

Uma das figuras mais conhecidas do imaginário grego é o Cavalo de Troia, mencionado pela primeira vez por Homero, na sua obra *Odisseia*.[140] A lenda conta que foi um grande e belo cavalo de madeira construído pelos gregos, funcionando como a arma decisiva para garantir a vitória na guerra. O cavalo foi entregue como símbolo da rendição grega aos troianos, os quais, sem saber que no monumento de madeira estavam escondidos soldados inimigos, levaram-no para dentro da cidade. À noite, soldados saem do cavalo, abrem para o exército grego os portões inexpugnáveis da cidade, e a nação troiana encontra a sua ruína.

Neste momento, alguns leitores podem estar comparando o exemplo troiano ao caso brasileiro. Vale a pena realizar um estudo comparado para aperfeiçoar os processos estruturais no País? A realização de um transplante jurídico não pode introduzir, no ordenamento nacional, mais problemas do que soluções?

Analisando a importância do direito comparado, Hirschl[141] afirma que os estudos comparativos são um importante guia para a construção de novas disposições constitucionais e instituições jurídicas.

---

[138] STURM, Susan P. A normative theory of public law remedies. *Georgetown Law Journal*, v. 79, p. 1357-1445, 1991. p. 1399.
[139] STURM, Susan P. A normative theory of public law remedies. *Georgetown Law Journal*, v. 79, p. 1357-1445, 1991. p. 1430.
[140] HOMERO. *Odisseia*. Tradução de Manoel Odorico Mendes. São Paulo: Atena, 2009.
[141] HIRSCHL, Ran. The question of case selection in comparative constitutional law. *The American Journal of Comparative Law*, v. 53, n. 1, p. 125-156, 2005. p. 128.

Especialmente em questões constitucionais, é comum que os juízes se utilizem de jurisprudências internacionais para fundamentar o seu entendimento e dar maior legitimidade à decisão tomada. A questão não está em realizar um estudo jurídico comparativo, mas na maneira como é realizado. Conforme ressalta o autor,[142] é comum que haja uma deficiência metodológica na realização da comparação, visto que o comparatista não se atenta suficientemente para o contexto no qual o instituto jurídico estrangeiro foi elaborado, nem para a nova realidade na qual ele será aplicado.

Aprender com as experiências constitucionais estrangeiras pode ser muito útil. Quando questões similares são enfrentadas, as soluções que deram certo em outros países podem orientar as ações que devem ser tomadas no Brasil. O problema surge quando se tenta importar, em sua integralidade, precedentes, teorias e decisões estrangeiras, sem um estudo crítico de quais partes desses elementos devem influenciar o direito nacional. Toda ideia constitucional tem aspectos únicos, ligados diretamente à realidade para a qual foi desenvolvida, moldados a arranjos institucionais próprios. Como explica Jackson,[143] o estudo comparativo exige que o jurista identifique o que é peculiar do país estrangeiro e que não pode ser importado.

No Brasil, a importação acrítica de teorias estrangeiras não é uma novidade, sendo feita não só pelo Judiciário, mas também pela doutrina. Tentando dar um ar de sofisticação ao direito nacional, os juristas recorrem aos modelos teóricos desenvolvidos para países considerados modernos, sem realizar uma análise crítica da real aplicabilidade dessas ideias ao contexto brasileiro. Virgílio Afonso da Silva, ao tratar desse problema, afirma que:

> Não é difícil perceber que a doutrina jurídica recebe de forma muitas vezes pouco ponderada as teorias desenvolvidas no exterior. E, nesse cenário, a doutrina alemã parece gozar de uma posição privilegiada, já que, por razões desconhecidas, tudo o que é produzido na literatura jurídica germânica parece ser encarado como revestido de uma aura de cientificidade e verdade indiscutíveis.[144]

---

[142] HIRSCHL, Ran. The Comparative in Comparative Constitutional Law: A Response to Dixon and Tushnet. *The American Journal of Comparative Law*, v. 64, n. 1, p. 209-217, 2016. p. 214-216.

[143] JACKSON, Vicki C. Constitutional comparisons: convergence, resistance, engagement. *Harvard Law Review*, v. 119, p. 109-128, 2005. p. 122.

[144] SILVA, Virgílio Afonso da. Interpretação constitucional e sincretismo metodológico. *In*: SILVA, Virgílio Afonso da. *Interpretação constitucional*. São Paulo: Malheiros, 2005. p. 115-143. p. 116.

Atualmente, é comum que as Cortes Constitucionais recorram cada vez mais a legislações e decisões estrangeiras para julgar controvérsias constitucionais internas. Essa tendência pode ser percebida de forma clara no Supremo Tribunal Federal. Rosenblatt e Andriani[145] explicam que, até o ano 2000, apenas 29 acórdãos do STF faziam referência a precedentes estrangeiros. Já entre os anos 2000 e 2017, após a expansão da internet e o estreitamento das fronteiras que dificultavam o acesso a julgados internacionais, foram identificados 325 acórdãos que citam precedentes estrangeiros. E, como base dessas utilizações, costuma-se encontrar a metáfora do transplante jurídico.

No próximo capítulo, o objeto central desta pesquisa será aprofundado: serão analisados os casos paradigmáticos para o desenvolvimento do Compromisso Significativo na África do Sul, o contexto para o qual foi desenvolvido e suas características distintivas. Por isso, é importante esclarecer, já neste momento, o objetivo deste livro: não se pretende defender a realização de um transplante legal, mas analisar as vantagens de uma tradução jurídico-cultural de alguns elementos do remédio estrutural em questão.

A ideia de transplantes jurídicos, muito comum nos estudos jurídicos comparativos, favorece o exato oposto ao sugerido por Hirschl e Jackson, ou seja, facilita a importação acrítica de ideias estrangeiras. Dessa forma, pretende-se propor outra metáfora para nortear os estudos jurídicos comparativos, qual seja a tradução jurídico-cultural, como também estabelecer diretrizes metodológicas que possam nortear esse processo de tradução. Sendo assim, é importante diferenciar as metáforas do transplante e da tradução.

2.5.1 Do transplante à tradução: uma nova metáfora para os estudos comparativos

Conforme explica Dutra,[146] o termo transplante jurídico é uma metáfora que designa um processo de importação de institutos estrangeiros por uma ordem jurídica diversa, que é alterada por meio da apropriação de ideias exógenas. O primeiro autor a empregar o termo transplante para designar a importação de leis e institutos jurídicos

---

[145] ROSENBLATT, Paulo; ANDRIANI, Lorrane Torres. Transplantes jurídicos pelo Supremo Tribunal Federal em matéria tributária: uma crítica à ausência de método comparativo. *Revista Jurídica da Presidência*, [s.l.], v. 20, n. 122, p. 691-715, 31 dez. 2018. p. 696.

[146] DUTRA, Deo Campos. Transplantes jurídicos: história, teoria e crítica no Direito Comparado. *Revista da Faculdade de Direito da UFRGS*, Porto Alegre, n. 39, p. 76-96, dez. 2018. p. 81.

estrangeiros foi Jeremy Bentham, propondo nove técnicas para que um transplante seja bem-sucedido.[147]

A metáfora ganhou grande repercussão, entretanto, com a obra de Watson. Para o autor, seria possível transplantar institutos jurídicos entre países diferentes, até mesmo quando significativas diferenças culturais precisassem ser superadas. Assim, o sucesso ou o fracasso do transplante não têm ligação com o conhecimento do contexto político, social ou econômico do instituto estrangeiro.[148] O seu foco não era o sistema jurídico que servia de fonte, mas a ordem jurídica que realizava o transplante.[149]

À época em que desenvolveu o seu pensamento, Watson foi criticado por outros estudiosos do direito comparado, como Kahn-Freund. Este alertava que o processo de transplantar institutos jurídicos entre países diferentes não é uma tarefa fácil, tampouco possível de ser realizada sem uma adequada contextualização. Afirmava que os comparatistas precisam conhecer os dois lados da moeda quando pretendem realizar um transplante jurídico: é necessário compreender o ambiente jurídico-social do país de origem, bem como da sociedade para a qual o instituto está sendo importado.[150] A despreocupação com essa contextualização pode comprometer todo o esforço despendido para a realização do transplante.

Aprofundando as críticas, Legrand[151] chega a afirmar que a realização de um transplante legal sequer é possível, tendo em vista que a legislação estrangeira sempre será reformulada em um contexto jurídico-cultural diverso. O resultado do processo de importação sempre originará um instituto novo, e não uma reprodução fidedigna do original. Para o autor, o sentido atribuído aos institutos e conceitos jurídicos é contextual, ou seja, depende da realidade histórica, jurídica, cultural e epistemológica na qual estão inseridos e pretendem ser aplicados.

---

[147] DUTRA, Deo Campos. Transplantes jurídicos: história, teoria e crítica no Direito Comparado. *Revista da Faculdade de Direito da UFRGS*, Porto Alegre, n. 39, p. 76-96, dez. 2018. p. 80.

[148] WATSON, Alan. Legal Transplants: an Approach to Comparative Law. 2. ed. Georgia: *University of Georgia Press*, 1974. p. 294.

[149] DUTRA, Deo Campos. Transplantes jurídicos: história, teoria e crítica no Direito Comparado. *Revista da Faculdade de Direito da UFRGS*, Porto Alegre, n. 39, p. 76-96, dez. 2018. p. 82.

[150] KAHN-FREUND, Otto. On Uses and Misuses of Comparative Law. *Modern Law review*, vol. 37, 1974. p. 27.

[151] LEGRAND, Pierre. The Impossibility of 'Legal Transplants'. *Maastricht Journal of European and Comparative Law*, [s.l.], v. 4, n. 2, p.111-124, jun. 1997. p. 114.

Legrand não se opunha à noção de que a lei estrangeira fosse frequentemente usada como modelo em processos legislativos.[152] O seu objetivo era ressaltar o fato de que as normas são um fenômeno cultural. A ideia de um simples transplante, em sua concepção, não leva esse importante aspecto em consideração. Por isso, o autor afirma que:

> Uma legislação é, necessariamente, uma forma cultural incorporada. Como um produto dos elementos culturais, tem como fundamento formações históricas e ideológicas específicas. Uma legislação não tem uma existência empírica que possa ser separada do mundo de significados que caracteriza a cultura legal.[153]

Levando-se em consideração os argumentos apresentados pelos autores, o presente estudo opta por adotar a metáfora da tradução jurídico-cultural, apresentada por Lena Foljanty. A autora critica o termo transplante, tendo em vista que ele remete ao que ocorre na medicina. Quando um órgão é transplantado, dois efeitos são possíveis: ou ele é aceito pelo novo organismo, ou é rejeitado.[154]

Foljanty[155] propõe que o termo seja substituído por tradução cultural. Nessa perspectiva, não se pensa em simplesmente reproduzir um instituto de forma fidedigna em outra realidade. A ideia de fidelidade ao original é abandonada, perguntando-se como as diferenças são tratadas e representadas no processo de tradução. Para defender a aplicação da metáfora ao estudo do direito comparado, a autora recorre à obra de dois importantes estudiosos do processo de tradução: Walter Benjamin e Homi Bhabha.

---

[152] ALENCAR, Rafael Vieira de. *A proposta racial de Nina Rodrigues para a leitura do Brasil no final do século XIX*: assimilação e ruptura. 2018. 132f. Dissertação (Mestrado) – Curso de Direito, Universidade Federal do Ceará, Fortaleza, 2018. p. 23.

[153] "A rule is necessarily an incorporative cultural form. As an accretion of cultural elements, it is supported by impressive historical and ideological formations. A rule does not have any empirical existence that can be significantly detached from the world of meanings that characterizes a legal culture". LEGRAND, Pierre. The Impossibility of 'Legal Transplants'. *Maastricht Journal of European and Comparative Law*, [s.l.], v. 4, n. 2, p.111-124, jun. 1997. p. 116.

[154] FOLJANTY, Lena. Legal Transfers as Processes of Cultural Translation: on the Consequences of a Metaphor. *Max Planck Institute for European Legal History Research Paper Series*, n. 2015-09. p. 15-16.

[155] FOLJANTY, Lena. Legal Transfers as Processes of Cultural Translation: on the Consequences of a Metaphor. *Max Planck Institute for European Legal History Research Paper Series*, n. 2015-09. p. 15-16.

Benjamin,[156] que trabalhava principalmente com a tradução de textos, afirma que o objetivo da tradução não é simplesmente copiar o significado do original para colocá-lo no idioma alvo. É ilusório acreditar que uma completa identidade entre o original e a tradução poderia ser alcançada, visto que as línguas estão em constante modificação.

Se o objetivo fosse realmente transmitir o significado original em outro contexto, seria impossível expressar sentido na tradução, que é criada de forma específica, por um estilo específico. Tentar ser fiel ao original resulta na falha em reconhecer que existe algo que é inexprimível em outro idioma. Ainda assim, original e tradução não são elementos completamente independentes, tendo em vista que o original sempre será um ponto de referência para a tradução,[157] embora efêmero.

Retomando a ideia desenvolvida por Benjamin de que a tradução é um processo produtivo, Bhabha a aplica aos processos de interação entre diferentes culturas. Para o autor, a tradução é um processo de significação, e o seu resultado sempre será algo novo, carregado de novos significados, e não uma mera reprodução fidedigna do original.[158] Há sempre uma negociação, na qual o tradutor escolhe quais características do objeto cultural estrangeiro quer traduzir para o seu país e de que forma isso ocorrerá. O resultado dessas trocas interculturais é algo híbrido, não homogêneo, mantendo a tensão entre as culturas.[159] Por isso, a ideia de reprodução integral de um objeto cultural em outra realidade não pode ser concretizada.

Com base no pensamento dos autores apresentados, Foljanty reconhece que o instituto jurídico que se pretende importar é modificado durante o processo, visto que é retirado do contexto histórico e cultural no qual foi desenvolvido e, ao ser aplicado em outra realidade, ganha novas características e significados. Sintetizando as implicações de utilizar a metáfora da tradução, explica:

> Assim, estudos de tradução enfatizam o fato de que a tradução é um ato criativo. Contrariamente à noção comum de que a tradução serve apenas como um veículo, os estudos sobre processo de tradução apontam

---

[156] BENJAMIN, Walter. The Translator's Task. Translated by Steven Rendall. *Ttr*: traduction, terminologie, rédaction, [s.l.], v. 10, n. 2, p. 151-165, 1997. p. 160.

[157] BENJAMIN, Walter. The Translator's Task. Translated by Steven Rendall. *Ttr*: traduction, terminologie, rédaction, [s.l.], v. 10, n. 2, p. 151-165, 1997. p. 163-164.

[158] BHABHA, Homi K. *The Location of Culture*. Londres: Routledge, 1994. p. 225.

[159] RUTHERFORD, Jonathan. The Third Space: interview with Homi Bhabha. *In*: RUTHERFORD, Jonathan (Ed.). *Identity*: Community, Culture, Difference. London: Lawrence and Wishart, 1990. p. 207-221. p. 211.

que as traduções precisam ser vistas como trabalhos autônomos, independentes do original. De fato, a tradução exige que várias decisões sejam tomadas. Palavras apropriadas e ferramentas estilísticas são escolhidas, e deve-se levar em consideração como a cultura original do texto deve ser representada. A tradução não ocorre no vácuo. O resultado é fortemente influenciado pela maneira como se pensa a outra cultura e pela forma como as diferenças culturais são percebidas.[160]

Dessa forma, a metáfora da tradução tem sido utilizada para destacar a ideia de que os contatos interculturais não ocorrem em ambientes herméticos, livres de influência social, tornando-se um termo chave para descrever o que acontece em encontros interculturais. O conceito, quando usado dessa maneira, é entendido em um sentido muito amplo, não se limitando a traduções literais, mas sim conotando transferências de práticas, símbolos ou artefatos também como processos de tradução.[161]

O processo de importação de doutrina, legislação ou decisões estrangeiras não é uma novidade. Vitorino,[162] entretanto, explica que o fenômeno vem perdendo a condição de um mero processo de colonização, nos quais os elementos exógenos, oriundos dos países colonizadores, norteiam a atuação dos países colonizados. Atualmente, a ideia de simplesmente transplantar institutos estrangeiros está sendo substituída por um diálogo entre as diferentes jurisdições, baseado na percepção de que outras Cortes Constitucionais decidiram problemas semelhantes, concedendo reforço argumentativo às decisões tomadas em

---

[160] "Thus, translation studies emphasizes the fact that translation is a creative act. Contrary to the common notion that translation only serves as a vehicle, translation studies points out that translations have to be viewed as autonomous works that are independent from the original. Indeed, translation requires that a number of decisions be made. Appropriate words and stylistic devices have to be chosen, and it has to take into consideration how the culture from which text originates should be represented. Translation does not take place in a vacuum. The outcome is strongly influenced by the way the other culture is thought to be and by the way cultural differences are perceived". FOLJANTY, Lena. Legal Transfers as Processes of Cultural Translation: on the Consequences of a Metaphor. *Max Planck Institute for European Legal History Research Paper Series*, n. 2015-09. p. 7.

[161] ALENCAR, Rafael Vieira de. *A proposta racial de Nina Rodrigues para a leitura do Brasil no final do século XIX*: assimilação e ruptura. 2018. 132f. Dissertação (Mestrado) – Curso de Direito, Universidade Federal do Ceará, Fortaleza, 2018. p. 22.

[162] DIAS, Roberto; MOHALLEM, Michael Freitas. O diálogo jurisdicional sobre direitos humanos e a ascensão da rede global de cortes constitucionais. *In*: PIOVESAN, Flávia; SALDANHA, Jânia Maria Lopes. *Diálogos jurisdicionais e direitos humanos*. S.l: Gazeta Jurídica, 2016. p. 347-383. p. 351.

âmbito interno.[163] Nesse novo contexto, a metáfora da tradução cultural é mais adequada para orientar os estudos jurídicos comparativos.

Diante dos argumentos apresentados, constata-se que a metáfora do transplante legal, principal dispositivo utilizado pelos pesquisadores de direito comparado até o momento, possui sérias deficiências. Ao transmitir a noção de que ideias e institutos podem ser recortados e colados em outras realidades jurídicas, falha-se em explicar as transformações que essas ideias e institutos sofrem no processo de transferência.[164] Persistir nessa visão dificulta o pleno alcance das duas maiores vantagens dos estudos comparados: aprofundar o conhecimento sobre o sistema jurídico local a partir da sua comparação com o sistema jurídico exógeno e aperfeiçoar a ordem jurídica nacional com base nas contribuições decorrentes da experiência estrangeira.[165]

2.5.2 Diretrizes metodológicas para uma tradução jurídico-cultural

Mas quais diretrizes devem orientar um estudo comparativo baseado na ideia de tradução cultural?

Freire tenta fornecer alguns critérios. Para o autor,[166] toda importação de ideias constitucionais oriundas de Cortes estrangeiras deve ser previamente justificada, tanto de forma abstrata quanto de forma concreta. A justificação em abstrato deve conter os elementos de racionalidade e legitimidade. A racionalidade consiste em determinar se é possível ou não fazer um uso racional e controlado da ideia constitucional que se quer importar. Já a legitimidade discute se os tribunais que pretendem fazer uso dessas ideias estão autorizados a aplicá-las, considerando se há relação entre os princípios basilares da ordem constitucional do país importador e os princípios do país idealizador da teoria. A justificação em concreto, por outro lado, diz

---

[163] MAIA, Isabelly Cysne Augusto. *Análise da ADPF nº 347 e da inadequabilidade do estado de coisas inconstitucional para a efetivação dos serviços públicos:* por novos protagonistas na esfera pública democrática. 2018. 177f. Dissertação (Mestrado) – Curso de Direito, Universidade Federal do Ceará, Fortaleza, 2018. p. 102.

[164] LANGER, Máximo. Dos transplantes jurídicos às traduções jurídicas: a globalização do *plea bargaining* e a tese da americanização do processo penal. *Delictae: Revista de Estudos Interdisciplinares sobre o delito*, [s.l.], v. 2, n. 3, p. 19-115, 28 dez. 2017. p. 27.

[165] CARDOSO, J. C. As vantagens da comparação jurídica de sistemas. *Revista da Faculdade de Ciências Humanas e Sociais*, Porto, n. 1, p. 145-150, 2004. p. 145.

[166] FREIRE, Alonso. *Importação de ideias constitucionais*. 2015. Disponível em: http://www.osconstitucionalistas.com.br/importacao-de-ideias-constitucionais. Acesso em: 18 jan. 2020.

respeito à necessidade da utilização da ideia constitucional no sistema jurídico de destino, ou seja, é fundamental analisar se o sistema interno já não conta com mecanismos específicos à resolução da problemática.

Tratando do tema, Maia[167] resume esses elementos de justificação em três critérios: integridade entre os sistemas, coerência e justificação. Afirma a autora:

> A integridade deve ser compreendida como a verificação se há princípios comuns entre o país importador e o país idealizador da teoria; a coerência, por sua vez, examina a convergência do precedente com outras fontes jurídicas do país de aplicação, assim como as repercussões do precedente no país de origem e sua incorporação ou não por lá (se esse passou por reforços ou desafios no país idealizador); enquanto a fundamentação, consistente na exposição e justificação da solução adotada, analisa se o país de origem debruçou-se sobre os mesmos problemas identificados na ordem interna e, consequentemente, se o instituto que se pretende incorporar é dotado de pertinência para solucionar as questões nacionais.

Concordando em parte com os autores, propõem-se três critérios metodológicos que devem orientar o processo de tradução jurídica: a similaridade, a contextualização e a justificação.

A similaridade é necessária para estabelecer um diálogo com a ordem jurídica estrangeira, de maneira que seja possível estabelecer uma base comum para a realização da tradução jurídica. É fundamental identificar valores constitucionais semelhantes que permitam o intercâmbio de ideias. Contudo, é importante estar ciente de que similaridade não significa identidade. Durante muito tempo, os estudos comparativos mantinham uma fixação pela comparação entre sistemas semelhantes, evitando a análise comparativa entre realidades muito distintas. No entanto, como explica Legrand,[168] a ideia de comparar dois Direitos diferentes não é um exercício de se olhar no espelho, buscando apenas aquilo que é semelhante. Muito pelo contrário, é na contemplação das diferenças, das novidades, daquilo que nos parece estranho e inusual à primeira vista que poderemos aprimorar a visão sobre o direito

---

[167] MAIA, Isabelly Cysne Augusto. *Análise da ADPF nº 347 e da inadequabilidade do estado de coisas inconstitucional para a efetivação dos serviços públicos:* por novos protagonistas na esfera pública democrática. 2018. 177f. Dissertação (Mestrado) – Curso de Direito, Universidade Federal do Ceará, Fortaleza, 2018. p. 106.

[168] LEGRAND, Pierre. *Como ler o direito estrangeiro.* Tradução de Daniel Wunder Hachem. São Paulo: Contracorrente, 2018. p. 50-51.

brasileiro. Para aperfeiçoar a prática jurídica nacional, não se devem afastar as diferenças, mas observá-las com atenção.

Além disso, é preciso respeitar a ideia de contextualização, sendo necessário conhecer o contexto no qual o instituto estrangeiro foi desenvolvido, para não incorrer no erro de tentar transplantá-lo integralmente para o Brasil. Estudos comparativos podem ser precipitados, esquecendo-se de olhar para além da decisão judicial ou da lei estrangeira analisada. É preciso compreender os antecedentes e as consequências da decisão, bem como o contexto no qual a legislação foi produzida e aplicada.

Por questões contextuais, alguns elementos não podem ser recepcionados, tendo em vista a sua ligação essencial às realidades próprias do outro país. Kahn-Freund[169] sintetiza bem a importância desta segunda diretriz ao afirmar que os estudos comparados precisam conhecer não só os textos normativos estrangeiros, mas também o contexto político-social no qual foram produzidos. O uso do direito comparado para propósitos práticos torna-se um abuso apenas se for orientado por um espírito legalista, que ignora o contexto do Direito.

Por fim, é preciso realizar a justificação, apresentando as razões pelas quais vale a pena traduzir a ideia estrangeira e como ela será exequível na realidade nacional.[170] Não basta recorrer ao argumento de autoridade de que determinado instituto, por ter sido desenvolvido nos Estados Unidos ou na Europa, deve ser aplicado no Brasil. Antes, é preciso explicar por que a solução estrangeira é adequada à realidade local, por que é melhor do que alternativas já existentes aqui e como seria operacionalizada em território nacional.

Em síntese, ao estudar comparativamente um remédio estrutural estrangeiro, o pesquisador não deve defender a sua reprodução fidedigna no Brasil. O seu objetivo é buscar características positivas desses modelos que possam ser traduzidas, justificadamente, para o ordenamento jurídico brasileiro. As dificuldades aqui apontadas não impedem que o direito comparado auxilie os processos estruturais no País, mas exigem que os estudos comparados sejam feitos de forma crítica, não tendo como objetivo a adoção integral de modelos decisórios estrangeiros,

---

[169] KAHN-FREUND, Otto. On Uses and Misuses of Comparative Law. *Modern Law Review*, vol. 37, 1974. p. 27.

[170] LOPES FILHO, Juraci Mourão; MAIA, Isabelly Cysne Augusto. O uso de precedentes estrangeiros e a declaração de estado de coisas inconstitucionais pelo Supremo Tribunal Federal. *Revista Brasileira de Estudos Políticos*, v. 117, p. 219-273, 2018. p 248-249.

mas levando-os em consideração ao construir novas soluções.[171] Dessa forma, é possível obter as vantagens do estudo comparado sem incorrer no erro de concebê-lo apenas como assimilação ou importação de institutos jurídicos. Trata-se de "efetivamente construir um novo e autêntico conhecimento distinto das duas realidades analisadas".[172]

Delineado o quadro teórico no qual a pesquisa será desenvolvida e tendo em mente a metáfora da tradução jurídico-cultural, é possível iniciar o estudo do Compromisso Significativo.

---

[171] JACKSON, Vicki C. Constitutional comparisons: convergence, resistance, engagement. *Harvard Law Review*, v. 119, p. 109-128, 2005. p. 128.
[172] DUTRA, D. C. O potencial crítico do direito comparado. *In*: TIBURCIO, Carmen; VASCONCELOS, Raphael; MENEZES, Menezes. (Org.). *Panorama do direito internacional privado atual e outros temas contemporâneos*. Belo Horizonte: Arraes Editores, 2015. p. 397-409. p. 402.

CAPÍTULO 3

A SOLUÇÃO SUL-AFRICANA PARA OS PROCESSOS ESTRUTURAIS: O COMPROMISSO SIGNIFICATIVO

Com base nos pressupostos apresentados no capítulo anterior, é possível iniciar o estudo do objeto desta pesquisa: o Compromisso Significativo,[173] modelo de remédio estrutural desenvolvido pela Corte Constitucional da África do Sul.

David Landau,[174] analisando a eficiência das intervenções judiciais em prol da efetivação de direitos socioeconômicos, aponta a importância de estudar a experiência sul-africana. Em sua opinião, a atuação da referida Corte Constitucional é um exemplo do que não deve ser feito em matéria de litígios estruturais. O autor argumenta que as decisões estruturais dialógicas não são capazes de obter bons resultados, falhando em proteger os segmentos sociais mais carentes e marginalizados. Para Landau,[175] a solução é uma intervenção mais firme por parte do Judiciário.

Nessa perspectiva, o propósito deste capítulo é explicitar por que afirmações como as de Landau estão equivocadas. De fato, é fundamental o estudo da experiência sul-africana em litígios estruturais, já que esse país adotou um modelo de remédio dialógico. Mas as conclusões de Landau baseiam-se principalmente no caso *Grootboom*, deixando de

---

[173] Remete-se o leitor para a introdução desta pesquisa, quando se justifica a escolha por traduzir *Meaningful Engagement* como Compromisso Significativo, ainda que Engajamento Significativo expresse com maior precisão o sentido pretendido pela Corte ao determinar que as partes colaborem para a solução do problema estrutural enfrentado.

[174] LANDAU, David. The Reality of Social Rights Enforcement. *Harvard International Law Journal*, v. 53, n. 1, p. 190-247, 2012. p. 192.

[175] LANDAU, David. The Reality of Social Rights Enforcement. *Harvard International Law Journal*, v. 53, n. 1, p. 190-247, 2012. p. 245-246.

lado outros julgados posteriores. Para suprir essa lacuna e aprofundar o estudo dos processos estruturais na África do Sul, o presente capítulo destina-se à análise de três casos paradigmáticos: *Olivia Road*, *Mamba* e *Joe Slovo*.

Dessa feita, o caso *Olivia Road* foi escolhido por ser o primeiro a utilizar o Compromisso Significativo como método de solução de um litígio estrutural na África do Sul. Sua análise é importante para que se compreenda o contexto jurídico-social no qual esse remédio foi desenvolvido, os seus fundamentos normativos e os primeiros resultados obtidos pela Corte Constitucional.

Já o caso *Mamba* é crucial por mostrar o oposto de *Olivia Road*. Enquanto o último é reconhecido internacionalmente como um processo estrutural bem-sucedido, o primeiro é o maior fracasso do Compromisso Significativo. O litígio envolvia o governo de *Gauteng* e uma população de desabrigados, vítimas de xenofobia, que exigiam do Poder Público proteção ao seu direito à moradia. Ainda que a ordem de formular um Compromisso Significativo tenha sido exarada pela Corte Constitucional, a cidade decidiu não entrar em acordo com os migrantes que necessitavam de moradias dignas. O fracasso demonstra a importância de um papel vigilante da Corte Constitucional, que deve não só determinar a formulação de um Compromisso entre as partes, mas também estabelecer meios de fiscalização desse processo.[176] Seu estudo é importante para compreender as críticas feitas ao remédio estrutural e os motivos que podem conduzi-lo ao fracasso.

Por fim, o caso *Joe Slovo* foi escolhido por ser paradigmático, na África do Sul, para a realização de Compromissos Significativos após o ano de 2010. Por um lado, a atuação da Corte foi uma resposta aos erros cometidos no caso *Mamba* e, por outro, alguns pontos positivos de *Olivia Road* são reproduzidos e aprofundados. Tentando responder às críticas feitas à sua atuação no caso *Mamba*, a Corte desenvolveu o que Williams chama de *strong Meaningful Engagement*.[177] O Tribunal percebeu que o seu papel não se restringia a determinar que negociações entre as partes envolvidas fossem feitas, mas que deveria também fixar diretrizes constitucionais para fundamentar e guiar as negociações,[178]

---

[176] RAY, Brian. Engagement's Possibilities and Limits as a Socioeconomic Rights Remedy, 9 Wash. U. Global Stud. L. Rev. 399 (2010), v. 9, iss. 3. p. 407-408.

[177] WILLIAMS, Lucy A. The Right to Housing in South Africa: An Evolving Jurisprudence. *Columbia Human Rights Law Review*, Vol. 45, No. 3, May 2014, p. 816-845.

[178] LIEBENBERG, Sandra. Engaging the Paradoxes of the Universal and Particular in Human Rights Adjudication: The Possibilities and Pitfalls of 'Meaningful Engagement'. *African Human Rights Law Journal*, Volume 12, Issue 1, Jan. 2012, p. 1-29. p. 29.

para que o Compromisso não dependa apenas da boa vontade das partes envolvidas.[179] A posição mais incisiva da Corte permitiu um aprimoramento do instituto e alcançou bons resultados.[180]

O presente capítulo visa a atender especialmente ao critério da contextualização, antes apontado como uma das diretrizes para o estudo comparado. Afinal, não basta ler algumas decisões estrangeiras e acreditar que isso é um verdadeiro estudo comparativo. A compreensão adequada da atuação judicial depende do contexto no qual ela ocorre, seus antecedentes e consequências.

Por isso, antes de iniciar o estudo dos casos selecionados, faz-se uma contextualização sobre o papel que a Corte Constitucional sul-africana desempenha na ordem constitucional pós-*apartheid* e sobre como a atuação desse órgão judicial tem sido fundamental no processo de efetivação dos direitos fundamentais. Assim, compreender o papel institucional da Corte é imprescindível para entender a sua opção pelo Compromisso Significativo, bem como o seu grande respeito pelas decisões dos setores políticos.

3.1 O papel da Corte Constitucional na nova democracia sul-africana: a implementação gradual dos direitos socioeconômicos

A redemocratização da África do Sul e a Corte Constitucional do país nascem umbilicalmente ligadas. É impossível compreender a atuação desse órgão jurisdicional sem analisar o contexto no qual uma nova ordem jurídica foi inaugurada, no período pós-*apartheid*.

A transição democrática tem como marco inicial a reabertura do Parlamento, em fevereiro de 1990, e a reabilitação do Congresso Nacional Africano (ANC) e do Partido Comunista, entre outras organizações que foram declaradas ilegais durante o *apartheid*. Em janeiro de 1994, entrou em vigor a Constituição interina, estabelecendo o arcabouço institucional que promoveria a unidade nacional, a reestruturação de órgãos governamentais durante o futuro processo constituinte e

---

[179] WATT, Natasha René. *A critical examination of 'meaningful engagement' with regard to education law*. Dissertação (LLM em Direito). University of Pretoria, Pretoria, 2015. p. 51.

[180] WILLIAMS, Lucy A. The Right to Housing in South Africa: An Evolving Jurisprudence. *Columbia Human Rights Law Review*, Vol. 45, No. 3, May 2014, p. 816-845.

34 princípios constitucionais que deveriam orientar a Constituição definitiva da África do Sul.[181]

O texto constitucional interino também instituiu a Corte Constitucional do país, atribuindo-lhe uma inovadora competência: a tarefa de validar o texto final da Constituição sul-africana, requisito fundamental para que esta obtivesse força vinculante.[182] Em maio de 1996, a primeira versão do texto constitucional foi apresentada, mas não aprovada. Uma segunda versão foi submetida à aferição, sendo ratificada em dezembro de 1996.[183]

Neste primeiro tópico, analisa-se quais as principais tarefas da Corte Constitucional no novo regime democrático instaurado pela Constituição de 1996, bem como a sua busca pela implementação gradual dos direitos socioeconômicos nos primeiros casos a ela submetidos. Entre esses julgados, dá-se maior atenção a *Grootboom* e *Port Elizabeth*, fundamentais para o desenvolvimento do Compromisso Significativo em *Olivia Road*.

3.1.1 As competências da Corte Constitucional na Constituição de 1996

A Constituição de 1996, na seção 166,[184] estabelece a Corte Constitucional como a mais alta instituição judicial do país, responsável pela interpretação e proteção do texto constitucional. No exercício de

---

[181] VALLE, Vanice Regina Lírio do; HUNGRIA, Ana Luiza Hadju. Implementação gradual de direitos socioeconômicos: construtivismo constitucional na Corte Constitucional sul-africana. *Revista de Estudos Constitucionais, Hermenêutica e Teoria do Direito*, [s.l.], v. 4, n. 2, p. 226-238, 20 dez. 2012. p. 227.

[182] RAY, Brian. *Engaging with Social Rights:* Procedure, Participation, and Democracy in South Africa's Second Wave. Cambridge: Cambridge University Press, 2016. p. 47.

[183] VALLE, Vanice Regina Lírio do; HUNGRIA, Ana Luiza Hadju. Implementação gradual de direitos socioeconômicos: construtivismo constitucional na Corte Constitucional sul-africana. *Revista de Estudos Constitucionais, Hermenêutica e Teoria do Direito*, [s.l.], v. 4, n. 2, p. 226-238, 20 dez. 2012. p. 227.

[184] "166. Judicial system. -The courts are- (a) the Constitutional Court; (6) the Supreme Court of Appeal; (c) the High Courts, including any high court of appeal that may be established by (d) the Magistrates' Courts; and (e) any other court established or recognized in terms of an Act of Parliament, including any court of a status similar to either the High Courts or the Magistrates' Courts". ÁFRICA DO SUL. Constituição (1996). *Constitution of the Republic of South Africa No. 108 of 1996*. Pretória, 1996. p. 1331. Disponível em: https://www.gov.za/sites/default/files/images/a108-96.pdf. Acesso em: 10 mar. 2020.

suas atribuições, a Corte tem a última palavra para decidir controvérsias diretamente relacionadas à Constituição.[185]

No tocante ao controle de constitucionalidade, a Corte tem competência para decidir acerca das disputas entre órgãos estatais, poderes e funções constitucionais; deliberar sobre a constitucionalidade de projeto de lei parlamentar ou provincial quando o Presidente da África do Sul ou o primeiro ministro de uma província tiver dúvidas e encaminhar o projeto para a análise da Corte; definir a constitucionalidade de ato do Parlamento ou da legislatura provincial, mediante a provocação de membros da Assembleia Nacional ou Provincial; dispor sobre a constitucionalidade de emenda à Constituição; examinar se o Parlamento ou o Presidente não cumpriram uma obrigação constitucional; e, por fim, certificar uma Constituição Provincial.[186]

Conforme disposto na seção 167,[187] um caso constitucional pode ser levado à apreciação da Corte de diferentes maneiras, cabendo ressaltar os quatro principais caminhos: uma apelação à Corte contra decisão proferida por um Tribunal Regional ou pela Suprema Corte de Apelação (SCA),[188] desde que o caso trate de controvérsia constitucional;

---

[185] "167. Constitutional Court. -(i) The Constitutional Court consists of the Chief Justice of South Africa, the Deputy Chief Justice and nine other judges. (2) A matter before the Constitutional Court must be heard by at least eight judges. (3) The Constitutional Court- (a) is the highest court in all constitutional matters; (b) may decide only constitutional matters, and issues connected with decisions on (L.) makes the final decision whether a matter is a constitutional matter or whether constitutional matters; and an issue is connected with a decision on a constitutional matter". ÁFRICA DO SUL. Constituição (1996). *Constitution of the Republic of South Africa No. 108 of 1996*. Pretória, 1996. p. 1331. Disponível em: https://www.gov.za/sites/default/files/images/a108-96.pdf. Acesso em: 10 mar. 2020.

[186] SAMPAIO, Karinne F. O controle e a implementação do direito à saúde: a jurisprudência da África do Sul. *Revista Digital Constituição e Garantia de Direitos*, v. 9, p. 85-109, 2016. p. 88-89.

[187] A segunda parte da seção 167 dispõe que: "(5) The Constitutional Court makes the final decision whether an Act of Parliament, a provincial Act or conduct of the President is constitutional, and must confirm any order of invalidity made by the Supreme Court of Appeal, 9 High Court, or a court of similar status, before that order has any force. (6) National legislation or the rules of tile Constitutional Court must allow a person, when it is in the interests of justice and with leave of the Constitutional Court- (a) to bring a matter directly to the Constitutional Court; or (b) to appeal directly to the Constitutional Court from any other court. (7) A constitutional matter includes any issue involving the interpretation, protection enforcement of the Constitution". ÁFRICA DO SUL. Constituição (1996). *Constitution of the Republic of South Africa No. 108 of 1996*. Pretória, 1996. p. 1331. Disponível em: https://www.gov.za/sites/default/files/images/a108-96.pdf. Acesso em: 10 mar. 2020.

[188] Os Tribunais Superiores (*High Courts*) ocupam a segunda instância judicial da África do Sul, com jurisdição em uma área delimitada geograficamente. Já o Supremo Tribunal de Apelação (*Supreme Court of Appeal*) equivale ao Superior Tribunal de Justiça no Brasil. Localizado em Bloemfontein, a SCA é a última instância para discussões acerca de matérias infraconstitucionais, cujas decisões serão vinculantes para todos os tribunais inferiores.

uma ação diretamente ajuizada na Corte, tendo em vista a urgência do caso em questão; a reanálise da decisão de tribunal inferior que declarou a inconstitucionalidade de ato normativo, o que requer a confirmação da Corte; e, por meio de pleito para a Corte, analisar a constitucionalidade de uma legislação específica.

Tendo em vista essas quatro opções, fica claro que a Corte exerce tanto o controle de constitucionalidade concreto quanto o abstrato, podendo ser solicitada a averiguar uma legislação específica ou receber um recurso contra decisões de tribunais inferiores. No geral, possui discricionariedade para aceitar ou não um caso submetido à sua análise. A exceção à regra é o caso de uma legislação ser declarada inconstitucional por tribunais inferiores e a Corte precisar confirmar a referida decisão.

Nessa perspectiva, a Corte é composta por onze juízes, entre os quais se inserem o Chefe de Justiça e o Chefe de Justiça substituto. Os juízes não podem ser membros do parlamento, do governo ou integrar partidos políticos. O procedimento para a nomeação dos juízes é regulado pelas seções 174 a 178 da Constituição. Primeiro, a Comissão de Serviço Judicial[189] apresenta uma lista que deve conter três nomes a mais do que o número de vagas em aberto. A Comissão faz isso após conduzir entrevistas públicas para determinar quem serão os indicados. Em seguida, o Presidente, após consulta ao Chefe de Justiça e aos líderes dos partidos políticos representados na Assembleia Nacional, escolhe o

---

SAMPAIO, Karinne F. O controle e a implementação do direito à saúde: a jurisprudência da África do Sul. *Revista Digital Constituição e Garantia de Direitos*, v. 9, p. 85-109, 2016. p. 87.

[189] "178. Judicial Service Commission.-(1) There is a Judicial Service Commission consisting of- (a) the Chief Justice, who presides at meetings of the Commission; (b) the President of the Supreme Court of Appeal; [Para. (b) substituted by s. 16 (n) of Act No. 34 of 2001.1 (c) one Judge President designated by the Judges President; (d) the Cabinet member responsible for the administration of justice, or an alternate (e) two practising advocates nominated from within the advocates' profession to designated by that Cabinet member; represent the profession as a whole, and appointed by the President; (f) two practising attorneys nominated from within the attorneys' profession to (g) one teacher of law designated by teachers of law at South African universities; (h) six persons designated by the National Assembly from among its members, at least three of whom must be members of opposition parties represented in the Assembly; (i) four permanent delegates to the National Council of Provinces designated together by the Council with a supporting vote of at least six provinces; 0') four persons designated by the President as head of the national executive, after consulting the leaders of all the parties in the National Assembly; and (k) when considering matters relating to a specific High Court, the Judge President of that Court and the Premier of the province concerned, or an alternate designated by each of them".
ÁFRICA DO SUL. Constituição (1996). *Constitution of the Republic of South Africa No. 108 of 1996*. Pretória, 1996. p. 1331(10)-1331(11). Disponível em: https://www.gov.za/sites/default/files/images/a108-96.pdf. Acesso em: 10 mar. 2020.

juiz a partir da lista apresentada. Segundo a seção 176,[190] os juízes devem permanecer na Corte pelo período de até 12 anos ou até completarem 70 anos de idade, prevalecendo o critério que primeiro ocorrer e não sendo possível a recondução.

Exercendo suas atribuições, a Corte desenvolveu duas importantes características, dignas de nota. A primeira é o seu elevado nível de estabilidade. Em 2003, oito dos onze juízes que a integravam eram os mesmos desde a sua criação. Os três magistrados que se afastaram o fizeram em virtude de problemas de saúde.[191] Essa estabilidade propiciou que a Corte construísse uma identidade própria, bem como contribuiu para o surgimento de uma relação de confiança entre o Judiciário e os poderes políticos, de forma que seus pronunciamentos revelavam, de fato, o posicionamento da instituição de forma homogênea, e não o posicionamento de cada juiz, individualmente considerado.[192]

A segunda característica é que a Corte, comparativamente a outros Tribunais Constitucionais, decide um pequeno número de casos por ano. Em 2018, foram 52 julgamentos e a média costuma permanecer entre 30 e 50, desde 2012.[193] Dessa forma, ocupou-se em desenvolver mecanismos de decisão que resultassem em provimentos efetivos, para que não tivesse que se manifestar novamente sobre uma questão já judicializada. Além disso, a Corte decidiu não intervir diretamente em decisões políticas,[194] evitando atrair para si competências próprias do Executivo. Quanto à acessibilidade, desenvolveu três critérios para que um caso chegue à sua jurisdição: tratar de circunstâncias excepcionais,

---

[190] "176. Terms of office and remuneration.-(1) A Constitutional Court judge holds office for a non-renewable term of 12 years, or until he or she attains the age of 70, whichever occurs first, except where an Act of Parliament extends the term of office of a Constitutional Court judge". ÁFRICA DO SUL. Constituição (1996). *Constitution of the Republic of South Africa No. 108 of 1996*. Pretória, 1996. p. 1331 (10). Disponível em: https://www.gov.za/sites/default/files/images/a108-96.pdf. Acesso em: 10 mar. 2020.

[191] ROUX, Theunis. Legitimating Transformation: Political Resource Allocation in the South African Constitutional Court. In: GLOPPEN, Siri; GARGARELLA, Roberto; SKAAR, Elin. *Democratization and the judiciary*: The Accountability Function of Courts in New Democracies. London: Frank Cass Publishers, 2005. p. 66-80. p. 68.

[192] MAIA, Isabelly Cysne Augusto. *Análise da ADPF nº 347 e da inadequabilidade do estado de coisas inconstitucional para a efetivação dos serviços públicos*: por novos protagonistas na esfera pública democrática. 2018. 177f. Dissertação (Mestrado) – Curso de Direito, Universidade Federal do Ceará, Fortaleza, 2018. p. 44.

[193] KATHI, Thandeka et al. Constitutional Court statistics for the 2018 term. *South African Journal on Human Rights*, v. 36, n. 1, p. 112-126, 2020. p. 114.

[194] ROUX, Theunis. Legitimating Transformation: Political Resource Allocation in the South African Constitutional Court. In: GLOPPEN, Siri; GARGARELLA, Roberto; SKAAR, Elin. *Democratization and the judiciary*: The Accountability Function of Courts in New Democracies. London: Frank Cass Publishers, 2005. p. 66-80. p. 68.

deter urgência e ter relevância social. Posteriormente, a Corte inseriu mais duas condições de acesso: demonstrar o exaurimento de todos os remédios e procedimentos disponíveis, e evidenciar a substancial chance de provimento da demanda, com base no mérito da questão.[195]

As funções aqui apresentadas, especialmente a característica apontada no parágrafo anterior, exigem que se faça um alerta antes de prosseguir com o estudo da experiência sul-africana. É importante estar ciente de que a diferença de competências entre o STF e a Corte Constitucional impossibilita que o Supremo atue em tantos casos estruturais quanto a Corte. Enquanto a última decide cerca de 30 a 50 casos por ano, o STF é um dos Tribunais Constitucionais que mais julga no mundo.

Segundo dados da própria instituição,[196] divulgados em dezembro de 2020, o Tribunal encerrou o ano com 25.806 processos em seu acervo, o menor número em 25 anos. Apesar da atipicidade de 2020, foram realizadas 77 sessões plenárias presenciais e 40 virtuais, com o julgamento de 5.827 processos. Além disso, foram mais de 99 mil decisões proferidas no ano, sendo 81.161 decisões monocráticas e 18.208 colegiadas, distribuídas entre as Turmas e o Plenário.

O exorbitante número de casos pode ser atribuído a diversos fatores. Cabe aqui ressaltar dois deles, que são importantes diferenciais para o caso sul-africano. Primeiro, o STF pode realizar um controle concentrado e difuso de constitucionalidade mais amplo do que a Corte sul-africana. Isso porque, por um lado, existem quatro ações de controle concentrado que podem ser ajuizadas diretamente no Tribunal: Ação Direta de Inconstitucionalidade (ADI), Ação Direta de Inconstitucionalidade por Omissão (ADO), Ação Declaratória de Constitucionalidade (ADC) e Arguição de Descumprimento de Preceito Fundamental (ADPF). Importante destacar, ainda, a ampla lista de legitimados apresentada pelo art. 103, que promoveu uma verdadeira democratização do controle concentrado de constitucionalidade no

---

[195] DUGARD, Jackie; ROUX, Theunis. The Record of the South African Constitutional Court in Providing an Institutional Voice for the Poor: 1995-2004. In: GARGARELLA, Roberto; DOMINGO, Pilar; ROUX, Theunis. *Courts and social transformation in new democracies*: an institutional voice for the Poor?. Hampshire: Ashgate, 2006. p. 107-126. p. 111.

[196] SUPREMO TRIBUNAL FEDERAL. *STF profere quase 100 mil decisões em 2020, entre monocráticas e colegiadas*. Disponível em: http://www.stf.jus.br/portal/cms/verNoticiaDetalhe.asp?idConteudo=457782#:~:text=Em%202020%2C%20foram%20recebidos%20at%C3%A9,aos%20ministros%20foram%20distribu%C3%ADdos%2039.185. Acesso em: 18 fev. 2021.

País,[197] colaborando para que haja um aumento nas ações ajuizadas no Tribunal.

Quanto ao controle difuso, o Tribunal pode realizá-lo, principalmente, ao atuar como última instância recursal por meio da interposição de Recurso Extraordinário (RE). O art. 102 da Constituição Federal apresenta outras hipóteses de competência originária do Tribunal, como a atribuição de julgar reclamações constitucionais, ajuizadas para preservar a autoridade de suas decisões, e infrações penais comuns, praticadas pelo Presidente, Ministros, membros do Congresso Nacional, entre outros.

Em segundo lugar, o Tribunal tem uma discricionariedade muito mais restrita ao fazer o juízo de admissibilidade das referidas ações. Um dos recursos que confere maior margem apreciativa para o Tribunal é o Recurso Extraordinário, já que o art. 102, §3º, exige que o recorrente demonstre repercussão geral das questões constitucionais discutidas no caso. Ainda assim, o dispositivo determina o quórum de dois terços dos seus ministros para recusar a repercussão geral do RE. Por outro lado, a Corte Constitucional sul-africana possui uma ampla margem de discricionariedade para escolher quais casos são mais relevantes e devem ser julgados pela instituição. A exceção à regra, como dito, é a hipótese de uma legislação ser declarada inconstitucional por tribunais inferiores, visto que a decisão só produzirá efeitos se a Corte a confirmar.

Neste capítulo, o leitor encontrará casos paradigmáticos decididos pela Corte Constitucional em litígios envolvendo DESCs, especialmente os estruturais. Mas é importante deixar claro que a finalidade deste estudo não é defender que o STF deve atuar da mesma forma que a Corte sul-africana, ou que a jurisdição constitucional é a esfera mais adequada para a resolução de litígios estruturais. Foca-se o estudo na atuação da Corte Constitucional, pois foi esta instituição que desenvolveu o Compromisso Significativo que, posteriormente, pôde ser utilizado em instâncias judiciais inferiores.

Esclarecidas as principais competências da Corte Constitucional sul-africana e feita uma breve distinção entre as suas competências e as do STF, analisa-se no próximo subtópico como a Corte tem exercido suas atribuições na efetivação dos DESCs.

---

[197] NUNES, Daniel Capecchi; BRANDÃO, Rodrigo. O STF e as entidades de classe de âmbito nacional: a sociedade civil e seu acesso ao controle concentrado de constitucionalidade. *Revista de Direito da Cidade*, v. 10, n. 1, p. 164-196, 2018. p. 191.

3.1.2 O papel da Corte Constitucional na implementação dos direitos socioeconômicos

A nova Constituição assumiu um claro compromisso com a transformação social, com a democracia, com a igualdade, com a promoção dos direitos fundamentais e com a proteção da população marginalizada. E não poderia ser diferente, tendo em vista a herança social e econômica deixada pelo *apartheid*. Ntlama[198] explica que o *apartheid* foi a maior fonte de desigualdade social e econômica na África do Sul, deixando o país com péssimos indicadores sociais em questões como acesso à moradia, à saúde e à educação. Castelo Branco[199] traduz essa afirmação em números, mostrando que, no início da década de 1990: o déficit habitacional no país era de 1,3 milhões; 12 milhões de pessoas não tinham acesso à água potável e 21 milhões sequer dispunham de saneamento básico; só 36% das casas sul-africanas tinham energia elétrica, enquanto 19 mil escolas e 4 mil clínicas não tinham eletricidade. Assim, o novo texto constitucional apresenta um expressivo rol de direitos fundamentais de natureza socioeconômica que, em manifestação típica do constitucionalismo de transição, destinam-se a modificar profundamente a realidade social do país.[200]

No processo de validação do texto constitucional, a Corte teve que enfrentar argumentos contrários à inclusão de direitos socioeconômicos, sob a alegação de que isso violaria alguns dos 34 princípios que foram estabelecidos pela Constituição interina. Davis,[201] por exemplo, chegou a argumentar que direitos sociais deveriam ser limitados a princípios diretivos para evitar constranger as novas instituições democráticas e impedir que o Judiciário ultrapassasse os seus limites institucionais. A resposta da Corte foi de que os DESCs estavam plenamente de acordo com os princípios estabelecidos pela Constituição interina, que, em algum grau, eles eram juridicamente exigíveis e, consequentemente,

---

[198] NTLAMA, Nomthandazo Patience. *The implementation of Court orders in respect of socio-economic rights in South Africa*. 2003. 128f. Dissertação (Mestrado) – Curso de Direito, Stellenbosch University, Stellenbosch, 2003. p. 11-12.

[199] BRANCO, Luís Bernardo Nunes Mexia Castelo. *A política externa sul-africana*: do apartheid a Mandela. 2003. 445f. Tese (Doutorado) – Curso de Ciências Sociais, Instituto Superior de Ciências do Trabalho e da Empresa, Lisboa, 2003. p. 227.

[200] KLARE, Karl E. Legal Culture and Transformative Constitutionalism. *South African Journal on Human Rights*, [s.l.], v. 14, n. 1, p. 146-188, jan. 1998. p. 146. Informa UK Limited.

[201] DAVIS, D. M. The Case against the Inclusion of Socioeconomic Demands in a Bill of Rights Except as Directive Principles. *South African Journal on Human Rights*, [s.l.], v. 8, n. 4, p.475-490, jan. 1992. p. 489-490.

que a Corte poderia atuar em prol da sua efetivação.[202] Dessa forma, no primeiro julgamento do novo texto constitucional, a Corte afirmou:

> Os opositores argumentam ainda que os direitos socioeconômicos não são judicializáveis, particularmente devido às questões orçamentárias que sua aplicação pode suscitar. Eles basearam esse argumento no CP II, o qual estabelece que todos os direitos fundamentais universalmente aceitos devem ser protegidos por "disposições positivadas e judicializáveis na Constituição". Está claro, como afirmamos acima, que os direitos socioeconômicos entrincheirados nos NTs 26 a 29 não são direitos fundamentais universalmente aceitos. Por esse motivo, portanto, não se pode dizer que sua "justiciabilidade" é exigida pelo CP II. No entanto, somos da opinião de que esses direitos são, pelo menos até certo ponto, exigíveis judicialmente.[203]

Portanto, a Corte reconhece que os direitos sociais podem ser judicializados e que os cidadãos têm direito à moradia, à saúde, à educação, entre outros, desde que sejam efetivados de forma razoável, ou seja, essas promessas constitucionais não devem ser implementadas imediatamente, comprometendo o orçamento público.[204] Devem ser realizadas de forma progressiva, conforme a capacidade financeira do Estado.[205]

A positivação de direitos socioeconômicos na nova Constituição revela o comprometimento com o chamado *transformative*

---

[202] RAY, Brian. *Engaging with Social Rights:* Procedure, Participation, and Democracy in South Africa's Second Wave. Cambridge: Cambridge University Press, 2016. p. 47.

[203] The objectors argued further that socio-economic rights are not justiciable, in particular because of the budgetary issues their enforcement may raise. They based this argument on CP II which provides that all universally accepted fundamental rights shall be protected by "entrenched and justiciable provisions in the Constitution". It is clear, as we have stated above, that the socio-economic rights entrenched in NT 26 to 29 are not universally accepted fundamental rights. For that reason, therefore, it cannot be said that their "justiciability" is required by CP II. Nevertheless, we are of the view that these rights are, at least to some extent, justiciable. ÁFRICA DO SUL. Corte Constitucional da África do Sul. *Primeiro Julgamento de Certificação da Constituição da República da África do Sul nº CCT 23/96*. Joanesburgo, 1996. p. 50. Disponível em: http://www.saflii.org/za/cases/ZACC/1996/26.pdf. Acesso em: 16 jan. 2020.

[204] GOLDSTONE, Richard J. A South African Perspective on Social and Economic Rights. *Human Rights Brief 13*, no. 2, p. 4-7, 2006. p. 4.

[205] VALLE, Vanice Regina Lírio do; HUNGRIA, Ana Luiza Hadju. Implementação gradual de direitos socioeconômicos: construtivismo constitucional na Corte Constitucional sul-africana. *Revista de Estudos Constitucionais, Hermenêutica e Teoria do Direito*, [s.l.], v. 4, n. 2, p. 226-238, 20 dez. 2012. p. 229.

constitutionalism. Segundo Klare,[206] o conceito de constitucionalismo transformador pode ser compreendido como um projeto de longo prazo, no qual as instituições públicas têm o dever constitucional de transformar a realidade política e social do país, fazendo com que as relações de poder sejam mais democráticas, participativas e igualitárias. Dessa forma, o texto constitucional olha tanto para o passado, quanto para o futuro.[207] Olha para o passado ao pretender transformar uma realidade histórica de desigualdades sociais. E olha para o futuro ao fixar as diretrizes e os valores que devem nortear o Estado na construção de uma sociedade mais justa. No contexto sul-africano, a promessa do constitucionalismo transformador não pode ser alcançada enquanto a maioria da população continuar sem acesso às condições econômicas e sociais mínimas.[208]

Portanto, na Constituição sul-africana, os direitos socioeconômicos são estruturados de uma forma que reflete o compromisso do processo democrático em reparar as injustiças que o *apartheid* criou, apontando para a proeminência do Legislativo e do Executivo na efetividade dessa transformação.[209] Apesar de o protagonismo caber aos poderes políticos, a Corte Constitucional detém um papel supervisor fundamental, a fim de assegurar que as garantias constitucionais sejam observadas.[210]

No julgamento de processos estruturais, a Corte, ainda que tenha variado ao longo do tempo a sua abordagem quanto aos DESCs, possui um perfil claro quanto aos limites de intervenção no âmbito das políticas públicas. Sempre esteve mais confortável promovendo a eficácia desses direitos de forma dialógica, apontando a inconstitucionalidade de atuações do Poder Público, sem, todavia, determinar unilateralmente o conteúdo das políticas públicas que devem ser realizadas.[211] Assim,

---

[206] KLARE, Karl E. Legal culture and transformative constitutionalism. *South African Journal on Human Rights*, v. 14, n. 1, p. 146-188, 1998. p. 150.

[207] SWANEPOEL, Philip. *The potential of structural interdicts to constitute effective relief in socio-economic rights cases*. 2017. 220f. Dissertação (Mestrado) – Curso de Direito, Stellenbosch University, Stellenbosch, 2017. p. 1.

[208] PIETERSE, Marius. What do we mean when we talk about transformative constitutionalism?. *SA Public Law*, v. 20, n. 1, p. 155-166, 2005. p. 156.

[209] RAY, Brian. *Engaging with Social Rights:* Procedure, Participation, and Democracy in South Africa's Second Wave. Cambridge: Cambridge University Press, 2016. p. 39.

[210] JIUN WEH, J.-R.; CHANG, W.-C. The Changing Landscape of Modern Constitutionalism: Transitional Perspective. *National Taiwan University Law Review*, Vol. 4, No. 1, p. 145-183, 2009. p. 172-173.

[211] RAY, Brian. *Engaging with Social Rights:* Procedure, Participation, and Democracy in South Africa's Second Wave. Cambridge: Cambridge University Press, 2016. p. 41-43.

Roux,[212] analisando a relação entre a Corte e os setores políticos, afirma que o Tribunal foi bem-sucedido em influir em uma das áreas mais sacrossantas do setor político: a formulação de políticas públicas. Ainda que não seja uma tarefa fácil, a Corte buscou ser eficiente em promover os direitos sociais, respeitando as competências típicas da Administração Pública.[213]

Tentando compreender a atuação da Corte em litígios que envolvem direitos socioeconômicos, Wilson e Dugard[214] dividem os casos a ela submetidos em dois grupos, os quais chamam de primeira e segunda onda de litígios sociais. Ao julgar os casos da primeira onda, a Corte enfrentou a tarefa de estabelecer um paradigma interpretativo que possibilitasse a efetivação dos direitos socioeconômicos, enquanto mantivesse a sua estabilidade institucional.[215] Já os casos da segunda onda têm consolidado o processo de procedimentalização: a Corte foca mais em promover a democracia participativa por meio dos litígios que tratam de direitos sociais, incluindo os segmentos populacionais afetados pelas omissões políticas no processo de formulação de políticas públicas.[216]

Ainda que o Compromisso Significativo seja fruto da segunda fase de atuação da Corte, os precedentes jurisprudenciais que fundamentam o seu desenvolvimento estão presentes já na primeira onda de litígios sociais. Dois casos em específico influenciaram diretamente a criação do *Meaningful Engagement* e contribuíram com a procedimentalização dos processos estruturais. O primeiro caso foi *Government of Republic of South Africa and Others vs. Grootboom and Others*, um dos mais famosos na história constitucional da África do Sul. O segundo é *Port Elizabeth Municipality vs. Various Occupiers*, no qual a preocupação da Corte em dar voz aos segmentos sociais marginalizados fica mais evidente. Os dois próximos subtópicos fazem uma breve análise desses dois casos.

---

[212] ROUX, Theunis. Legitimating Transformation: Political Resource Allocation in the South African Constitutional Court. *In*: GLOPPEN, Siri; GARGARELLA, Roberto; SKAAR, Elin. *Democratization and the judiciary*: The Accountability Function of Courts in New Democracies. London: Frank Cass Publishers, 2005. p. 66-80. p. 76-77.

[213] GOLDSTONE, Richard J. A South African Perspective on Social and Economic Rights. *Human Rights Brief 13*, no. 2, p. 4-7, 2006. p. 4.

[214] WILSON, Stuart; DUGARD, Jackie. Constitutional Jurisprudence. *Socio-economic Rights In South Africa*, [s.l.], p. 35-62, 2011. p. 35-36. Cambridge University Press.

[215] WILSON, Stuart; DUGARD, Jackie. Constitutional Jurisprudence. *Socio-economic Rights In South Africa*, [s.l.], p. 35-62, 2011. p. 37. Cambridge University Press.

[216] RAY, Brian. *Engaging with Social Rights:* Procedure, Participation, and Democracy in South Africa's Second Wave. Cambridge: Cambridge University Press, 2016. p. 107.

3.1.3 Os processos estruturais entre o simbólico e o efetivo: o caso *Grootboom*

O caso *Grootboom* é um dos processos estruturais mais conhecidos pelos estudiosos de direito comparado, chegando Roux[217] a afirmar que a sua importância para os juristas sul-africanos equivale à relevância do caso *Brown vs. Board of Education* para os juristas norte-americanos. Sua repercussão foi muito positiva no âmbito internacional, tornando-se um referencial de como as Cortes podem promover a efetivação dos direitos sociais sem desrespeitar a separação de poderes. Para constatar a relevância desse julgado, basta observar como ele foi capaz de converter aos direitos sociais alguns dos seus mais ferrenhos adversários, como Cass Sunstein e Dennis Davis.[218]

Sunstein já havia manifestado de forma inequívoca a sua discordância à positivação e à justiciabilidade dos direitos sociais, afirmando que a ideia de inseri-los nos textos constitucionais seria "[...] um grande erro, possivelmente um desastre".[219] Após o caso *Grootboom*, tendo em vista a posição dialogal da Corte Constitucional, Sunstein reviu o seu posicionamento e tornou-se otimista sobre o bem que esses direitos poderiam trazer.[220] O autor qualificou a decisão como extraordinária, por demonstrar a possibilidade de o Judiciário auxiliar os membros menos favorecidos de uma sociedade sem assumir funções administrativas.[221]

Já o renomado jurista sul-africano Dennis Davis, como dito, era um ferrenho opositor da justiciabilidade dos DESCs na nova Constituição sul-africana.[222] Anos mais tarde, após atuar como juiz de primeira instância do caso *Grootboom*,[223] Davis criticou o Judiciário da

---

[217] ROUX, Theunis. *The Politics of Principle*: the first South African Constitutional Court, 1995-2005. New York: Cambridge University Press, 2013. p. 280.

[218] BEATTY, David M. *A essência do Estado de Direito*. Tradução de Ana Aguiar Cotrim. São Paulo: WMF Martins Fontes, 2014. p. 229-231.

[219] "I think that this is a large mistake, possibly a disaster". SUNSTEIN, Cass R. Against positive rights. *E. Eur. Const. Rev.*, v. 2, p. 35-38, 1993. p. 35.

[220] SUNSTEIN, Cass R. Social and Economic Rights?. Lessons from South Africa. *Constitutional Forum*, [s.l.], v. 11, n. 1-4, p. 123-132, 2001.

[221] SUNSTEIN, Cass R. *Designing Democracy*: What Constitutions Do. New York: Oxford University Press, 2001. p. 221-222.

[222] DAVIS, D. M. The Case against the Inclusion of Socioeconomic Demands in a Bill of Rights Except as Directive Principles. *South African Journal on Human Rights*, [s.l.], v. 8, n. 4, p. 475-490, jan. 1992. p. 489-490.

[223] BEATTY, David M. *A essência do Estado de Direito*. Tradução de Ana Aguiar Cotrim. São Paulo: WMF Martins Fontes, 2014. p. 232.

África do Sul, Israel e Canadá por não promoverem a efetivação dos direitos sociais com o rigor que poderiam fazer.[224]

Cumpre destacar que *Grootboom* apresenta uma peculiaridade em suas análises. Enquanto autores internacionais costumam elogiar a decisão, muitos juristas sul-africanos são críticos da posição da Corte no caso, afirmando que o excesso de deferência ao Executivo permitiu que o grupo afetado pelo litígio permanecesse sem uma solução satisfatória.[225] Para os que pensam dessa forma, a maior prova de seu insucesso é que Irene Grootboom, autora da ação, morreu no aguardo de uma moradia digna, oito anos após obter vitória no Judiciário.[226]

Em *Grootboom*, uma comunidade de 900 pessoas que viviam em barracos foi expulsa de uma propriedade privada após ter se candidatado à moradia de baixo custo do governo. Com a expulsão, eles ocuparam um campo de esportes nas proximidades e montaram instalações improvisadas.[227] A maior parte dos membros do grupo era pobre, com quase nenhuma renda, e muitos já estavam na fila para moradias de baixo custo há 7 anos, mas a cidade ainda não havia providenciado essas residências.[228] Tendo em vista a violação ao seu direito à moradia, Irene Grootboom e outros membros da comunidade ajuizaram uma ação contra as autoridades municipais e federais, requerendo que providenciassem moradias temporárias e outros serviços básicos.[229]

Ao julgar o caso, a Corte entendeu que o Estado possui a obrigação constitucional de assistir indivíduos que estão em situações de crise ou em condições de vida intoleráveis.[230] A política habitacional deve desenvolver medidas emergenciais, ainda que temporárias, para aqueles

---

[224] DAVIS, Dennis M.; MACKLEM, Patrick; MUNDLAK, Guy. Social Rights, Social Citizenship, and Transformative Constitutionalism: A Comparative Assessment. *Labour Law in an Era of Globalization transformative Practices and Possibilities*, [s.l.], p. 510-534, 29 jan. 2004.

[225] MBAZIRA, Christopher. Grootboom: A paradigm of individual remedies versus reasonable programmes. *Southern African Public Law*, v, 26, n. 1, p. 60-80, 2011. p. 61.

[226] RODRÍGUEZ-GARAVITO, César. Beyond the courtroom: The impact of judicial activism on socioeconomic rights in Latin America. *Texas Law Review*, v. 89, p. 1669-1698, 2011. p. 1681-1682.

[227] KAMGA, Serges Alain Djoyou; HELEBA, Siyambonga. Crescimento econômico pode traduzir-se em acesso aos direitos?. Desafios das instituições da África do Sul para que o crescimento conduza a melhores padrões de vida. *SUR – Revista Internacional de Direitos Humanos*, v. 9, n. 17, p. 87-113, 2012. p. 95.

[228] TAMBWE, Giteya. *The impact of the engagement principle on the right to have acces to adequate housing*: from reasonableness to engagement. 2018. 58f. Dissertação (Mestrado) – Curso de Direito, Universidade de Pretoria, Pretoria, 2018. p. 13.

[229] RAY, Brian. *Engaging with Social Rights:* Procedure, Participation, and Democracy in South Africa's Second Wave. Cambridge: Cambridge University Press, 2016. p. 51.

[230] ROUX, Theunis. *The Politics of Principle*: *the first South African Constitutional Court, 1995-2005*. New York: Cambridge University Press, 2013. p. 291.

que estiverem nessas condições. Assim, o Tribunal determinou que o Poder Público deveria criar e implementar, conforme os recursos disponíveis, um programa destinado a efetivar o direito à moradia adequada, capaz de providenciar socorro para aqueles que estariam vivendo em condições deploráveis.[231]

Foi também nesse julgamento que se desenvolveu o critério da razoabilidade, o qual seria o parâmetro para avaliar a adequação constitucional de políticas públicas. Para a Corte, a sua tarefa seria analisar se as medidas adotadas pelo Estado para realizar os direitos socioeconômicos eram razoáveis e coerentes, capazes de implementá-los progressivamente e dentro dos limites orçamentários do Estado. Nessa lógica, a Corte não iria considerar se existiriam alternativas mais desejáveis, favoráveis ou se o dinheiro poderia ter sido gasto melhor, mas apenas se as medidas adotadas são suficientemente razoáveis e coerentes.[232]

Ainda que a Corte tenha declarado a ineficiência da política habitacional desenvolvida e constatado a obrigação do Estado de resolver a situação emergencial, não estabeleceu qualquer ordem específica para o Executivo, tampouco determinou como as políticas públicas deveriam ser efetivadas.[233] Segundo Rosline Lawrence,[234] a Corte errou por estabelecer medidas muito vagas e não detalhadas, além de ter se negado a reter a supervisão sobre o caso.

Por que há uma disparidade tão grande entre os analistas do caso? Rodríguez-Garavito ajuda a encontrar uma resposta. Como explica o autor, é possível analisar os efeitos de um processo estrutural de duas formas.[235] A primeira é a dimensão simbólica, ou seja, a influência ideológica que a decisão estrutural terá. Ela pode chamar mais atenção para um litígio complexo, pode fazer com que a sociedade apoie o grupo afetado, bem como pode influenciar a produção de leis ou decisões

---

[231] WESSON, Murray. Grootboom and Reassessing: Beyond the Socioeconomic Jurisprudence of the South African Constitutional Court. *South African Journal on Human Rights*, [s.l.], v. 20, n. 2, p. 284-308, jan. 2004. p. 288.

[232] TAMBWE, Giteya. *The impact of the engagement principle on the right to have acces to adequate housing*: from reasonableness to engagement. 2018. 58f. Dissertação (Mestrado) – Curso de Direito, Universidade de Pretoria, Pretoria, 2018. p. 14-15.

[233] LIEBENBERG, S. The right to social assistance: the implications of Grootboom for policy reform in South Africa. *South African Journal of Human Rights*, 17(2), p. 232-257, 2001. p. 257.

[234] LAWRENCE, Rosline. *The impact of supervisory orders and structural interdicts in socio-economic rights cases in South Africa*. 2013. 84f. Dissertação (Mestrado) – Curso de Direito, Universidade de Western Cape, Bellville, 2013. p. 31-32.

[235] RODRÍGUEZ-GARAVITO, César. Beyond the courtroom: The impact of judicial activism on socioeconomic rights in Latin America. *Texas Law Review*, v. 89, p. 1669-1698, 2011. p. 1675-1676.

judiciais futuras. Em uma visão sociológica, esses efeitos implicam alterações culturais e ideológicas sobre a matéria em questão no litígio. Por outro lado, há as consequências concretas, isto é, o cumprimento fático do que foi determinado pelo Judiciário e a implementação de mudanças institucionais que alcancem a transformação do estado de coisas violador de direitos.

Ao lidar com processos estruturais, deve-se buscar maximizar a realização das duas dimensões, contudo é importante ter em mente que uma decisão, ainda que não apresente os efeitos concretos desejados, pode apresentar resultados simbólicos importantes. O caso *Grootboom* é um exemplo disso. Ainda que os resultados materiais almejados não tenham sido alcançados, o caso influenciou outros litígios sobre direito à moradia, possibilitando que comunidades evitassem o despejo e conseguissem o desenvolvimento de políticas emergenciais de habitação,[236] sem contar que o precedente formado foi determinante para o desenvolvimento do Compromisso Significativo. Além disso, influenciou a atuação do Executivo, que formulou o *Breaking New Ground* (BNG), um plano nacional do governo sul-africano, criado em 2004, com o intuito de erradicar as moradias informais no país no menor tempo possível.[237] Com base nele, foram desenvolvidas várias políticas de reestruturação urbana para reformar assentamentos informais.

Isso não significa que os resultados concretos são menos relevantes que os simbólicos, o que seria um absurdo. Mas, ao estudar processos estruturais, precisamos estar cientes dessa dupla dimensão e pensar em formas de maximizá-las igualmente.

3.1.4 As bases da procedimentalização dos processos estruturais: o caso *Port Elizabeth*

Já o caso de *Port Elizabeth* tratou de uma tentativa de despejo de 68 pessoas, das quais 23 eram crianças, que ocupavam ilegalmente uma propriedade privada.[238] O grupo construiu moradias provisórias em terras particulares no município de *Port Elizabeth*, fazendo com que

---

[236] WICKERI, Elisabeth. Grootboom's legacy: Securing the right to access to adequate housing in South Africa?. *Center for Human Rights and Global Justice Working Paper*: Economic, Social and Cultural Rights Series, v. 5, 2004.

[237] BRIAN, Ray. *Engaging with Social Rights:* Procedure, Participation, and Democracy in South Africa's Second Wave. Cambridge: Cambridge University Press, 2016. p. 119.

[238] MAHOMEDY, Sameera. *The potential of meaningful engagement in realsing socio-economic rights:* Addressing quality concerns. 2019. 171f. Dissertação (Mestrado) – Law, Stellenbosch University, Stellenbosch, 2019. p. 34.

moradores do bairro, incluindo os proprietários, fizessem uma petição com 1600 assinaturas, solicitando o despejo contra os ocupantes ilegais, pedido que foi atendido pelo governo municipal.[239]

Ao julgar o caso, a Corte baseou-se principalmente no *The Prevention of Illegal Eviction from and Unlawful Occupation of Land Act* (PIE), ato normativo responsável por promover o equilíbrio entre o direito à propriedade e o direito à moradia.[240] Segundo o entendimento unânime da Corte, o PIE não permite o despejo de ocupantes ilegais sem uma ordem judicial prévia e sem uma análise da equidade e da razoabilidade da remoção, levando-se em consideração todos os fatores relevantes para o caso.[241] Assim, a Corte entendeu que não seria razoável promover o despejo dos moradores, tendo em vista o tempo em que ocuparam a propriedade, a desnecessidade de expulsá-los para tornar a propriedade produtiva, a situação de vulnerabilidade dos ocupantes e a falta de comprometimento do município em dialogar com o grupo.[242]

O ponto essencial desse caso para o presente estudo é que ele inicia o processo de procedimentalização dos litígios socioeconômicos da Corte, ou seja, em vez de determinar o que o Poder Público deve fazer, a Corte adota um papel de supervisão, incentivando negociações entre os setores políticos e os segmentos populacionais afetados. Não à toa, o juiz Albie Sachs, responsável pela redação final do voto da Corte, dedicou uma subseção da decisão para tratar da mediação, apontando-a como um modo eficiente de resolver conflitos de interesses sobre como concretizar princípios constitucionais em tensão.[243] Sintetizando esse pensamento, Sachs afirma que:

> Ao procurar resolver as contradições acima, os aspectos processuais e substantivos da justiça e da equidade nem sempre podem ser separados.

---

[239] ÁFRICA DO SUL. Corte Constitucional. *Port Elizabeth Municipality vs. Various Occupiers (CCT 53/03)*. Joanesburgo, 2004. Parágrafo 1. Disponível em: http://www.saflii.org/za/cases/ZACC/2004/7.html. Acesso em: 1º jan. 2021.

[240] RAY, Brian. *Engaging with Social Rights:* Procedure, Participation, and Democracy in South Africa's Second Wave. Cambridge: Cambridge University Press, 2016. p. 70.

[241] RAY, Brian. *Engaging with Social Rights:* Procedure, Participation, and Democracy in South Africa's Second Wave. Cambridge: Cambridge University Press, 2016. p. 71.

[242] ÁFRICA DO SUL. Corte Constitucional. *Port Elizabeth Municipality vs. Various Occupiers (CCT 53/03)*. Joanesburgo, 2004. Parágrafo 59. Disponível em: http://www.saflii.org/za/cases/ZACC/2004/7.html. Acesso em: 1º jan. 2021.

[243] ÁFRICA DO SUL. Corte Constitucional. *Port Elizabeth Municipality vs. Various Occupiers (CCT 53/03)*. Joanesburgo, 2004. Parágrafo 39. Disponível em: http://www.saflii.org/za/cases/ZACC/2004/7.html. Acesso em: 17 jan. 2020.

O papel gerencial dos tribunais pode ter que se expressar de maneiras inovadoras. Assim, um modo potencialmente digno e eficaz de alcançar reconciliações sustentáveis dos diferentes interesses envolvidos é incentivar e exigir que as partes se envolvam em um esforço proativo e honesto para encontrar soluções mutuamente aceitáveis. Sempre que possível, o engajamento respeitoso cara a cara ou a mediação conduzida por terceiros devem substituir o combate de oponentes distantes e intransigentes.[244]

Analisando o caso *Port Elizabeth*, Mahomedy[245] observa que a Corte ressaltou a importância da mediação em casos futuros e que os tribunais deveriam ser cautelosos em qualificar uma ordem de despejo como justa e equitativa se não houver, previamente, um real diálogo entre o Poder Público e os ocupantes ilegais. Esse pensamento viabilizou a construção jurisprudencial do Compromisso Significativo no caso *Olivia Road*,[246] que será estudado no próximo tópico.

3.2 O caso *Olivia Road vs. City of Johannesburg* e a origem do Compromisso Significativo

Ainda que o Compromisso Significativo não seja utilizado apenas para assegurar o direito à moradia, a sua primeira utilização ocorreu em um caso de despejo, promovido pela cidade de Joanesburgo. Entre os anos de 2002 e 2006, tornou-se comum a realização de despejos em massa nas periferias da cidade,[247] a fim de efetivar programas de revitalização

---

[244] "In seeking to resolve the above contradictions, the procedural and substantive aspects of justice and equity cannot always be separated. The managerial role of the courts may need to find expression in innovative ways. Thus one potentially dignified and effective mode of achieving sustainable reconciliations of the different interests involved is to encourage and require the parties to engage with each other in a pro-active and honest endeavour to find mutually acceptable solutions. Wherever possible, respectful face-to-face engagement or mediation through a third party should replace arms-length combat by intransigent opponents". ÁFRICA DO SUL. Corte Constitucional. *Port Elizabeth Municipality vs. Various Occupiers (CCT 53/03)*. Joanesburgo, 2004. Parágrafo 39. Disponível em: http://www.saflii.org/za/cases/ZACC/2004/7.html. Acesso em: 17 jan. 2020.

[245] MAHOMEDY, Sameera. *The potential of meaningful engagement in realsing socio-economic rights*: Addressing quality concerns. 2019. 171f. Dissertação (Mestrado) – Law, Stellenbosch University, Stellenbosch, 2019. p. 39.

[246] RAY, Brian. *Engaging with Social Rights*: Procedure, Participation, and Democracy in South Africa's Second Wave. Cambridge: Cambridge University Press, 2016. p. 71.

[247] WILSON, Stuart. Litigating Housing Rights in Johannesburg's Inner City: 2004-2008. *South African Journal on Human Rights*, [s.l.], v. 27, n. 1, p.127-151, jan. 2011. p. 135.

urbana. Como explica Cloete,[248] durante o período do *apartheid*, o governo sul-africano conseguiu segregar a população negra no espaço urbano. Enquanto a minoria branca geralmente vivia mais próxima aos centros das cidades, a maioria da população negra residia em regiões periféricas. Por isso, nesses locais, era comum encontrar milhares de pessoas morando em prédios inadequados para a habitação. Com a instauração do regime democrático, uma das principais preocupações do Poder Público, tanto o nacional quanto o municipal, era promover uma restruturação dessas residências, proporcionando moradia digna para esse segmento social marginalizado.

Para o governo de Joanesburgo, o despejo era uma medida necessária, tendo em vista as condições insalubres em que se encontravam as construções residenciais da região. No plano de regeneração da cidade, datado de 2004, é possível verificar algumas das justificativas utilizadas: prédios em más condições, aumento das moradias em condições insalubres e aumento da criminalidade nessas regiões.[249] Segundo Ray,[250] os despejos atingiram mais de 67.000 pessoas.

Os planos desenvolvidos pela cidade, entretanto, pecavam em um importante ponto: nas suas 53 páginas, não se encontrava qualquer discussão sobre o que aconteceria com os moradores despejados, ou como a seção 26[251] da Constituição seria respeitada.[252] Em vez disso, o plano focava principalmente em obter investimentos privados para a sua realização e em delinear formas de promover a valorização dos imóveis da região. Além de ignorar a condição da população que perderia a sua moradia, o plano intentava identificar novos meios jurídicos que

---

[248] CLOETE, Clireesh Terry. *A critical analysis of the approach of the courts in the application of eviction remedies in the pre-constitutional and constitutional context*. 2016. 231f. Dissertação (Mestrado) – Curso de Direito, Stellenbosch University, Stellenbosch, 2016. p. 78.

[249] RAY, Brian. *Engaging with Social Rights:* Procedure, Participation, and Democracy in South Africa's Second Wave. Cambridge: Cambridge University Press, 2016. p. 111.

[250] RAY, Brian. *Engaging with Social Rights:* Procedure, Participation, and Democracy in South Africa's Second Wave. Cambridge: Cambridge University Press, 2016. p. 111.

[251] 26. Housing.- (1) Everyone has the right to have access to adequate housing. (2) The state must take reasonable legislative and other measures, within its available resources, to achieve the progressive realisation of this right. (3) No one may be evicted from their home, or have their home demolished, without an order of court made after considering all the relevant circumstances. No legislation may permit arbitrary evictions. ÁFRICA DO SUL. Constituição (1996). *Constitution of the Republic of South Africa No. 108 of 1996*. Pretória, 1996. p. 1255. Disponível em: https://www.gov.za/sites/default/files/images/a108-96.pdf. Acesso em: 10 mar. 2020.

[252] RAY, Brian. *Engaging with Social Rights:* Procedure, Participation, and Democracy in South Africa's Second Wave. Cambridge: Cambridge University Press, 2016. p. 111.

tornassem os despejos mais rápidos e efetivos.²⁵³ Uma maior rapidez nesse processo diminuiria a possibilidade de oposição pelos residentes, que careciam de conhecimentos e recursos para contestar legalmente as ações do Poder Público.

O caso *Olivia Road* tem início quando a cidade de Joanesburgo ajuíza uma ação no Tribunal Regional de *Witwatersrand*, solicitando a autorização judicial para despejar mais de 400 residentes de prédios que seriam reestruturados. O Tribunal Regional rejeitou o pedido de despejo do governo municipal, entendendo que a cidade violou a seção 26 da Constituição, a qual assegura o direito à moradia, visto que pretendia despejar os moradores sem providenciar abrigos alternativos.²⁵⁴ Após a decisão, o governo municipal apelou para a Suprema Corte de Apelação, que reverteu a decisão do Tribunal Regional e concluiu que os despejos eram autorizados pela Constituição. Em prol dos residentes, a SCA apenas determinou que a cidade tinha o dever de providenciar abrigo para aqueles que perdessem a sua residência.²⁵⁵

Recorrendo da decisão proferida pela SCA, os residentes conseguiram levar a ação até a Corte Constitucional, que aceitou o caso em maio de 2007. No dia 30 de agosto, a Corte expediu a primeira ordem para que um Compromisso Significativo fosse realizado entre as partes envolvidas no litígio. A decisão, redigida pelo juiz Zakeria Yacoob, determinou que:

> A cidade de Joanesburgo e os demandantes devem se engajar significativamente assim que possível, em um esforço para resolver as diferenças e dificuldades expostas nesta ação à luz dos valores da Constituição, dos deveres constitucionais e estatutários do município e dos direitos e deveres dos cidadãos em questão.²⁵⁶

---

[253] RAY, Brian. *Engaging with Social Rights:* Procedure, Participation, and Democracy in South Africa's Second Wave. Cambridge: Cambridge University Press, 2016. p. 111.

[254] ÁFRICA DO SUL. Corte Constitucional da África do Sul. *Occupiers of 51 Olivia Road, Berea Township, and 197 Main Street vs. city of Johannesburg.* Joanesburgo, 2008. p. 3. Disponível em: http://www.saflii.org/za/cases/ZACC/2008/1.pdf. Acesso em: 09 mar. 2020.

[255] ÁFRICA DO SUL. Corte Constitucional da África do Sul. *Occupiers of 51 Olivia Road, Berea Township, and 197 Main Street vs. city of Johannesburg.* Joanesburgo, 2008. p. 2. Disponível em: http://www.saflii.org/za/cases/ZACC/2008/1.pdf. Acesso em: 09 mar. 2020.

[256] "The City of Johannesburg and the applicants are required to engage with each other meaningfully and as soon as it is possible for them to do so, in an effort to resolve the differences and difficulties aired in this application in the light of the values of the Constitution, the constitutional and statutory duties of the municipality and the rights and duties of the citizens concerned". ÁFRICA DO SUL. Corte Constitucional da África do Sul. *Occupiers of 51 Olivia Road, Berea Township, and 197 Main Street vs. city of Johannesburg.*

Após dialogarem por alguns meses, as partes chegaram a um acordo parcial. Entre outras determinações, o governo municipal concordou em não realizar o despejo e implementar medidas que melhorassem os prédios e a vida dos seus moradores, como limpeza da área residencial, acesso à água e saneamento básico.[257] A cidade também concordou em reformar vários outros prédios localizados na periferia da cidade, fornecendo serviços públicos essenciais para os moradores da região, além de limitar quaisquer taxas de aluguel para não mais de 25% da renda mensal dos ocupantes. Por fim, o governo aceitou continuar o diálogo em longo prazo, buscando soluções para os problemas de moradia.[258]

Encerrada a primeira fase de negociações, as partes retornaram à Corte, buscando não só a aprovação dos termos acordados, como também uma decisão sobre a adequação do acordo aos requisitos apresentados no caso *Grootboom*. Para a surpresa dos dois lados, em sua decisão final, a Corte não analisou essa questão. Em vez disso, priorizou a formalização do Compromisso Significativo como um requisito constitucional a ser realizado em todos os futuros casos em que o despejo de residentes fosse uma possibilidade.[259]

O próximo subtópico apresenta os fundamentos jurídicos utilizados para embasar a formalização do Compromisso, bem como as suas principais características desenvolvidas pela Corte.

3.2.1 Compromisso Significativo: manifestação da democracia participativa sul-africana

Antes de delinear as características do Compromisso Significativo, é importante conhecer os dispositivos constitucionais e legais que fundamentam a adoção de um remédio estrutural dialógico na África do Sul. No quarto capítulo do trabalho, esse conhecimento será útil

---

Joanesburgo, 2008. p. 5. Disponível em: http://www.saflii.org/za/cases/ZACC/2008/1.pdf. Acesso em: 09 mar. 2020.

[257] LIEBENBERG, Sandra. Engaging the paradoxes of the universal and particular in human rights adjudication: The possibilities and pitfalls of 'meaningful engagement'. *African Human Rights Law Journal*, 12, p. 1-29, 2012. p. 15.

[258] SOUZA NETO, Gentil Ferreira de. *A força normativa da Constituição, a judicialização das políticas públicas e o Compromisso Significativo*. 2018. 146f. Dissertação (Mestrado) – Curso de Direito, Instituto Brasiliense de Direito Público, Brasília, 2018. p. 110.

[259] FUO, Oliver Njuh. Public participation in decentralized governments in Africa: Making ambitious constitutional guarantees more responsive. *African Human Rights Law Journal*, 15, p. 167-191, 2015. p. 186-187.

para analisar comparativamente quais estatutos normativos brasileiros podem fundamentar a adoção de um remédio dialógico no Brasil.

Para além das fontes normativas, a compreensão da importância do diálogo para a resolução de problemas já estava presente na cultura sul-africana. O maior exemplo disso é o *Ubuntu*, modelo ético que vem sendo utilizado na África há séculos e que ressalta a importância do diálogo e da busca por consensos. A filosofia do *Ubuntu* ressalta valores como solidariedade de grupo, compaixão, respeito, dignidade humana, unidade coletiva, diálogo e compreensão mútua.[260] Em outras palavras, toda a existência do indivíduo é relativa ao grupo, isto é, a existência individual depende da preservação e coesão da coletividade. Se o indivíduo quiser sobreviver, deve adotar condutas anti-individualistas em direção à sobrevivência do grupo. Os valores do *Ubuntu* influenciaram a elaboração da Constituição de 1996 e o modelo de democracia por ela estatuído.[261] Segundo Tambwe,[262] os princípios do *Ubuntu* também influenciaram a criação do Compromisso Significativo e a preocupação da Corte em buscar o diálogo entre as partes.

Por outro lado, na perspectiva normativa, Augus[263] explica que a Constituição sul-africana de 1996 busca promover um modelo de democracia participativa, incentivando o engajamento dos cidadãos nos processos de deliberação pública que possam afetar as suas vidas. O direito de ser ouvido no processo de decisão pública é particularmente importante para os membros de grupos que são vítimas de marginalização social, econômica e política.[264] Assim, ainda que a Constituição não previsse expressamente o *Meaningful Engagement*, a Corte Constitucional pôde inferi-lo de vários dispositivos constitucionais. A possibilidade de criar remédios já havia sido reconhecida no caso *Fose vs. Minister of Safety and Security*, quando a Corte compreendeu que poderia ser necessário

---

[260] MOKGORO, Justice Yvonne. Ubuntu and the law in South Africa. *Potchefstroom Electronic Law Journal/Potchefstroomse Elektroniese Regsblad*, v. 1, n. 1, p. 1-11, 1998. p. 2-3.

[261] MOKGORO, Justice Yvonne. Ubuntu and the law in South Africa. *Potchefstroom Electronic Law Journal/Potchefstroomse Elektroniese Regsblad*, v. 1, n. 1, p. 1-11, 1998. p. 1.

[262] TAMBWE, Giteya. *The impact of the engagement principle on the right to have acces to adequate housing*: from reasonableness to engagement. 2018. 58f. Dissertação (Mestrado) – Curso de Direito, Universidade de Pretoria, Pretoria, 2018. p. 23.

[263] AUGUS, Vanessa Mary. *The mechanism of meaningful engagement in socio-economic rights cases as an enabler for the realisation of transformation and capacity building of the poor*. 2018. 84f. Dissertação (Mestrado) – Curso de Direito, Universidade de Pretoria, Pretoria, 2018. p. 19-20.

[264] LIEBENBERG, Sandra. Participatory Justice in Social Rights Adjudication. *Human Rights Law Review*, [s.l.], v. 18, n. 4, p. 623-649, 21 nov. 2018. p. 624-625. Oxford University Press (OUP).

desenvolver novos remédios não previstos pelo texto constitucional, caso não existisse nenhuma solução adequada à proteção dos direitos fundamentais violados no caso concreto.[265]

Na decisão final de *Olivia Road*, a Corte apontou, como fundamentos do Compromisso Significativo, os seguintes dispositivos: a seção 152,[266] que estabelece a importância do engajamento das comunidades locais na resolução de matérias relacionadas à sua região; a seção 7(2),[267] que fixa o dever estatal de respeitar e promover os direitos fundamentais assegurados; a seção 26, que trata do direito à moradia e da importância de um diálogo com os cidadãos que podem ser despejados de suas residências, antes que eles sejam realocados; e a seção 195, que consagra valores de participação pública nas decisões administrativas.[268]

---

[265] ÁFRICA DO SUL. Corte Constitucional. *Fose vs. Minister of Safety and Security (CCT14/96)*. Joanesburgo, 1997. p. 18. Disponível em: http://www.saflii.org/za/cases/ZACC/1997/6.pdf. Acesso em: 12 maio 2020.

[266] 152. Objects of local government.- (1) The objects of local government are- (a) to provide democratic and accountable government for local communities; (E) to ensure the provision of services to communities in a sustainable manner; (c) to promote social and economic development; (6) to promote a safe and healthy environment; and (e) to encourage the involvement of communities and community organizations in the matters of local government. (2) A municipality must strive, within its financial and administrative capacity, to achieve the objects set out in subsection (1). ÁFRICA DO SUL. Constituição (1996). *Constitution of the Republic of South Africa No. 108 of 1996*. Pretória, 1996. p. 1331 (2). Disponível em: https://www.gov.za/sites/default/files/images/a108-96.pdf. Acesso em: 10 mar. 2020.

[267] 7. Rights.- (1) This Bill of Rights is a cornerstone of democracy in South Africa. It enshrines the rights of all people in our country and affirms the democratic values of human dignity, equality and freedom. (2) The state must respect, protect, promote and fulfil the rights in the Bill of Rights. ÁFRICA DO SUL. Constituição (1996). *Constitution of the Republic of South Africa No. 108 of 1996*. Pretória, 1996. p. 1245. Disponível em: https://www.gov.za/sites/default/files/images/a108-96.pdf. Acesso em: 10 mar. 2020.

[268] 195. Basic values and principles governing public administration.-(I) Public administration must be governed by the democratic values and principles enshrined in the Constitution, including the following principles: (a) A high standard of professional ethics must be promoted and maintained. (b) Efficient, economic and effective use of resources must be promoted. (c) Public administration must be development-oriented. (d) Services must be provided impartially, fairly, equitably and without bias. (e) People's needs must be responded to, and the public must be encouraged to participate in policy-making. (f) Public administration must be accountable. (g) Transparency must be fostered by providing the public with timely, accessible and accurate information. (h) Good human-resource management and career-development practices, to maximise human potential, must be cultivated. (i) Public administration must be broadly representative of the South African people, with employment and personnel management practices based on ability, objectivity, fairness, and the need to redress the imbalances of the past to achieve broad representation. (2) The above principles apply to – (a) administration in every sphere of government; (b) organs of state; and (c) public enterprises. (3) National legislation must ensure the promotion of the values and principles listed in subsection (1). (4) The appointment in public administration of a number of persons on policy considerations is not precluded, but national legislation must regulate these appointments in the public: service. (5) Legislation

Augus[269] também aponta alguns importantes dispositivos legais que fundamentam o Compromisso. Entre eles, cabe ressaltar o *The Housing Act 107*,[270] de 1997, o qual exige que os governos nacional, provincial e local consultem todas as partes interessadas e a comunidade afetada por planos de reestruturação urbana, e o *Promotion of Administrative Justice Act* (PAJA), de 2000, ato normativo criado para efetivar o direito a uma atuação administrativa justa, lícita e razoável.[271] Após apresentar os fundamentos normativos para o Compromisso Significativo, a Corte descreveu quatro elementos que devem acompanhá-lo.

Primeiro, o Compromisso deve seguir um padrão de razoabilidade, sendo flexível e adaptável aos contextos específicos de cada caso.[272] Como a própria Corte expressou em seu julgado, "Em alguns casos a medida mais razoável pode ser a construção de moradias permanentes para os desalojados, em outros casos, o razoável pode ser não providenciar moradia alguma. As possibilidades entre esses dois extremos são quase infinitas".[273]

Segundo, sempre que uma política pública de larga escala, como um plano de regeneração urbana, puder afetar negativamente algum segmento populacional, a municipalidade deve realizar o Compromisso logo no início do planejamento, ou seja, o diálogo com os cidadãos afetados não deve iniciar apenas na instância judicial, mas na própria etapa de planejamento da política pública. A Corte reconheceu que essa exigência impõe o desenvolvimento de instâncias estatais capazes de

---

regulating public administration may differentiate between different sectors, administrations or institutions. (6) The nature and functions of different sectors, administrations or institutions of public administration are relevant factors to be taken into account in legislation regulating public administration. ÁFRICA DO SUL. Constituição (1996). *Constitution of the Republic of South Africa No. 108 of 1996*. Pretória, 1996. p. 1331 (17-18). Disponível em: https://www.gov.za/sites/default/files/images/a108-96.pdf. Acesso em: 10 mar. 2020.

[269] AUGUS, Vanessa Mary. *The mechanism of meaningful engagement in socio-economic rights cases as an enabler for the realisation of transformation and capacity building of the poor*. 2018. 84f. Dissertação (Mestrado) – Curso de Direito, Universidade de Pretoria, Pretoria, 2018. p. 20.

[270] ÁFRICA DO SUL. *Housing Act 107*. Pretória, 1997. Disponível em: http://thehda.co.za/pdf/uploads/multimedia/Housing_Act_107_of_1997.pdf. Acesso em: 10 mar. 2020.

[271] ÁFRICA DO SUL. *Promotion of Administrative Justice Act 3*. Pretória, 2000. Disponível em: https://www.qcto.org.za/images/legal/PAJA.pdf. Acesso em: 10 mar. 2020.

[272] LIEBENBERG, Sandra. Engaging the paradoxes of the universal and particular in human rights adjudication: The possibilities and pitfalls of 'meaningful engagement'. *African Human Rights Law Journal*, Pretoria, v. 12, n. 1, p. 1-29, 2012. p. 16.

[273] "It may in some circumstances be reasonable to make permanent housing available and, in others, to provide no housing at all. The possibilities between these extremes are almost endless". ÁFRICA DO SUL. Corte Constitucional da África do Sul. *Occupiers of 51 Olivia Road, Berea Township, and 197 Main Street vs. city of Johannesburg*. Joanesburgo, 2008. p. 12. Disponível em: http://www.saflii.org/za/cases/ZACC/2008/1.pdf. Acesso em: 09 mar. 2020.

lidar com esses diálogos, o que acarretará um custo ao Poder Público. Ainda assim, o governo tem a obrigação de investir recursos na realização do Compromisso antes que a fase litigiosa seja sequer possível. Dessa forma, os grupos afetados tornam-se mais do que passivos recipientes de direitos, sendo participantes ativos que contribuem para moldar as políticas públicas e as decisões que têm impacto direto em suas vidas.[274]

Terceiro, a Corte reconheceu a vulnerabilidade dos cidadãos afetados pelos despejos e a necessidade de representação especializada. Para lidar com essa desigualdade de poderes entre a população e o Poder Público, determinou que grupos da sociedade civil atuantes na defesa dos direitos fundamentais afetados têm um importante papel constitucional a desempenhar. Assim, "as organizações da sociedade civil que apoiam as demandas dos grupos afetados deveriam preferencialmente facilitar o processo de negociação de todas as formas possíveis".[275] Os conhecimentos técnicos que esses grupos possuem são fundamentais para que as negociações sejam bem-sucedidas.[276]

Por fim, a Corte determinou que o governo deve desenvolver e manter um arquivo público sobre cada Compromisso, para que o Judiciário possa posteriormente analisar não só o resultado das negociações, mas o próprio procedimento utilizado para promover o diálogo entre as partes. Enfatizou que o sigilo seria contraproducente para assegurar a eficiência do processo, ressaltando que esses registros permitiriam ao Judiciário avaliar se a municipalidade adotou todas as medidas necessárias para alcançar um acordo com os grupos afetados. No entendimento da Corte, a falha em realizar o Compromisso, independentemente de considerações substanciais quanto à política pública a ser desenvolvida pelo governo municipal, pode, por si só, ser razão suficiente para negar um pedido de despejo.[277]

---

[274] MAHOMEDY, Sameera. *The potential of meaningful engagement in realsing socio-economic rights:* Addressing quality concerns. 2019. 171f. Dissertação (Mestrado) – Law, Stellenbosch University, Stellenbosch, 2019. p. 23.

[275] "Civil society organizations that support the peoples' claims should preferably facilitate the engagement process in every possible way". ÁFRICA DO SUL. Corte Constitucional da África do Sul. *Occupiers of 51 Olivia Road, Berea Township, and 197 Main Street vs. city of Johannesburg.* Joanesburgo, 2008. p. 14. Disponível em: http://www.saflii.org/za/cases/ZACC/2008/1.pdf. Acesso em: 09 mar. 2020.

[276] RAY, Brian. Proceduralisation's Triumph and Engagement's Promise in Socio-Economic Rights Litigation. *South African Journal on Human Rights*, [s.l.], v. 27, n. 1, p. 107-126, jan. 2011. p. 122.

[277] ÁFRICA DO SUL. Corte Constitucional da África do Sul. *Occupiers of 51 Olivia Road, Berea Township, and 197 Main Street vs. city of Johannesburg.* Joanesburgo, 2008. p. 14. Disponível em: http://www.saflii.org/za/cases/ZACC/2008/1.pdf. Acesso em: 09 mar. 2020.

A decisão da Corte revela a ênfase cada vez maior na participação dos grupos sociais afetados pelas omissões políticas, presente em toda a fase de procedimentalização da Corte. O direito à participação é um importante componente na democracia sul-africana, especialmente considerando o fato de que a maioria da população era antes excluída da deliberação pública.[278] Holmes[279] argumenta que, se um Estado pretende, de fato, promover a democracia participativa, precisa permitir que os cidadãos se envolvam ativamente no processo de tomada de decisões públicas. Por essa razão, segundo Chenwi,[280] o Compromisso Significativo está no coração da democracia participativa e tem grande potencial para promovê-la.

Ray[281] acrescenta que, na África do Sul, os direitos sociais são vistos como instrumentos essenciais para aprofundar a democracia do país, permitindo que os cidadãos pressionem o governo por meio dos litígios judiciais. Essa compreensão foi reforçada pela própria Corte Constitucional no julgamento do caso em *Mazibuko vs. City of Johannesburg*, em 2009. Na ocasião, a juíza Kate O'Regan, responsável pela redação da decisão unânime, explicou:

> Dessa forma, os direitos sociais e econômicos inseridos em nossa Constituição podem contribuir para aprofundar a democracia. Eles permitem que os cidadãos mantenham o governo responsável não apenas através das urnas, mas também, de maneira diferente, através de litígios judiciais.[282]

---

[278] AUGUS, Vanessa Mary. *The mechanism of meaningful engagement in socio-economic rights cases as an enabler for the realisation of transformation and capacity building of the poor.* 2018. 84f. Dissertação (Mestrado) – Curso de Direito, Universidade de Pretoria, Pretoria, 2018. p. 9.

[279] HOLMES, Brenton. *Citizens' engagement in policymaking and the design of public services.* Canberra: Parliamentary Library, 2011. p. 1.

[280] CHENWI, Lilian. Democratizing the socio-economic rights-enforcement process. *In*: GARCÍA, Helena Alviar; KLARE, Karl; WILLIAMS, Lucy A. (Ed.). *Social and Economic Rights in Theory and Practice*: Critical Inquiries. Nova York: Routledge Research in Human Rights Law, 2014. p. 178-196. p. 178.

[281] RAY, Brian. Proceduralisation's Triumph and Engagement's Promise in Socio-Economic Rights Litigation. *South African Journal on Human Rights*, [s.l.], v. 27, n. 1, p. 107-126, jan. 2011. p. 107.

[282] "In this way, the social and economic rights entrenched in our Constitution may contribute to the deepening of democracy. They enable citizens to hold government accountable not only through the ballot box but also, in a different way, through litigation". ÁFRICA DO SUL. Corte Constitucional da África do Sul. *Mazibuko and Others vs. City of Johannesburg and Others (CCT 39/09).* Joanesburgo, 2009. p. 35. Disponível em: http://www.saflii.org/za/cases/ZACC/2009/28.pdf. Acesso em: 11 mar. 2020.

Portanto, a decisão da Corte no caso *Olivia Road* revela a compreensão de que, em uma democracia participativa, o exercício da cidadania não é feito apenas no momento do voto em um representante político que irá exercer um mandato por determinado período. Encerrado o momento das eleições, o Poder Público precisa justificar as suas decisões perante a comunidade, para tornar suas decisões mais legítimas.[283] Dessa forma, o processo estrutural e, em especial, o Compromisso Significativo podem ser importantes instrumentos de fortalecimento da democracia participativa e de controle da atuação estatal.

3.2.2 As principais características do Compromisso Significativo

À vista do que foi dito, é importante sintetizar e sistematizar as determinações da Corte a fim de construir uma imagem clara do Compromisso Significativo. Pode-se defini-lo como um remédio estrutural utilizado pelo Judiciário para estabelecer um diálogo entre cidadãos e comunidades, de um lado, e o Poder Público, de outro, de forma que essas partes tentem, a partir da compreensão das perspectivas do outro, formular um acordo sobre a implementação de programas socioeconômicos que afetam a população.[284]

Analisando a criação jurisprudencial da Corte, Berg[285] afirma que o Compromisso Significativo, como fruto do processo de procedimentalização, interfere o mínimo possível no âmbito de atuação do Executivo, preservando a Corte de acusações como violação da separação de poderes. O Judiciário adota um papel gerencial, servindo como um catalisador para o Executivo retificar políticas públicas deficientes.

A Corte Constitucional, ao utilizar esse remédio estrutural, impõe obrigações indiretas sobre o Executivo, o qual se torna condicionado a modificar as políticas públicas que executa para atender o compromisso assumido com os setores da sociedade civil. Assim, forma-se não só

---

[283] THIBAU, T. C. S. B. As ações coletivas e a judicialização de políticas públicas no Estado Democrático de Direito: possibilidades e limites. *MPMG jurídico*, v. 17, p. 33-36, 2009. p. 36.

[284] CHENWI, Lilian; TISSINGTON, Kate. *Engaging meaningfully with government on socio-economic rights: a focus on the right to housing.* University of the Western Cape: Community Law Centre, March, 2010. p. 11-12.

[285] BERG, Shanelle van Der. Meaningful engagement: Proceduralising socio-economic rights further or infusing administrative law with substance?. *South African Journal on Human Rights*, [s.l.], v. 29, n. 2, p. 376-398, jan. 2013. p. 382.

um diálogo institucional entre Judiciário e Executivo, mas também há uma interação entre essas instâncias e grupos da sociedade civil organizada, como ONGs e até mesmo cidadãos diretamente afetados por essas políticas.[286]

Além disso, Chenwi e Tissington[287] explicam que o Compromisso Significativo não é uma mera consulta às populações atingidas pela ação ou omissão estatal. A consulta pública não assegura que as manifestações dos cidadãos sejam incorporadas às decisões do Executivo. O Compromisso ocorre quando a Administração Pública e a comunidade escutam-se mutuamente com o intuito de alcançar um ponto comum. As comunidades envolvidas devem ser consideradas como partes integrantes do processo de construção das políticas públicas que serão adotadas, estando o Poder Público obrigado a executar o que pactuar com esses grupos. Assim, o remédio estrutural permite que as vozes marginalizadas sejam incluídas no processo de superação das omissões políticas, aumenta a legitimidade do processo, permite soluções mais adequadas e flexíveis, e melhora a qualidade das decisões tomadas.[288]

Portanto, ainda que existam características secundárias, percebe-se a existência de dois elementos essenciais ao Compromisso, dos quais derivam os demais: o Judiciário busca o diálogo institucional, atuando como um supervisor e promotor de acordos, e não como criador de políticas públicas; os segmentos populacionais afetados pelas omissões políticas participam da formulação de políticas públicas, com o apoio de instituições públicas e privadas que detêm o conhecimento técnico necessário para auxiliá-los.

3.2.3 Quando a participação ocorre fora do tribunal: o Compromisso Significativo político

Ao analisar o caso *Olivia Road*, viu-se que a Corte determinou que, nos futuros casos de despejo, antes de ter início o processo estrutural, o Compromisso Significativo deve ser realizado entre o Poder Público

---

[286] PILLAY, A. Toward effective social and economic rights adjudication: The role of meaningful engagement. *International Journal of Constitutional Law*, [s.l.], v. 10, n. 3, p. 732-755, jul. 2012. p. 750.
[287] CHENWI, Lilian & TISSINGTON, Kate. *Engaging meaningfully with government on socio-economic rights: a focus on the right to housing*. University of the Western Cape: Community Law Centre, March, 2010. p. 10.
[288] MAHOMEDY, Sameera. *The potential of meaningful engagement in realsing socio-economic rights:* Addressing quality concerns. 2019. 171f. Dissertação (Mestrado) – Law, Stellenbosch University, Stellenbosch, 2019. p. 15.

e o grupo afetado. Neste momento, alguns leitores podem estar se perguntando: afinal, o Compromisso Significativo é ou não um remédio estrutural? Se é um remédio aplicado pelo órgão judicial, por que o Compromisso deve ser feito antes mesmo de o Judiciário conhecer o caso e, consequentemente, proferir qualquer tipo de decisão?

A dúvida é justificada e, para que não haja futuras confusões conceituais, é necessário esclarecer um ponto importante. Na África do Sul, o termo *Meaningful Engagement* é utilizado em dois sentidos: primeiro, para o diálogo que deve ser feito entre o Poder Público e os segmentos populacionais afetados por sua atuação, a fim de resolver problemas estruturais; segundo, como remédio estrutural utilizado pelo Judiciário quando um litígio estrutural é a ele apresentado.[289]

O primeiro sentido da expressão é o que Brian Ray[290] chama de Compromisso Significativo político, criado pela Corte no caso *Olivia Road* como um requisito para que o Estado realize despejos. Estender o Compromisso para além da fase judicial, tornando-o um requisito administrativo, oferece um grande potencial para tornar o remédio um importante instrumento na realização dos direitos socioeconômicos.

Quando utilizado dessa forma, o Compromisso torna-se um instrumento de negociação entre o Poder Público e o segmento populacional que será afetado pela atuação estatal. Se feito antes da fase judicial, aumenta as chances de produzir um real engajamento do Estado na superação do problema enfrentado. Afinal, as medidas serão fruto de um diálogo entre as partes, sem a intervenção do Judiciário. Por essa razão, sempre que possível, o Compromisso deve ser realizado fora dos tribunais, na esfera política, e, apenas quando falhar, o caso deve ser levado à instância judicial.[291]

A própria natureza dos litígios estruturais indica que, entre um Compromisso judicial e um extrajudicial, este tem mais chances de gerar bons resultados. Processos estruturais são hipercomplexos, com vários interesses em jogo e, principalmente, sem um prazo certo para acabar.

---

[289] CHENWI, Lilian. Democratizing the socio-economic rights-enforcement process. *In*: GARCÍA, Helena Alviar; KLARE, Karl; WILLIAMS, Lucy A. (Ed.). *Social and Economic Rights in Theory and Practice:* Critical Inquiries. Nova York: Routledge Research in Human Rights Law, 2014. p. 178-196. p. 185.

[290] RAY, Brian. Engagement's Possibilities and Limits as a Socioeconomic Rights Remedy. *Washington University Global Studies Law Review*, v. 9, issue 3, p. 399-425, 2010. p. 418.

[291] BERG, Shanelle van Der. Meaningful engagement: Proceduralising socio-economic rights further or infusing administrative law with substance?. *South African Journal on Human Rights*, [s.l.], v. 29, n. 2, p. 376-398, jan. 2013. p. 394.

Por envolver direitos socioeconômicos e graves entraves estruturais, a superação dos problemas enfrentados costuma ocorrer em médio e longo prazo, com um processo contínuo de reanálise da realidade que se pretende modificar.[292] Muller, tratando da necessidade de um Compromisso Significativo que vai além das paredes do tribunal, afirma:

> O Compromisso Significativo estende-se para além da Corte e exige o fomento da participação durante um longo período, que começa com o desenvolvimento de um plano, política pública ou projeto de lei, e culmina com a implementação e preservação de tal plano, política ou legislação.[293]

Ainda que a Corte tenha descrito, pela primeira vez, o Compromisso político no julgamento de *Olivia Road*, ela não detalhou como ele deveria ser realizado. Isso foi feito posteriormente no caso *Joe Slovo*, no qual o juiz Albie Sachs elencou alguns importantes pontos que devem estar presentes.

Sachs[294] explica que o Compromisso político deve sempre incluir os cidadãos afetados como partes legítimas e não apenas como meros recipientes das decisões estatais. Os cidadãos não devem ser apenas comunicados do que irá ocorrer com eles, mas ter a real possibilidade de influenciar na formulação de políticas públicas. O juiz também alertou para o fato de que, muitas vezes, o Poder Público muda decisões que haviam sido aprovadas em parceria com a população sem um prévio diálogo a respeito disso.[295] Como consequência, os cidadãos sentem que o Estado quebrou as suas promessas e levam o caso ao Judiciário, podendo iniciar um processo estrutural. Desse modo, é fundamental

---

[292] MAHOMEDY, Sameera. *The potential of meaningful engagement in realsing socio-economic rights:* Addressing quality concerns. 2019. 171f. Dissertação (Mestrado) – Law, Stellenbosch University, Stellenbosch, 2019. p. 85.

[293] "Meaningful engagement extends beyond the court and requires the fostering of participation over a long period of time that commences with the conceptualisation of a plan, policy or piece of legislation, and culminates with the implementation and preservation of such plan, policy or legislation". MULLER, Gustav. Conceptualizing "Meaningful Engagement" as a Deliberative Democratic Partnership. *Stellenbosch Law Review*, Stellenbosch, v. 22, p. 742-758, 2011. p. 753.

[294] ÁFRICA DO SUL. Corte Constitucional da África do Sul. *Residents of Joe Slovo Community, Western Cape vs. Thubelisha Homes and Others.* Joanesburgo, 2009. p. 205. Disponível em: http://www.saflii.org/za/cases/ZACC/2009/16.pdf. Acesso em: 13 mar. 2020.

[295] ÁFRICA DO SUL. Corte Constitucional da África do Sul. *Residents of Joe Slovo Community, Western Cape vs. Thubelisha Homes and Others.* Joanesburgo, 2009. p. 205. Disponível em: http://www.saflii.org/za/cases/ZACC/2009/16.pdf. Acesso em: 13 mar. 2020.

que o Poder Público atue de forma transparente e dialogal em todos os momentos.

Por fim, Sachs[296] enfatizou o papel da Corte em garantir que o Compromisso atendesse às exigências constitucionais e legais. Caso o grupo afetado judicialize a questão, a Corte pode reanalisar toda a matéria e chegar às suas próprias conclusões sobre quais seriam as medidas razoáveis e constitucionais a serem adotadas no Compromisso. Por essa razão, é fundamental que o Poder Público mantenha registros de como ocorreu o diálogo extrajudicial. Só assim a Corte poderá avaliar adequadamente se o governo buscou dialogar com a comunidade afetada, quais foram os argumentos utilizados pelas partes e se o processo não foi manipulado.[297]

Sem dúvidas, o Compromisso Significativo político é de extrema relevância para aprofundar a democracia participativa e promover a eficiência dos direitos socioeconômicos, inclusive mais do que o realizado na fase judicial.[298] O foco desta obra, contudo, não será nessa espécie de Compromisso, mas naquele que é realizado após o início do processo estrutural e em como o Judiciário deve agir para promover a sua eficiência. Portanto, se o litígio estrutural chegou até o Judiciário, presume-se que o Compromisso político não foi realizado pelo Poder Público ou, caso tenha sido, foi insuficiente para lidar com o conflito de interesses no caso concreto.

3.2.4 Conclusão parcial

O caso *Olivia Road* apresenta importantes contribuições para o estudo dos processos estruturais. A Corte, tentando encontrar uma alternativa para o dilema da justiciabilidade dos DESCs, desenvolveu um remédio estrutural participativo no qual o Judiciário não formula a solução para o problema enfrentado, mas faz com que a Administração Pública escute as necessidades do grupo afetado, que não é visto como

---

[296] ÁFRICA DO SUL. Corte Constitucional da África do Sul. *Residents of Joe Slovo Community, Western Cape vs. Thubelisha Homes and Others*. Joanesburgo, 2009. p. 207. Disponível em: http://www.saflii.org/za/cases/ZACC/2009/16.pdf. Acesso em: 13 mar. 2020.

[297] DOCRAT, Zakeera; KASCHULA, Russell H. 'Meaningful engagement': Towards a language rights paradigm for effective language policy implementation. *South African Journal of African Languages*, [s.l.], v. 35, n. 1, p. 1-9, jan. 2015. p. 5.

[298] RAY, Brian. Engagement's Possibilities and Limits as a Socioeconomic Rights Remedy. *Washington University Global Studies Law Review*, v. 9, issue 3, p. 399-425, 2010. p. 413.

mero objeto de proteção estatal, mas como parceiro na solução do litígio estrutural.[299] Além disso, é interessante notar como a Corte Constitucional encara os direitos socioeconômicos como instrumentos de fortalecimento da democracia participativa no país. Isso acaba por fortalecer a dimensão política dos processos coletivos que, em um Estado Democrático Social de Direito, possibilitam à sociedade influir em decisões fundamentais do Poder Público através do exercício da jurisdição coletiva.[300] Por essa razão, Muller,[301] baseado na análise do caso *Olivia Road*, considera o Compromisso Significativo um mecanismo inovador para a efetivação dos direitos socioeconômicos, capaz de fortalecer a democracia deliberativa.

Analisando o caso a partir dos critérios de Susan Sturm, vê-se a grande preocupação com a preservação da separação de poderes e com a participação dos afetados pelo problema estrutural. Quanto à participação, Sturm ressalta que é necessário adotar medidas que diminuam o desequilíbrio de poder e conhecimentos entre o Poder Público e a comunidade afetada. A Corte Constitucional, guiada por essa preocupação, ressaltou a importância das entidades que atuam na defesa dos direitos do segmento social em questão, as quais devem atuar no caso para colaborar com a construção da solução do problema. A Corte também atendeu ao critério da fundamentação, inferindo o remédio estrutural da própria Constituição e seu compromisso com a democracia participativa. Por fim, o critério de remediação foi atendido, uma vez que a cidade de Joanesburgo, aberta ao diálogo, concordou em não realizar o despejo e em implementar medidas que melhorassem os prédios e a vida dos seus moradores, como limpeza da área residencial, acesso à água e saneamento básico.

Apesar dos referidos pontos positivos, vale a pena ressaltar uma lacuna presente no caso *Olivia Road*, mas que só no caso *Mamba* apresentou suas consequências negativas. Ao ordenar o Compromisso Significativo, a Corte não estabeleceu qualquer interpretação substancial dos direitos sociais envolvidos. Não apontou quais parâmetros normativos deveriam ser utilizados para avaliar a adequação constitucional do

---

[299] CHENWI, Lilian. 'Meaningful engagement' in the realisation of socio-economic rights: the South African experience. *Southern African Public Law*, v. 26, n. 1, p. 128-156, 2011. p. 129.

[300] VASCONCELOS, Antônio Gomes; THIBAU, Tereza Cristina Sorice Baracho; OLIVEIRA, Alana Lúcio. O processo coletivo e o acesso à justiça sob o paradigma do Estado Democrático de Direito. *Revista Eletrônica de Direito Processual*, v. 12, n. 12, p. 66-82, 2013. p. 74.

[301] MULLER, Gustav. Conceptualizing "Meaningful Engagement" as a Deliberative Democratic Partnership. *Stellenbosch Law Review*, Stellenbosch, v. 22, p. 742-758, 2011. p. 756-757.

plano que seria firmado, tampouco quais objetivos específicos deveriam ser alcançados com o plano.[302] Assim, delegou às partes integrantes do litígio não só a negociação de quais políticas deveriam ser desenvolvidas para solucionar o problema, mas também a própria fixação do conteúdo dos direitos sociais envolvidos.

Como será tratado no próximo tópico, é fundamental que a Corte, ao utilizar um remédio estrutural dialógico, estabeleça o conteúdo mínimo dos direitos violados para que haja um parâmetro norteador das negociações que serão realizadas.[303] Caso contrário, o Compromisso pode se tornar normativamente vazio, sendo utilizado apenas para aprofundar disputas locais entre o Poder Público e os cidadãos cujos direitos estão sendo desrespeitados.[304] A fixação desses parâmetros é tão importante que Brand[305] chega a afirmar que só há sentido em ordenar o Compromisso se, antes, a Corte determinar quais objetivos devem ser alcançados para que o plano seja considerado conforme o texto constitucional. Como ressalta Sturm,[306] uma interpretação substancial dos direitos violados e a fixação de parâmetros normativos são fundamentais para atender ao critério da remediação.

Mas por que *Olivia* foi um caso de sucesso mesmo sem esses parâmetros? Chenwi[307] aponta algumas razões: os ocupantes despejados eram representados por bons advogados; as duas partes estavam empenhadas em realizar o Compromisso; e a Corte supervisionou o diálogo por meio de relatórios, incentivando uma negociação efetiva. Alguns desses fatores, entretanto, nem sempre estarão presentes e a Corte não pode contar com a sorte de tê-los ou não. O caso estudado

---

[302] CHENWI, Lilian. Democratizing the socio-economic rights-enforcement process. *In*: GARCÍA, Helena Alviar; KLARE, Karl; WILLIAMS, Lucy A. (Ed.). *Social and Economic Rights in Theory and Practice*: Critical Inquiries. Nova York: Routledge Research in Human Rights Law, 2014. p. 178-196. p. 186.

[303] LIEBENBERG, Sandra. Participatory Justice in Social Rights Adjudication. *Human Rights Law Review*, [s.l.], v. 18, n. 4, p. 623-649, nov. 2018. p. 634.

[304] LIEBENBERG, Sandra. Engaging the paradoxes of the universal and particular in human rights adjudication: The possibilities and pitfalls of 'meaningful engagement'. *African Human Rights Law Journal*, Pretoria, v. 12, n. 1, p. 1-29, 2012. p. 19.

[305] BRAND, Jacobus Frederick Danie. *Courts, socio-economic rights and transformative politics*. 2009. 312f. Tese (Doutorado) – Curso de Direito, Stellenbosch University, Stellenbosch, 2009. p. 162-163.

[306] STURM, Susan P. A normative theory of public law remedies. *Georgetown Law Journal*, v. 79, p. 1357-1445, 1991. p. 1430.

[307] CHENWI, Lilian. Democratizing the socio-economic rights-enforcement process. *In*: GARCÍA, Helena Alviar; KLARE, Karl; WILLIAMS, Lucy A. (Ed.). *Social and Economic Rights in Theory and Practice*: Critical Inquiries. Nova York: Routledge Research in Human Rights Law, 2014. p. 178-196. p. 186.

no próximo tópico é um dos maiores fracassos da Corte Constitucional sul-africana, cujo resultado negativo foi uma consequência da falta de parâmetros normativos e ausência de vontade política em solucionar o litígio estrutural.

3.3 Os riscos de uma Corte Constitucional passiva: o caso *Mamba*

Apresentadas as principais características do Compromisso Significativo, alguns questionamentos podem ser feitos. Não é arriscado uma Corte respeitar tanto a discricionariedade do Executivo? O Poder Público não pode simplesmente ignorar a ordem da Corte e não dialogar com o segmento populacional afetado? Caso isso ocorra, é possível aplicar alguma sanção?

Infelizmente, o caso *Mamba* não recebeu, seja da doutrina sul-africana, seja da doutrina internacional, a devida atenção. Ainda assim, é um caso fundamental, pois responde a todas as perguntas elaboradas no parágrafo anterior. A razão para isso é que todos os possíveis erros de um Compromisso Significativo ocorreram nesse caso, tornando-o o maior exemplo de ineficiência desse remédio estrutural.

3.3.1 A utilização do Compromisso Significativo no caso *Mamba*

Em maio de 2008, vários protestos e ataques violentos, de caráter xenofóbico, ocorreram na África do Sul.[308] O movimento teve início na cidade de Joanesburgo, e se estendeu para *Durban* e *Cape Town*. Em virtude dos vários ataques, milhares de pessoas tiveram de sair de suas moradias, migrando para outras regiões mais seguras. Tentando amenizar a situação dos deslocados internos, os governos provinciais de algumas regiões, como *Gauteng*, criaram campos provisórios para abrigar as vítimas.[309] Muitas ONGs auxiliaram o Poder Público, oferecendo apoio logístico e financeiro. Além disso, iniciaram uma parceria com os

---

[308] SWANEPOEL, Philip. *The potential of structural interdicts to constitute effective relief in socio-economic rights cases*. 2017. 220f. Dissertação (Mestrado) – Curso de Direito, Stellenbosch University, Stellenbosch, 2017. p. 173.

[309] RAY, Brian. Engagement's Possibilities and Limits as a Socioeconomic Rights Remedy. *Washington University Global Studies Law Review*, v. 9, issue 3, p. 399-425, 2010. p. 418.

governos locais para desenvolver planos de médio e longo prazo que pudessem solucionar a situação dos deslocados.

Quando os atos de violência cessaram, surgiu um urgente debate sobre para onde deveriam ser remanejados os refugiados que estavam alocados em campos provisórios. Por um lado, os representantes dos refugiados alegavam que simplesmente fechar os campos deixá-los-ia em situação de vulnerabilidade, sem solucionar os problemas estruturais que deram origem aos ataques violentos. Por outro, vários governos provinciais caracterizavam os atos de violência como incidentes isolados, intentando fechar os campos o mais breve possível.[310]

Entre os governos mais ávidos pelo fechamento estava a província de *Gauteng*, que determinou o fechamento de vários campos no final de julho de 2008, fixando, como data limite para remoção de todos os refugiados, o dia 15 de agosto.[311] Várias organizações, lideradas pela *Consortium for Refugees and Migrants in South Africa* (CoRMSA), pressionaram o governo para atrasar os fechamentos até que fosse desenvolvido um plano de reintegração dos refugiados. Quando o governo ignorou a solicitação feita e anunciou que os fechamentos iriam prosseguir, a CoRMSA ajuizou uma ação para impedi-los.[312]

Após perderem no Tribunal Regional de *Transvaal*,[313] os refugiados recorreram diretamente à Corte Constitucional, que se encontrava em recesso. Foi convocada uma audiência de emergência para o dia 18 de agosto e, no dia 21 do mesmo mês, a Corte emitiu uma ordem direta para o governo provincial. Na decisão, a Corte, além de proibir o fechamento total dos campos, determinou a realização do Compromisso Significativo, em uma linguagem muito similar à utilizada no caso *Olivia Road*:

> [...] As partes devem se engajar significativamente entre si e com todas as outras partes interessadas assim que possível, para resolver as diferenças e dificuldades expostas nesta ação à luz dos valores da Constituição, das

---

[310] RAY, Brian. Engagement's Possibilities and Limits as a Socioeconomic Rights Remedy. *Washington University Global Studies Law Review*, v. 9, issue 3, p. 399-425, 2010. p. 418.

[311] ÁFRICA DO SUL. High Court of South Africa (Transvaal Provincial Division). *Mamba and Other vs. Minister of Social Development nº 36573/08*. Joanesburgo, 2008. p. 1. Disponível em: http://www.saflii.org/za/cases/ZAGPHC/2008/255.pdf. Acesso em: 23 mar. 2020.

[312] RAY, Brian. Engagement's Possibilities and Limits as a Socioeconomic Rights Remedy. *Washington University Global Studies Law Review*, v. 9, issue 3, p. 399-425, 2010. p. 418.

[313] ÁFRICA DO SUL. High Court of South Africa (Transvaal Provincial Division). *Mamba and Other vs. Minister of Social Development nº 36573/08*. Joanesburgo, 2008. p. 1-2. Disponível em: http://www.saflii.org/za/cases/ZAGPHC/2008/255.pdf. Acesso em: 23 mar. 2020.

obrigações constitucionais e estatutárias dos demandados e dos direitos e deveres dos refugiados.[314]

A Corte determinou que o Compromisso deveria incluir ONGs e outros grupos da sociedade civil organizada que atuassem na proteção de refugiados para auxiliá-los no diálogo com o Poder Público. Também exigiu que as partes, após algumas semanas, informassem o resultado das negociações.

Ambas as exigências também foram determinadas no caso *Olivia Road*, entretanto o resultado obtido no caso *Mamba* foi completamente diverso. Ao ler a ordem da Corte, o governo provincial a interpretou restritivamente: compreendeu que a sua obrigação era de apenas manter os refugiados informados dos avanços do plano de fechamento dos campos e, consequentemente, continuou o processo de fechamento, demonstrando a sua clara intenção de não dialogar com o grupo afetado.[315]

Em setembro, a Corte tentou novamente promover a realização do Compromisso, determinando que o governo deveria manter os campos e dialogar com a população afetada. Ainda assim, a província de *Gauteng* persistiu em sua interpretação inicial e começou o fechamento dos campos, sem formular um plano de reintegração.[316] No dia 16 de outubro de 2008, a CoRMSA desistiu da ação, encerrando o caso.

3.3.2 A excessiva deferência ao Executivo e a perda da força normativa dos direitos socioeconômicos

Afinal, se a ordem exarada pela Corte no caso *Mamba* foi tão similar à proferida em *Olivia Road*, por que foram obtidos resultados diametralmente opostos? A resposta para essa pergunta começou a ser desenvolvida no tópico anterior, mas pode ser mais bem compreendida

---

[314] "[...] engage with each other meaningfully and with all other stakeholders as soon as it is possible for them to do so in order to resolve the differences and difficulties aired in this application in the light of the values of the Constitution, the constitutional and statutory obligations of the respondents and the rights and duties of the residents of the shelters". ODIAKA, N. The face of violence: rethinking the concept of xenophobia, immigration laws and the rights of non-citizens in South Africa. *Brics Law Journal*, [s.l.], v. 4, n. 2, p. 40-70, 1º jan. 2017. p. 65.

[315] ODIAKA, N. The face of violence: rethinking the concept of xenophobia, immigration laws and the rights of non-citizens in South Africa. *Brics Law Journal*, [s.l.], v. 4, n. 2, p.40-70, 1º jan. 2017. p. 65.

[316] RAY, Brian. Engagement's Possibilities and Limits as a Socioeconomic Rights Remedy. *Washington University Global Studies Law Review*, v. 9, issue 3, p. 399-425, 2010. p. 407.

agora. A recusa da Corte em estabelecer parâmetros normativos que deveriam orientar o Compromisso, juntamente com a má vontade do governo de *Gauteng* em dialogar com os refugiados, conduziu ao desastroso resultado apresentado.

Como dito, alguns fatores auxiliaram o caso *Olivia* a obter um bom resultado: os ocupantes despejados eram representados por bons advogados; as duas partes estavam empenhadas em realizar o Compromisso; e a Corte supervisionou o diálogo por meio de relatórios, incentivando uma negociação efetiva.[317] Mas o fator determinante para que o caso tenha sido bem-sucedido foi a real vontade das partes de chegar a um acordo adequado o mais breve possível. Mesmo sem parâmetros normativos que norteassem a atuação estatal, o Poder Público queria dialogar e solucionar a situação da melhor forma. O caso *Mamba*, todavia, mostra que a Corte não pode apenas confiar na boa vontade estatal, a qual, muitas vezes, não estará presente.

Para Liebenberg,[318] *Mamba* exemplifica os riscos de uma atuação fraca da Corte Constitucional ao utilizar o Compromisso Significativo: sem uma interpretação judicial substancial dos direitos fundamentais envolvidos no litígio, há um vácuo normativo que coloca em risco os cidadãos mais vulneráveis, que dependerão, completamente, da discricionariedade estatal.

No caso *Olivia*, a Corte expressou a necessidade de um diálogo entre o Poder Público e o segmento populacional afetado, exigindo que as partes reportassem o andamento das negociações. Não houve uma interpretação substancial do direito à moradia, ou seja, a Corte não especificou as exigências mínimas que esse direito implicava no caso concreto, para que fosse efetivamente protegido. Também não houve uma especificação sobre os deveres do Poder Público em relação aos grupos despejados, ou quais seriam os direitos desses grupos. Em síntese, a Corte determinou que as partes dialogassem, buscando a melhor solução possível para o caso, mas não estabeleceu diretrizes

---

[317] CHENWI, Lilian. Democratizing the socio-economic rights-enforcement process. *In*: GARCÍA, Helena Alviar; KLARE, Karl; WILLIAMS, Lucy A. (Ed.). *Social and Economic Rights in Theory and Practice:* Critical Inquiries. Nova York: Routledge Research in Human Rights Law, 2014. p. 178-196. p. 186.

[318] LIEBENBERG, Sandra. Engaging the paradoxes of the universal and particular in human rights adjudication: The possibilities and pitfalls of 'meaningful engagement'. *African Human Rights Law Journal*, Pretoria, v. 12, n. 1, p. 1-29, 2012. p. 19.

normativas para avaliar o que se deveria considerar como "melhor possível", à luz da Constituição.[319]

Além disso, a Corte deveria ter aplicado sanções ao governo de *Gauteng* por sua recusa em dialogar com os refugiados, bem como ter adotado medidas temporárias para assegurar que os deslocados internos não fossem sumariamente expulsos do acampamento e levassem uma vida com o mínimo de dignidade até a resolução do conflito. Ao contrário do que possa parecer, medidas nesse sentido são compatíveis com remédios estruturais dialógicos. Dorf e Sabel[320] chamam-nas de "medidas profiláticas", possuindo caráter temporário e adotadas para proteger os grupos mais vulneráveis, enquanto os atores envolvidos no litígio desenvolvem a solução definitiva para o problema a partir das medidas já estabelecidas.

A adoção de medidas protetivas emergenciais não violaria a Constituição sul-africana, já que as seções 165[321] e 173,[322] que tratam da autoridade dos tribunais, asseguram a independência dos órgãos judiciais e o poder inerente de desenvolver o *common law*, levando em consideração os interesses de justiça e as circunstâncias do caso concreto. A própria Corte já possuía o entendimento de que, caso o Poder Público se negasse a cooperar para a solução da sua omissão, seria possível adotar medidas mais fortes, que fizessem com que o governo revisse o seu posicionamento, sem que houvesse violação da separação de poderes. Esse posicionamento ficou claro no julgamento

---

[319] SWANEPOEL, Philip. *The potential of structural interdicts to constitute effective relief in socio-economic rights cases*. 2017. 220f. Dissertação (Mestrado) – Curso de Direito, Stellenbosch University, Stellenbosch, 2017. p. 173.

[320] DORF, Michael C.; SABEL, Charles F. A constitution of democratic experimentalism. *Columbia Law Review*, p. 267-473, 1998. p. 453.

[321] "165. Judicial authority.- (1) The judicial authority of the Republic is vested in the courts. (2) The courts are independent and subject only to the Constitution and the law, which they must apply impartially and without fear, favour or prejudice. (3) No person or organ of state may interfere with the functioning of the courts. (4) Organs of state, through legislative and other measures, must assist and protect the courts to ensure the independence, impartiality, dignity, accessibility and effectiveness of the courts. (5) An order or decision issued by a court binds all persons to whom and organs of state to which it applies". ÁFRICA DO SUL. Constituição (1996). *Constitution of the Republic of South Africa No. 108 of 1996*. Pretória, 1996. p. 1331 (7). Disponível em: https://www.gov.za/sites/default/files/images/a108-96.pdf. Acesso em: 13 jan. 2021.

[322] "173. Inherent power.-The Constitutional Court, Supreme Court of Appeal and High Courts have the inherent power to protect and regulate their own process, and to develop the common law, taking into account the interests of justice". ÁFRICA DO SUL. Constituição (1996). *Constitution of the Republic of South Africa No. 108 of 1996*. Pretória, 1996. p. 1331 (9). Disponível em: https://www.gov.za/sites/default/files/images/a108-96.pdf. Acesso em: 13 jan. 2021.

do caso *Minister of Health vs. Treatment Action Campaing*, ocasião em que a Corte expressou o seu posicionamento:

> Os tribunais sul-africanos têm uma ampla gama de poderes à sua disposição para garantir a preservação da Constituição. Isso inclui interditos mandatórios e estruturais. Como eles devem exercer esses poderes depende das circunstâncias de cada caso particular. Aqui, o devido respeito deve ser dado aos papéis do Legislativo e do Executivo em uma democracia. O que deve ser deixado claro, porém, é que, quando for apropriado fazê-lo, os tribunais podem – e, se necessário, devem – usar seus amplos poderes para determinar medidas que afetem a política e a legislação.[323]

De forma semelhante, Brand[324] defende que, se a Corte não desempenhar o seu papel de fixar o conteúdo dos direitos e deveres envolvidos nos litígios, estabelecendo parâmetros normativos que guiem as negociações, não há sentido em ordenar o Compromisso Significativo. Berg sintetiza os argumentos mencionados, ao afirmar que:

> Conteúdo normativo e supervisão pelas Cortes são necessários para realizar o potencial transformador dos direitos socioeconômicos para os cidadãos em geral, bem como para garantir que os demandantes pobres não litiguem em vão pelos seus direitos.[325]

Portanto, ainda que a Corte opte por respeitar as funções próprias da Administração Pública, não pode se esquivar do seu dever de conferir conteúdo concreto aos dispositivos constitucionais, inclusive aos direitos

---

[323] "South African courts have a wide range of powers at their disposal to ensure that the Constitution is upheld. These include mandatory and structural interdicts. How they should exercise those powers depends on the circumstances of each particular case. Here due regard must be paid to the roles of the legislature and the executive in a democracy. What must be made clear, however, is that when it is appropriate to do so, courts may – and if need be must – use their wide powers to make orders that affect policy as well as legislation". ÁFRICA DO SUL. Corte Constitucional da África do Sul. *Minister of Health and Others vs. Treatment Action Campaign and Others (CCT8/02)*. Braamfontein, 2002. p. 69. Disponível em: http://www.saflii.org/za/cases/ZACC/2002/15.pdf. Acesso em: 12 maio 2020.

[324] BRAND, Jacobus Frederick Danie. *Courts, socio-economic rights and transformative politics.* 2009. 312f. Tese (Doutorado) – Curso de Direito, Stellenbosch University, Stellenbosch, 2009. p. 162-163.

[325] "Normative content and supervisory control by the courts are necessary both to realize the transformative60 potential of socio-economic rights for citizens at large as well as to ensure that poor claimants do not litigate their rights in vain". BERG, Shanelle van Der. Meaningful engagement: Proceduralising socio-economic rights further or infusing administrative law with substance?. *South African Journal on Human Rights*, [s.l.], v. 29, n. 2, p. 376-398, jan. 2013. p. 386.

socioeconômicos. Reter a jurisdição para supervisionar a realização e a implementação do plano que será desenvolvido e estabelecer diretrizes normativas que devem guiar o diálogo entre as partes é fundamental para evitar experiências como o caso *Mamba*.[326]

3.3.3 Conclusão parcial

Mamba, apesar de seu resultado inefetivo, é uma excelente fonte de aprendizado, não só para a própria Corte Constitucional sul-africana, mas também para outros países que eventualmente recorram à utilização de remédios estruturais participativos. O caso ressalta um ponto essencial à resolução de qualquer litígio estrutural: a vontade política da Administração Pública em colaborar com a solução do problema.

Siri Gloppen,[327] ao elencar os quatro fatores necessários para o sucesso na resolução de litígios sobre direitos socioeconômicos, aponta, entre eles, o comprometimento das autoridades políticas com o cumprimento da decisão proferida nesses processos. Sem a vontade política da Administração Pública em reorganizar a sua atuação e desenvolver políticas mais adequadas à proteção dos direitos fundamentais violados, um processo estrutural efetivo torna-se quase impossível. Em busca desse apoio político, é comum que o Judiciário recorra a remédios baseados no paradigma do *weak-form review*, que favorece o comprometimento das instâncias políticas com a decisão judicial.[328]

Analisando o caso *Mamba* a partir dos critérios de Sturm, vê-se uma curiosa contradição. A Corte teve tanta preocupação com o respeito à separação de poderes que adotou uma postura excessivamente deferente, comprometendo outros dois critérios fundamentais: o da participação adequada do grupo afetado, que não foi tratado como parceiro na construção do problema, sendo apenas informado do que o governo de *Gauteng* pretendia fazer; e o da remediação, já que o caso foi encerrado sem um alívio efetivo para a grave situação dos deslocados internos.

Por um lado, é verdade que a utilização de remédios dialógicos, como o Compromisso Significativo, tende a favorecer o engajamento

---

[326] RAY, Brian. Proceduralisation's Triumph and Engagement's Promise in Socio-Economic Rights Litigation. *South African Journal on Human Rights*, [s.l.], v. 27, n. 1, p. 107-126, jan. 2011. p. 111-112.

[327] GLOPPEN, Siri. *Social Rights Litigation as Transformation*: South African Perspectives. Chr. Michelsen Institute, CMI Working Paper WP 2005: 3. p. 3-4.

[328] TUSHNET, Mark. A response to David Landau. *In*: ARENHART, Sérgio Cruz; JOBIM, Marco Félix (Org.). *Processos estruturais*. Salvador: Juspodivm, 2017. p. 53-62. p. 59-61.

estatal com a resolução do problema enfrentado, uma vez que quanto maior a ingerência do Judiciário no âmbito de atuação dos demais órgãos estatais, maiores as chances de ineficiência da decisão e de resistência do Poder Público em colaborar.[329] Por outro lado, a passividade e a total deferência da Corte em relação às escolhas do Executivo podem esvaziar, no caso concreto, os direitos da coletividade afetada, como ocorreu no caso *Mamba*. Como ressalta Swanepoel,[330] a Corte, ao lidar com problemas estruturais graves e urgentes, em que o mínimo existencial do grupo afetado está ameaçado de forma direta, precisa garantir medidas imediatas à parte afetada, a fim de evitar danos irreparáveis às vítimas.

Um exemplo de medida profilática que poderia ter sido adotada para proteger de forma emergencial o grupo de deslocados e pressionar o governo a formular um plano de ação seria determinar a impossibilidade de despejo dos cidadãos até que um plano fosse construído em diálogo com o segmento social afetado. Além disso, a Corte poderia ter determinado que o governo fornecesse recursos para manter o mínimo existencial[331] dos migrantes até a resolução do litígio. Por fim, seria fundamental que a Corte fixasse os parâmetros normativos que deveriam orientar a realização do Compromisso Significativo, o que também não foi feito.

Por fim, seria fundamental que a Corte fixasse os parâmetros normativos que deveriam orientar a realização do Compromisso Significativo, o que também não foi feito. Afinal, não faz sentido forçar uma coletividade, cujos direitos foram violados pelo Poder Público, a negociar com o responsável pela violação e esperar que os órgãos administrativos facilmente reconheçam suas falhas e modifiquem suas condutas.[332] É

---

[329] SARLET, Ingo Wolfgang. Direito fundamentais sociais e mínimo existencial – notas sobre um possível papel das assim chamadas decisões estruturais na perspectiva da jurisdição constitucional. *In*: ARENHART, Sérgio Cruz; JOBIM, Marco Félix (Org.). *Processos estruturais*. Salvador: Juspodivm, 2017. p. 203-232. p. 227-228.

[330] SWANEPOEL, Philip. *The potential of structural interdicts to constitute effective relief in socio-economic rights cases*. 2017. 220f. Dissertação (Mestrado) – Curso de Direito, Stellenbosch University, Stellenbosch, 2017. p. 117-118.

[331] Desde o julgamento do caso *Grootboom*, a Corte Constitucional sul-africana tem afastado o argumento de que, em litígios sobre direitos socioeconômicos, há um mínimo existencial a ser garantido com base na Constituição do país. O posicionamento da Corte tem sido objeto de duras críticas, visto que, ao negar o reconhecimento de um mínimo existencial aos litigantes, a Corte dificulta a implementação de remédios que garantam prestações estatais emergenciais e essenciais à dignidade dos indivíduos que pertencem à coletividade afetada. MBAZIRA, Christopher. Grootboom: A paradigm of individual remedies versus reasonable programmes. *Southern African Public Law*, v. 26, n. 1, p. 60-80, 2011. p. 61.

[332] TAMBWE, Giteya. *The impact of the engagement principle on the right to have acces to adequate housing*: from reasonableness to engagement. 2018. 58f. Dissertação (Mestrado) – Curso de Direito, Universidade de Pretoria, Pretoria, 2018. p. 36.

necessário oferecer parâmetros e garantias mínimas ao grupo vulnerável. Por isso, Williams[333] defende que, para um Compromisso Significativo eficaz, a Corte precisa articular detalhadamente a estrutura na qual ele irá ocorrer, fixar metas e supervisionar os seus resultados.

Atuações excessivamente deferentes da Corte, como a apresentada neste tópico, ressaltam um dos principais riscos da procedimentalização dos processos estruturais: a perda do caráter transformador dos DESCs, cujo conteúdo substancial é pouco definido pelo Judiciário, sendo delegado à discricionariedade da Administração Pública.[334] Ainda que a procedimentalização ressalte o papel dos direitos socioeconômicos para aprofundar a democracia participativa, a reiteração de casos como *Mamba* contribui para o enfraquecimento do caráter transformador da Constituição sul-africana, além de ser um desincentivo para que outros grupos sociais cujos direitos fundamentais têm sido constantemente violados confiem na tutela do Judiciário.[335]

Os problemas aqui apresentados são retomados no caso *Joe Slovo*, no qual a Corte tentou solucionar algumas das lacunas que conduziram *Mamba* ao fracasso. Williams[336] chama a versão refinada do Compromisso Significativo de *strong Meaningful Engagement*, que será estudada no próximo tópico.

3.4 O caso *Joe Slovo* e o aprimoramento do remédio estrutural: as vantagens de um *strong Meaningful Engagement*

O último caso estudado neste capítulo, *Joe Slovo*, trata novamente do direito à moradia e tornou-se paradigmático para a realização dos Compromissos Significativos realizados após o seu julgamento.

Em 2008, a cidade de *Cape Town*, capital da província de *Western Cape*, iniciou a implementação do *N2 Gateway*, projeto de desenvolvimento

---

[333] WILLIAMS, Lucy A. The Right to Housing in South Africa: An Evolving Jurisprudence. *Columbia Human Rights Law Review*, Vol. 45, No. 3, May 2014, p. 816-845. p. 827.

[334] RAY, Brian. Proceduralisation's Triumph and Engagement's Promise in Socio-Economic Rights Litigation. *South African Journal on Human Rights*, [s.l.], v. 27, n. 1, p.107-126, jan. 2011. p. 125-126.

[335] BRAND, Danie. The proceduralisation of South African socio-economic rights jurisprudence or what are socioeconomic rights for. *In*: BOTHA, Henk; VAN DER WALT, André; VAN DER WALT, Johan (Org.). *Rights and democracy in a transformative constitution*. Stellenbosch: Sun Press, 2003. p. 33-56. p. 51-52.

[336] WILLIAMS, Lucy A. The Right to Housing in South Africa: An Evolving Jurisprudence. *Columbia Human Rights Law Review*, Vol. 45, No. 3, May 2014, p. 816-845.

urbano destinado a construir casas de baixo custo aos moradores, mas que oferecessem adequadas condições de vida.[337] O projeto fazia parte da política *Breaking New Ground* (BNG),[338] adotada pela África do Sul desde 2004, como tentativa de aprimorar as residências das periferias do país, em resposta ao caso *Grootboom*.[339] A comunidade de *Joe Slovo*, com mais de 20.000 residentes, seria diretamente afetada pelo *N2 Gateway*.

Joe Slovo era um dos maiores assentamentos informais da cidade de *Cape Town*, um verdadeiro símbolo de marginalização, exclusão econômica e desigualdade social.[340] A sua ocupação teve início nos anos 1990, e, como explica Kotzé,[341] as casas da comunidade eram precárias, construídas com materiais inflamáveis e carentes de serviços públicos básicos, como acesso à água potável e ao saneamento básico.

Geralmente, reformas como as propostas pelo projeto *N2 Gateway* não demandam a remoção dos moradores, sendo realizadas com a sua presença no local. Nesse caso, contudo, o governo optou por uma reforma mais ampla, o que exigiria a realocação dos moradores de *Joe Slovo* para a região de *Delft*.

Antes de iniciar as realocações, o governo municipal fez algumas reuniões com os moradores da comunidade. A finalidade não era dialogar para construir uma solução para o problema, visto que ela já estava pronta, mas esclarecê-los sobre o que havia sido decidido e como o plano seria implementado. Muitos residentes concordaram com o plano, tendo em vista que a cidade e a empresa *Tubelhisha Homes*, responsável pela regeneração urbana, asseguraram que a maior parte dos moradores poderiam retornar para *Joe Slovo*, pagando aluguéis bem

---

[337] MCLEAN, Kirsty. Meaningful Engagement: One Step Forward or Two Back? Some thoughts on Joe Slovo. *Constitutional Court Review*, Johannesburg, v. 3, p.223-242, 2010. p. 224.

[338] O BNG é um plano nacional do governo sul-africano, criado em 2004, com o intuito de erradicar as moradias informais no país, no menor tempo possível. Com base nele, foram desenvolvidas várias políticas de reestruturação urbana, para reformar assentamentos informais, como no caso de *Joe Slovo*. ÁFRICA DO SUL. *Breaking New Grounng*. Pretória, 2004. Disponível em: http://housingfinanceafrica.org/app/uploads/South-Africa-Breaking-New-Ground-BNG.pdf. Acesso em: 10 mar. 2020.

[339] BRIAN, Ray. *Engaging with Social Rights:* Procedure, Participation, and Democracy in South Africa's Second Wave. Cambridge: Cambridge University Press, 2016. p. 119.

[340] CHENWI, Lilian. Democratizing the socio-economic rights-enforcement process. *In*: GARCÍA, Helena Alviar; KLARE, Karl; WILLIAMS, Lucy A. (Ed.). *Social and Economic Rights in Theory and Practice:* Critical Inquiries. Nova York: Routledge Research in Human Rights Law, 2014. p. 178-196, p. 188.

[341] KOTZÉ, Tina. *Effective relief regarding residential property following a failure to execute an eviction order*. 2016. 229f. Tese (Doutorado) – Curso de Direito, Stellenbosch University, Stellenbosch, 2016. p. 77-78.

mais baixos.[342] Contudo, quando a primeira das três fases do projeto foi concluída, nenhuma das novas casas foi destinada aos moradores.

Decepcionados com as promessas que não foram cumpridas, os residentes organizaram protestos formais e informais com o objetivo de impedir o prosseguimento do *N2 Gateway*. Tentando contornar a situação, a cidade de *Cape Town* recorreu ao Tribunal Regional para assegurar o despejo dos residentes. O Tribunal ordenou que as realocações deveriam continuar, afirmando também que o governo municipal já havia dedicado esforço suficiente para dialogar com os moradores.[343]

Com base nessa decisão, os residentes apelaram diretamente para a Corte Constitucional, que produziu duas decisões sobre o caso. A primeira, feita em 2009 e chamada de *Joe Slovo I*, levou em consideração que, diferentemente de *Olivia Road*, em *Joe Slovo*, a realocação dos moradores fazia parte de uma política pública especificamente destinada a assegurar o direito à moradia dos próprios residentes, garantindo-lhes também uma moradia temporária.[344] Dessa forma, a Corte autorizou a realocação dos moradores, entretanto, antes que o *N2 Gateway* pudesse prosseguir, seria necessário realizar um Compromisso Significativo entre a comunidade e a cidade para decidir a melhor forma de implementar o projeto.

Ao utilizar o Compromisso Significativo, a Corte não agiu de forma ingênua, como em *Mamba*, tomando duas precauções principais. Primeiro, fixou parâmetros e objetivos que deveriam guiar as negociações das partes envolvidas. A lista de metas a serem alcançadas incluía:

> Primeiro, a ordem desta Corte impõe uma obrigação aos demandados de garantir que 70% dos novos lares construídos no local do assentamento informal *Joe Slovo* são alocados a essas pessoas que atualmente residem lá ou que foram residentes, mas se mudaram após o lançamento do *N2 Gateway Housing Project*. Em segundo lugar, a ordem desta Corte especifica a qualidade do alojamento temporário em que os ocupantes serão alojados após o despejo; e terceiro, a ordem deste tribunal exige um

---

[342] PILLAY, A. Toward effective social and economic rights adjudication: The role of meaningful engagement. *International Journal of Constitutional Law*, [s.l.], v. 10, n. 3, p. 732-755, jul. 2012. p. 724.

[343] KOTZÉ, Tina. *Effective relief regarding residential property following a failure to execute an eviction order*. 2016. 229f. Tese (Doutorado) – Curso de Direito, Stellenbosch University, Stellenbosch, 2016. p. 79.

[344] RADEBE, Sibusiso Blessing. *The protection of the right of access to adequate housing by the south african Constitutional Court*. 2013. 190f. Dissertação (Mestrado) – Curso de Direito, Stellenbosch University, Stellenbosch, 2013. p. 130.

processo contínuo do envolvimento entre os residentes e os demandados em relação ao processo de realocação.[345]

Em segundo lugar, a Corte decidiu reter a sua jurisdição sobre o caso, exigindo que as partes reportassem o andamento e os resultados do diálogo. Assim, permitia que, caso houvesse alguma ilegalidade no processo, as partes pudessem retornar à Corte, requisitando a sua interferência. Ray[346] explica que as duas medidas foram adotadas para pressionar a cidade de *Cape Town* a manter um diálogo efetivo com a comunidade afetada e para que o governo municipal reconsiderasse a decisão de realocá-los para *Delft*.

Iniciado o diálogo com os moradores, a cidade de *Cape Town* decidiu rever o seu posicionamento. Depois de o caso ter sido levado à Corte, a província de *Western Cape*, até então controlada pelo Congresso Nacional Africano, passou a ser governada pela Aliança Democrática, que obteve o controle sobre os recursos públicos destinados aos programas de habitação.[347]

Tendo em vista os parâmetros estabelecidos pela Corte, o novo governo concluiu que seria viável seguir com o *N2 Gateway* sem precisar remover os residentes de suas moradias, fazendo todos os aprimoramentos necessários com os moradores em suas residências.[348] Importante ressaltar que esse era o desejo dos moradores desde o início do litígio. Analisando o desfecho do caso, Pilay[349] defende que

---

[345] "First, this Court's order imposes an obligation upon the respondents to ensure that 70% of the new homes to be built on the site of the Joe Slovo informal settlement are allocated to those people who are currently resident there or who were resident there but moved away after the N2 Gateway Housing Project had been launched. Secondly, this Court's order specifies the quality of the temporary accommodation in which the occupiers will be housed after the eviction; and thirdly, this Court's order requires an ongoing process of engagement between the residents and the respondents concerning the relocation process". ÁFRICA DO SUL. Corte Constitucional. *Residents of Joe Slovo Community, Western Cape vs. Thebelisha Homes and Others (CCT 22/08)*. Braamfontein, 2008. p. 3. Disponível em: http://www.saflii.org/za/cases/ZAGPHC/2008/255.pdf. Acesso em: 23 mar. 2020.

[346] BRIAN, Ray. *Engaging with Social Rights:* Procedure, Participation, and Democracy in South Africa's Second Wave. Cambridge: Cambridge University Press, 2016. p. 121.

[347] TAMBWE, Giteya. *The impact of the engagement principle on the right to have acces to adequate housing*: from reasonableness to engagement. 2018. 58f. Dissertação (Mestrado) – Curso de Direito, Universidade de Pretoria, Pretoria, 2018. p. 26-27.

[348] CHENWI, Lilian. Democratizing the socio-economic rights-enforcement process. *In*: GARCÍA, Helena Alviar; KLARE, Karl; WILLIAMS, Lucy A. (Ed.). *Social and Economic Rights in Theory and Practice*: Critical Inquiries. Nova York: Routledge Research in Human Rights Law, 2014. p. 178-196. p. 190.

[349] PILLAY, A. Toward effective social and economic rights adjudication: The role of meaningful engagement. *International Journal of Constitutional Law*, [s.l.], v. 10, n. 3, p. 732-755, jul. 2012. p. 750.

a interpretação substancial do direito à moradia, com detalhadas especificações que deveriam ser seguidas pelo governo municipal, e a retenção da jurisdição para supervisionar as negociações proporcionaram o resultado positivo obtido. Dessa forma, a Corte conseguiu não só promover o diálogo entre as partes, mas, indiretamente, pressionar o governo municipal a rever a sua decisão inicial.

Assim, considerando que não havia mais necessidade de realocação dos moradores para que o projeto e outras reformas prometidas pelo Poder Público fossem realizados, a Corte, em 2011, revogou a autorização para o despejo daqueles, caso que ficou conhecido como *Joe Slovo II*.[350]

3.4.1 As controvérsias do julgamento

Apesar dos resultados positivos apresentados no tópico anterior, muitos juristas sul-africanos criticaram o posicionamento da Corte no caso *Joe Slovo*. Isso ocorreu não pelo resultado obtido, ou pela maior supervisão que o órgão exerceu, mas por uma grave contradição entre a decisão proferida e o precedente formado em *Olivia Road*.

Liebenberg[351] e McLean[352] sintetizam os argumentos dos críticos. Para as autoras, a Corte não poderia ter autorizado o despejo dos moradores. Isso porque, em *Olivia Road*, foi determinado que, antes de qualquer despejo, o Poder Público deveria realizar um Compromisso Significativo com o segmento populacional afetado, antes mesmo que a questão fosse judicializada. Na ocasião, a Corte afirmou que, se o governo municipal não realizasse o Compromisso Significativo antes da fase judicial, isso seria um forte argumento para negar o pedido de despejo.[353]

De fato, a Corte ficou dividida sobre a existência de um Compromisso Significativo antes do litígio, no entanto, apesar de reconhecer a má

---

[350] ÁFRICA DO SUL. Corte Constitucional. *Residents of Joe Slovo Community, Western Cape vs. Thebelisha Homes and Others (CCT 22/08)*. Joanesburgo, 2011. Disponível em: http://www.saflii.org/za/cases/ZACC/2011/8.pdf. Acesso em: 23 mar. 2020.

[351] LIEBENBERG, Sandra. Engaging the paradoxes of the universal and particular in human rights adjudication: The possibilities and pitfalls of 'meaningful engagement'. *African Human Rights Law Journal*, Pretoria, v. 12, n. 1, p. 1-29, 2012. p. 22-23.

[352] MCLEAN, Kirsty. Meaningful Engagement: One Step Forward or Two Back?. Some thoughts on Joe Slovo. *Constitutional Court Review*, Johannesburg, v. 3, p.223-242, 2010. p. 237.

[353] ÁFRICA DO SUL. Corte Constitucional da África do Sul. *Occupiers of 51 Olivia Road, Berea Township, and 197 Main Street vs. city of Johannesburg*. Braamfontein, 2008. p. 14. Disponível em: http://www.saflii.org/za/cases/ZACC/2008/1.pdf. Acesso em: 09 mar. 2020.

qualidade do diálogo entre as partes, autorizou o despejo dos residentes. Quando a decisão foi proferida, cinco juízes decidiram escrever os seus votos em separado: Dikgang Moseneke, Sandile Ngcobo, Kate O'Regan, Albie Sachs e Zakeria Yacoob.[354] Todos os votos concordaram que a Constituição não impedia o despejo e concordaram, também, que era necessário estruturar um Compromisso Significativo para que as partes acertassem as condições da realocação dos moradores.[355]

Uma das principais divergências entre os juízes era se a cidade havia realizado um Compromisso Significativo com os moradores e por que esse Compromisso seria suficiente para autorizar o despejo. Por um lado, Yacoob[356] considerou que o governo municipal agiu de forma razoável, dialogando com a comunidade de forma suficiente. Já Ngcobo[357] entendeu que a cidade sabia da sua obrigação de realizar o Compromisso, mas que o diálogo teve muitas falhas. Ainda assim, afirmou que o Compromisso não exige que as partes concordem em todos os pontos, autorizando, portanto, o despejo. De outro modo, Moseneke, O'Regan e Sachs concordaram que não houve um Compromisso Significativo entre as partes, mas autorizaram a realocação dos moradores. O seguinte trecho do voto de O'Regan sintetiza bem o pensamento dos magistrados:

> A pergunta que temos a fazer neste caso é se a falha em ter uma estratégia coerente e significativa de engajamento torna a implementação do plano irrazoável ao ponto de os demandados não conseguirem estabelecer o direito de despejar os ocupantes. Ponderando, eu acho que não. Primeiro, não podemos ignorar que esta é uma das primeiras tentativas de desenvolvimento habitacional em termos da nova política habitacional. Dado o grande número de pessoas que vive em condições inadequadas ou em habitações improvisadas em Cape Town (e, na verdade, em muitos de nossos municípios), e dado o fato de ser um projeto piloto, não é de surpreender que não tenha sido implementado sem controvérsia.[358]

---

[354] ÁFRICA DO SUL. Corte Constitucional. *Residents of Joe Slovo Community, Western Cape vs. Thebelisha Homes and Others (CCT 22/08)*. Braamfontein, 2008. p. 3. Disponível em: http://www.saflii.org/za/cases/ZAGPHC/2008/255.pdf. Acesso em: 23 mar. 2020.

[355] RAY, Brian. Engagement's Possibilities and Limits as a Socioeconomic Rights Remedy. *Washington University Global Studies Law Review*, v. 9, issue 3, p. 399-425, 2010. p. 410.

[356] ÁFRICA DO SUL. Corte Constitucional. *Residents of Joe Slovo Community, Western Cape vs. Thebelisha Homes and Others (CCT 22/08)*. Braamfontein, 2008. p. 70-71. Disponível em: http://www.saflii.org/za/cases/ZAGPHC/2008/255.pdf. Acesso em: 23 mar. 2020.

[357] ÁFRICA DO SUL. Corte Constitucional. *Residents of Joe Slovo Community, Western Cape vs. Thebelisha Homes and Others (CCT 22/08)*. Braamfontein, 2008. p. 134-135. Disponível em: http://www.saflii.org/za/cases/ZAGPHC/2008/255.pdf. Acesso em: 23 mar. 2020.

[358] "The question we have to ask in this case is whether the failure to have a coherent and meaningful strategy of engagement renders the implementation of the plan unreasonable

Portanto, os próprios integrantes da Corte reconheceram a fragilidade do diálogo estabelecido entre as partes antes da fase judicial em decorrência da falta de esforços do Poder Público em considerar os residentes como parceiros na construção da solução do problema. Ainda assim, autorizaram a realocação dos moradores, tendo em vista a finalidade e a relevância do plano habitacional a ser desenvolvido. Ironicamente, se a cidade tivesse dialogado adequadamente com os moradores, poderia ter concluído pela viabilidade de realizar o *N2 Gateway* sem precisar removê-los, uma vez que esse era o desejo dos residentes e foi exatamente o que acabou acontecendo,[359] o que teria poupado tempo e recursos para todos os envolvidos.

Analisando o caso, McLean[360] afirma que, ao deferir o despejo, a Corte contradisse o seu precedente e acabou desincentivando os governos municipais, em futuros litígios, a esforçarem-se ao máximo para realizar um Compromisso extrajudicial eficiente. Afinal, ainda que o diálogo seja escasso, a cidade poderá obter a ordem de despejo junto ao Judiciário.

3.4.2 A importância do *strong Meaningful Engagement*

Até mesmo os críticos da decisão, como Liebenberg,[361] concordam em um ponto importante: o julgamento de *Joe Slovo I* promoveu um importante avanço no aprimoramento do Compromisso Significativo. Até então, a Corte apenas determinava que o Poder Público dialogasse com os segmentos populacionais afetados, pedindo que as partes

---

to the extent that the respondents have failed to establish a right to evict the occupiers. On balance I think not. First, we cannot ignore that this is one of the first attempts at a housing development in terms of the new housing policy. Given the huge numbers of people living in inadequate or makeshift housing in Cape Town (and indeed many of our municipalities), and given the fact that this is a pilot project, it is not surprising that it has not been implemented without controversy". ÁFRICA DO SUL. Corte Constitucional. *Residents of Joe Slovo Community, Western Cape vs. Thebelisha Homes and Others (CCT 22/08)*. Braamfontein, 2008. p. 165. Disponível em: http://www.saflii.org/za/cases/ZAGPHC/2008/255.pdf. Acesso em: 23 mar. 2020.

[359] LIEBENBERG, Sandra. Engaging the paradoxes of the universal and particular in human rights adjudication: The possibilities and pitfalls of 'meaningful engagement'. *African Human Rights Law Journal*, Pretoria, v. 12, n. 1, p. 1-29, 2012. p. 24-25.

[360] MCLEAN, Kirsty. Meaningful Engagement: One Step Forward or Two Back?. Some thoughts on Joe Slovo. *Constitutional Court Review*, Johannesburg, v. 3, p. 223-242, 2010. p. 241.

[361] LIEBENBERG, Sandra. Engaging the paradoxes of the universal and particular in human rights adjudication: The possibilities and pitfalls of 'meaningful engagement'. *African Human Rights Law Journal*, Pretoria, v. 12, n. 1, p. 1-29, 2012. p. 20.

reportassem os avanços da negociação. Não havia a preocupação em estabelecer o conteúdo dos direitos fundamentais envolvidos nos litígios ou metas e parâmetros que deveriam ser observados para que esses direitos fossem protegidos no caso concreto. A permanência nessa postura conduziria a uma excessiva procedimentalização dos litígios estruturais, ou seja, o Judiciário ocupar-se-ia apenas em determinar que a questão fosse resolvida pelo diálogo, sem definir, minimamente, o que a Constituição exige naquele caso.[362]

Não foi isso, entretanto, o que ocorreu em *Joe Slovo*. A Corte, além de reconhecer a necessidade de um diálogo entre as partes, decidiu não confiar apenas na discricionariedade da cidade de *Cape Town* para que a negociação ocorresse. Desse modo, decidiu reter a jurisdição sobre o caso, requerendo que as partes reportassem os avanços obtidos, e estabeleceu uma agenda a ser seguida pelo Compromisso. Assim, para que o plano a ser desenvolvido fosse considerado constitucional, as metas fixadas na decisão deveriam ser cumpridas.

Como explicam Liebenberg e Young,[363] as decisões estruturais dialógicas enfrentam o desafio do desequilíbrio deliberativo: as comunidades pobres e marginalizadas pelo sistema político e econômico irão dialogar diretamente com o Poder Público, que possui mais conhecimentos e recursos para impor os seus interesses. À vista disso, é importante que a Corte estabeleça diretrizes normativas para o Compromisso e retenha a sua jurisdição sobre o caso, como tentativa de equalizar as duas partes do litígio.

Se a Corte se eximir da sua função de conferir conteúdo concreto aos direitos socioeconômicos, estes perderão o seu poder de transformar a realidade social.[364] Sem parâmetros normativos fixados pelo Judiciário durante o processo estrutural, os grupos mais pobres, que dialogam com o Poder Público, ficam em total dependência da boa vontade estatal. Consequentemente, há uma grande chance de os mais pobres litigarem em vão pelos seus direitos.[365]

---

[362] LIEBENBERG, Sandra. Participatory Justice in Social Rights Adjudication. *Human Rights Law Review*, [s.l.], v. 18, n. 4, p. 623-649, 21 nov. 2018. p. 624.

[363] LIEBENBERG, Sandra; YOUNG, Katharine G. Adjudicating social and economic rights: Can democratic experimentalism help?. *In*: GARCÍA, Helena Alviar; KLARE, Karl; WILLIAMS, Lucy A. (Ed.). *Social and Economic Rights in Theory and Practice*: Critical Inquiries. Nova York: Routledge Research in Human Rights Law, 2014. p. 237-257. p. 251-252.

[364] BERG, Shanelle van Der. Meaningful engagement: Proceduralising socio-economic rights further or infusing administrative law with substance?. *South African Journal on Human Rights*, [s.l.], v. 29, n. 2, p. 376-398, jan. 2013. p. 394.

[365] BERG, Shanelle van Der. Meaningful engagement: Proceduralising socio-economic rights further or infusing administrative law with substance?. *South African Journal on Human Rights*, [s.l.], v. 29, n. 2, p. 376-398, jan. 2013. p. 394.

Como explica Swanepoel,[366] cabe ao Judiciário, ao determinar a realização do Compromisso Significativo, estabelecer uma moldura dentro da qual o Poder Público tem liberdade de atuar e negociar com os grupos afetados. Quais objetivos devem ser alcançados pelo Compromisso? Há garantias mínimas que devem ser asseguradas aos grupos afetados ao final do acordo? Quais as obrigações e os direitos das partes envolvidas? As respostas a essas perguntas fazem parte da referida moldura e são os parâmetros normativos que a Corte deve estabelecer se realmente deseja que o diálogo produza resultados positivos. O modelo refinado de Compromisso Significativo no qual a Corte exerce um papel supervisor mais intenso é chamado, por Williams,[367] de *strong Meaningful Engagement*, sendo defendido pela autora como necessário para obter melhores resultados quando esse remédio estrutural for utilizado.

Um segundo elemento característico dessa versão aprimorada é a supervisão exercida pela Corte, que retém a jurisdição sobre o caso e permite que as partes, caso ocorra alguma violação aos seus direitos durante as negociações, recorra ao Judiciário para obter a devida proteção. Afinal, não adianta estabelecer parâmetros normativos que devem orientar a realização do Compromisso se as partes, especialmente a comunidade afetada, não podem retornar ao órgão judicial que os fixou, caso alguma dessas determinações seja violada.

Tratando do tema, Sturm e Scott[368] argumentam que a função de supervisão é fundamental para assegurar um procedimento deliberativo justo e equitativo, e não uma mera imposição das vontades de uma parte sobre a outra. Esse também é o pensamento de Rodríguez-Garavito,[369] que defende o monitoramento do Judiciário como um instrumento adequado para promover a eficiência dos litígios estruturais, servindo como estímulo para que as partes trabalhem em prol da resolução do conflito enfrentado.

---

[366] SWANEPOEL, Philip. *The potential of structural interdicts to constitute effective relief in socio-economic rights cases*. 2017. 220f. Dissertação (Mestrado) – Curso de Direito, Stellenbosch University, Stellenbosch, 2017. p. 173.

[367] WILLIAMS, Lucy A. The Right to Housing in South Africa: An Evolving Jurisprudence. *Columbia Human Rights Law Review*, Vol. 45, No. 3, May 2014, p. 816-845.

[368] SCOTT, Joanne; STURM, Susan. Courts as catalysts: re-thinking the judicial role in new governance. *Columbia Journal of European Law*, v. 13, p. 565-594, 2006. p. 565-566.

[369] RODRÍGUEZ-GARAVITO, César. Empowered Participatory Jurisprudence. *The Future of Economic and Social Rights*, [s.l.], p. 233-258, abr. 2019. p. 235-236. Cambridge University Press.

Além dos pontos já apresentados, Ray[370] aponta, ainda, dois elementos úteis para aprimorar o Compromisso: a Corte deve estar pronta para aplicar sanções quando o Poder Público se recusar a negociar com as partes afetadas, e deve impor medidas emergenciais, ainda que temporárias, para proteger os grupos afetados pela atuação estatal durante as negociações.

3.4.3 Conclusão parcial

Para encerrar o estudo dos casos sul-africanos, é preciso fazer um balanço geral da atuação da Corte Constitucional em *Joe Slovo*.

Quanto aos pontos positivos, é claro o avanço em relação ao caso *Mamba*. Enquanto neste a Corte adotou uma postura excessivamente deferente, privilegiando o respeito à separação de poderes, e foi incapaz de proteger os direitos dos deslocados internos, em *Joe Slovo*, preocupou-se em fixar metas e parâmetros normativos que norteassem o diálogo entre os moradores e o governo de *Cape Town*. Além disso, manteve a supervisão sobre as negociações, possibilitando que, em caso de eventuais ilegalidades, os moradores retornassem à Corte. Em conjunto, as duas medidas contribuíram para que a municipalidade revisse a sua decisão de realocar os residentes, implementando as reformas *in situ*.

Avaliando o caso com base nos critérios de Sturm, vê-se que a Corte conseguiu achar um bom equilíbrio entre a separação de poderes, a participação do grupo afetado e a remediação. Como visto, estabelecer fundamentos constitucionais para a decisão proferida e fixar metas e parâmetros que devem nortear o diálogo entre as partes contribuem para promover o critério da remediação, o que pode ser observado pelo bom resultado obtido e pela desistência de realizar a realocação dos moradores.

Por outro lado, as críticas de McLean apontam para eventual problema na remediação de futuros casos. Como defende a autora,[371] ao deferir o despejo, a Corte contradisse a sua decisão em *Olivia Road*, podendo desincentivar os governos municipais, em futuros litígios, a se esforçarem ao máximo para realizar um Compromisso extrajudicial eficiente. A remediação do problema estrutural não deve ser buscada

---

[370] RAY, Brian. Engagement's Possibilities and Limits as a Socioeconomic Rights Remedy. *Washington University Global Studies Law Review*, v. 9, issue 3, p. 399-425, 2010.

[371] MCLEAN, Kirsty. Meaningful Engagement: One Step Forward or Two Back?. Some thoughts on Joe Slovo. *Constitutional Court Review*, Johannesburg, v. 3, p.223-242, 2010. p. 241.

apenas na fase judicial, mas principalmente antes da judicialização do litígio. A Corte pode estimular as partes a dialogarem e construírem soluções sem recorrerem ao Judiciário, a depender das medidas que adote em determinado julgamento. À vista disso, Berg[372] defende que o Compromisso deve ser utilizado mais como um requisito a ser observado pelo Poder Público antes da judicialização, a fim de verificar a razoabilidade de um despejo, do que um remédio estrutural utilizado na fase judicial.

Aparentemente, por ter consciência disso, os juízes do caso *Olivia Road* decidiram elevar o Compromisso político à condição de pré-requisito para a autorização de um despejo. Contudo, em *Joe Slovo*, mesmo que todos os juízes tenham reconhecido as graves falhas existentes no diálogo da Administração Pública e do grupo afetado, autorizaram o despejo dos moradores e determinaram a realização do Compromisso apenas para fixar os detalhes de como isso iria ocorrer. A decisão pode transmitir a errônea ideia de que, ainda que o diálogo seja escasso, a cidade poderá obter a ordem de despejo junto ao Judiciário e, consequentemente, não precisa empreender tantos esforços para uma negociação efetiva com o grupo afetado.

Conhecida a história de desenvolvimento do Compromisso Significativo na África do Sul, resta agora responder a alguns questionamentos levantados no segundo capítulo deste livro. Quais características desse remédio estrutural devem ser traduzidas para o Brasil? Há fundamentos jurídicos para isso? Remédios estruturais alinhados ao experimentalismo podem responder, satisfatoriamente, às críticas apresentadas anteriormente no tópico 2.3? O próximo capítulo deste trabalho pretende responder a essas perguntas.

---

[372] BERG, Shanelle van Der. Meaningful engagement: Proceduralising socio-economic rights further or infusing administrative law with substance?. *South African Journal on Human Rights*, [s.l.], v. 29, n. 2, p. 376-398, jan. 2013. p. 386.

CAPÍTULO 4

A PARTICIPAÇÃO PÚBLICA EM PROCESSOS ESTRUTURAIS: CONTRIBUIÇÕES SUL-AFRICANAS PARA O BRASIL

No capítulo 2, foram vistos não apenas os conceitos fundamentais para a compreensão dos processos estruturais e das omissões políticas, mas também as principais críticas feitas à atuação do Judiciário nessas demandas. Em seguida, no terceiro, estudou-se a experiência sul-africana na resolução de litígios estruturais, especialmente na utilização do Compromisso Significativo. Já este último capítulo, por sua vez, pretende unificar os conhecimentos obtidos nos dois capítulos anteriores, respondendo a alguns questionamentos que permanecem em aberto.

Para isso, este capítulo é estruturado em três partes principais. Primeiro, são analisados os fundamentos jurídicos para o desenvolvimento de um remédio estrutural participativo no Brasil. Ainda no segundo capítulo, mencionou-se que uma das três diretrizes que deve nortear o processo de tradução jurídica é a similaridade entre as duas ordens jurídicas analisadas. Para atender a esse aspecto, mostra-se a existência de valores constitucionais comuns entre a realidade brasileira e a sul-africana, permitindo um diálogo entre as duas ordens constitucionais.

Já o restante do capítulo foca no terceiro critério metodológico da tradução jurídica: a justificação. São estudadas as contribuições que o Compromisso Significativo fornece para sanar as críticas usualmente feitas aos processos estruturais, apresentadas no capítulo 2, quais sejam: incapacidade técnica do Judiciário e risco de uma intervenção judicial ineficiente, ameaça à separação de poderes e a possibilidade de um efeito *backlash*.

Por fim, para completar a tarefa da justificação, são apresentadas as razões, intrínsecas e extrínsecas, que justificam a ampliação da participação pública na resolução de processos estruturais, à semelhança do que ocorre na África do Sul.

4.1 Fundamentos jurídicos para a utilização de um remédio estrutural participativo no Brasil

Antes de analisar as contribuições do Compromisso Significativo, é necessário verificar se existem disposições normativas que fundamentem a utilização de um remédio participativo parecido no País. A finalidade deste tópico não é achar dispositivos normativos que criem, expressamente, um remédio estrutural nacional.[373] Ao analisar as experiências de outros países em litígios estruturais, como as dos Estados Unidos, da Colômbia, da Índia e da África do Sul, constata-se que, normalmente, os remédios estruturais ali desenvolvidos não encontram expressa previsão normativa. Na verdade, são uma criação jurisprudencial, geralmente da Corte Constitucional, que, baseada em alguns dispositivos constitucionais, constrói um remédio estrutural adequado à realidade do país em questão.

Portanto, pretende-se determinar quais dispositivos constitucionais e legais podem embasar a criação jurisprudencial de um remédio estrutural participativo, buscando-se os referidos fundamentos em duas fontes principais: a Constituição Federal e o Código de Processo Civil.

Inicialmente, a Constituição Federal, como pilar da ordem jurídica nacional, é uma fonte imprescindível, já que os processos estruturais costumam encontrar seus principais fundamentos nos textos constitucionais. Não à toa, as Cortes Constitucionais costumam estabelecer um modelo de remédio estrutural que, em seguida, é adotado nas instâncias inferiores. Foi isso o que ocorreu nos Estados Unidos, na Índia, na Colômbia e na África do Sul. Dessa forma, é necessário analisar se a Constituição brasileira possui disposições que possibilitem o desenvolvimento de um remédio participativo.

Ao buscar na Constituição os referidos fundamentos, são ressaltadas as semelhanças entre as ordens constitucionais brasileira e sul-africana, atendendo ao critério da similaridade, apresentado no tópico 2.5.

---

[373] SOUZA NETO, Gentil Ferreira de. *A força normativa da Constituição, a judicialização das políticas públicas e o Compromisso Significativo*. 2018. 146f. Dissertação (Mestrado) – Curso de Direito, Instituto Brasiliense de Direito Público, Brasília, 2018. p. 119-120.

No julgamento do caso *Olivia Road*, a Corte sul-africana justificou a adoção do Compromisso em diversos dispositivos constitucionais. Assim, é importante verificar se há similaridade entre essas disposições e o texto constitucional brasileiro.

Em seguida, investiga-se se o Código de Processo Civil também apresenta dispositivos que justifiquem a adoção de um remédio estrutural participativo. Já que a participação pública pode ocorrer tanto na fase de conhecimento quanto na fase de execução, a qual é especialmente favorecida pelo Compromisso Significativo, é importante verificar se o CPC estatui normas que viabilizem a participação em processos estruturais.

4.1.1 Fundamentos constitucionais: o constitucionalismo transformador e o fortalecimento da democracia participativa

O primeiro fundamento constitucional para a adoção de um remédio participativo tem previsão logo no art. 1º, em seu *caput*, o qual dispõe que a República Federativa do Brasil é um Estado Democrático de Direito. A democracia brasileira, no entanto, não é apenas representativa, mas também participativa, visto que o parágrafo único do art. 1º reconhece que todo o poder emana do povo, que o exerce por meio de seus representantes ou diretamente. Verificou-se, no capítulo 3, que a democracia participativa é o principal fundamento para a construção do Compromisso Significativo, visto como um instrumento para o seu fortalecimento na África do Sul.[374]

Ainda no art. 1º, três dos fundamentos do Estado brasileiro têm especial relevância para a democracia participativa e para a justificação de um remédio participativo: a soberania, a cidadania e a dignidade da pessoa humana. Bonavides,[375] ao tratar da democracia participativa, apresenta a dignidade da pessoa humana e a soberania popular como dois elementos que lhe são essenciais e constitutivos. Para o autor,[376] esse modelo de democracia seria um aprofundamento do Estado Social, em que a promoção da dignidade individual depende da participação

---

[374] MULLER, Gustav. Conceptualizing "Meaningful Engagement" as a Deliberative Democratic Partnership. *Stellenbosch Law Review*, Stellenbosch, v. 22, p. 742-758, 2011. p. 756-757.

[375] BONAVIDES, Paulo. *Teoria constitucional da democracia participativa*. São Paulo: Malheiros, 2001. p. 10.

[376] BONAVIDES, Paulo. *Teoria constitucional da democracia participativa*. São Paulo: Malheiros, 2001. p. 18-20.

pública e a soberania popular manifesta-se de forma plena, reinserindo os cidadãos nas instâncias decisórias e promovendo a repolitização da legitimidade.

Além disso, a cidadania elencada como fundamento do Estado brasileiro não pode ser compreendida apenas como o direito de votar e ser votado. Apesar de englobar essas duas atividades, a concepção de cidadania, em uma democracia participativa, está diretamente ligada à ideia de promoção da dignidade individual, libertação da miséria e reinserção do cidadão nas deliberações públicas.[377] Afinal, em uma democracia substancial, "O cidadão sai da posição inerte de espectador e de mero reivindicador de direitos e concretizações substanciais da democracia representativa, assumindo postura decisiva nas escolhas e na gestão públicas".[378]

Em virtude da democracia participativa, outras disposições constitucionais fomentam a participação popular em decisões públicas. A título exemplificativo, citam-se: o art. 37, §3º, que possibilita a participação do usuário de serviços públicos na Administração Pública direta e indireta; o art. 187, *caput*, o qual estabelece que a política agrícola seja planejada com a participação efetiva dos produtores e trabalhadoras rurais, bem como de outros setores afetados; o art. 194, VII, que determina que a administração da seguridade social tenha caráter democrático e descentralizado; e o art. 198, III, que estatui como uma das diretrizes dos serviços públicos de saúde a participação da comunidade.

No julgamento do caso *Olivia*, a Corte sul-africana utilizou como fundamento do Compromisso Significativo a seção 152, que estabelece a importância do engajamento das comunidades locais na resolução de matérias relacionadas à sua região; a seção 26, que trata do direito à moradia e da importância de um diálogo com os cidadãos que podem ser despejados de suas residências, antes que sejam realocados; e a seção 195, que consagra o valor da participação pública nas decisões administrativas.[379]

---

[377] MAGALHÃES, José Luiz Quadros de. O poder local no Brasil: a alternativa da democracia participativa. *Revista Katálysis*, v. 7, n. 1, p. 85-98, 2004. p. 88.
[378] VASCONCELOS, Antônio Gomes; THIBAU, Tereza Cristina Sorice Baracho; OLIVEIRA, Alana Lúcio. O processo coletivo e o acesso à justiça sob o paradigma do Estado Democrático de Direito. *Revista Eletrônica de Direito Processual*, v. 12, n. 12, p. 66-82, 2013. p. 71.
[379] AUGUS, Vanessa Mary. *The mechanism of meaningful engagement in socio-economic rights cases as an enabler for the realisation of transformation and capacity building of the poor*. 2018. 84f. Dissertação (Mestrado) – Curso de Direito, Universidade de Pretoria, Pretoria, 2018. p. 19-20.

Denota-se, portanto, que há similaridade entre os dispositivos elencados pela Corte e as disposições da Constituição brasileira que viabilizam a participação popular na construção de políticas públicas. Isso ocorre porque as duas Constituições têm um compromisso com a democracia participativa e com a reinserção do cidadão nas esferas públicas deliberativas, possibilitando a sua influência nas políticas que lhes dizem respeito.

Outro importante ponto em comum são os direitos sociais, econômicos e culturais assegurados pela Constituição de 1988, especialmente entre os arts. 6º e 11º. O texto constitucional deixa claro que os DESCs possuem plena força normativa e aplicabilidade imediata, vinculando a atuação da Administração Pública e afastando a dúvida sobre a sua justiciabilidade. Neste ponto, vale lembrar que a Corte sul-africana também utilizou a seção 7(2), que fixa o dever estatal de respeitar e promover os direitos fundamentais assegurados, para fundamentar a criação do Compromisso Significativo. Lá, os DESCs também não podem ser encarados como promessas constitucionais simbólicas, mas sim como normas que vinculam as ações do Poder Público.

Na África do Sul, os direitos socioeconômicos são vistos como instrumentos essenciais para aprofundar a democracia do país, permitindo que os cidadãos pressionem o governo por meio das demandas judiciais.[380] A Constituição brasileira, a seu turno, também permite a mesma concepção dos DESCs não só por assegurar plena força normativa a eles, mas também por elevar a cidadania e a dignidade da pessoa humana ao nível de fundamentos do Estado. Assim, sem políticas públicas que efetivem os direitos socioeconômicos, a profunda desigualdade material existente na sociedade não poderá ser superada e os referidos fundamentos, que são pressupostos para a democracia participativa, terão apenas caráter retórico.

Por fim, a partir das semelhanças apontadas entre as duas Constituições, é possível identificar uma similaridade mais ampla, que também possibilita a adoção de um remédio estrutural participativo no Brasil. Tudo o que se disse neste tópico sobre a Constituição brasileira mostra que ela, assim como a Constituição sul-africana, encaixa-se no conceito de *transformative constitutionalism*, cuja ideia essencial é o

---

[380] RAY, Brian. Proceduralisation's Triumph and Engagement's Promise in Socio-Economic Rights Litigation. *South African Journal on Human Rights*, [s.l.], v. 27, n. 1, p.107-126, jan. 2011. p. 107.

comprometimento com uma profunda transformação política e social.[381] A mudança projetada por esse modelo de constituição não tem um fim predeterminado, pelo contrário: é um processo permanente de mudança, aberto ao diálogo, ao aprendizado e ao aprimoramento do regime democrático.[382]

Portanto, é possível desenvolver um remédio estrutural participativo baseado na Constituição de 1988.[383] A democracia participativa, a cidadania e a dignidade da pessoa humana – como fundamentos do Estado –, a plena força normativa dos DESCs e o compromisso constitucional com uma profunda transformação política, econômica e social da realidade aproximam o texto constitucional brasileiro das disposições utilizadas pela Corte sul-africana para a criação do Compromisso Significativo.

Determinada a base constitucional, resta verificar quais contribuições o CPC oferece para justificar a utilização de um remédio estrutural participativo.

4.1.2 Fundamentos legais: o CPC e a busca por uma execução estrutural flexível e negociada

Inicialmente, é válido ressaltar que o CPC também fornece importantes fundamentos normativos para a adoção de um remédio estrutural participativo. Em primeiro lugar, o Código possui um claro compromisso com a construção de soluções negociadas e participativas, que facilitem a efetividade da tutela jurisdicional.[384] Logo no início do diploma, encontra-se, no art. 3º, §§2º e 3º, o dever de o Estado, sempre que possível, promover a solução consensual dos conflitos, bem como o dever de juízes, advogados, defensores e membros do Ministério Público estimularem métodos de solução consensual. A necessidade de o juiz buscar a autocomposição e a colaboração entre as partes também é enfatizada no art. 139, V, o qual dispõe que o magistrado

---

[381] HAILBRONNER, Michaela. Transformative constitutionalism: Not only in the global south. *The American Journal of Comparative Law*, v. 65, n. 3, p. 527-565, 2017. p. 533.

[382] LANGA, Pius. Transformative constitutionalism. *Stellenbosch Law Review*, v. 17, p. 351-360, 2006. p. 354.

[383] SOUZA NETO, Gentil Ferreira de. *A força normativa da Constituição, a judicialização das políticas públicas e o Compromisso Significativo*. 2018. 146f. Dissertação (Mestrado) – Curso de Direito, Instituto Brasiliense de Direito Público, Brasília, 2018. p. 119-120.

[384] ANDRADE, Érico. Gestão processual flexível, colaborativa e proporcional: cenários para implementação das novas tendências no CPC/2015. *Revista da Faculdade de Direito da UFMG*, n. 76, p. 183-212, 2020. p. 184-185.

deve promover, em qualquer momento do processo, a autocomposição, preferencialmente com o auxílio de conciliadores e mediadores judiciais.

O referido art. 139, inclusive, apresenta outro importante fundamento para a construção jurisprudencial de um remédio participativo. Em seu inciso IV, dispõe que o juiz pode determinar todas as medidas indutivas, coercitivas, mandamentais ou sub-rogatórias necessárias para assegurar o cumprimento de ordem judicial. Complementando o art. 139, o art. 536, em seu *caput* e no §1º, determina que, quando uma sentença fixar uma obrigação de fazer ou não fazer, o juiz poderá, de ofício ou a requerimento, estabelecer as medidas necessárias para a efetivação da tutela específica, havendo, portanto, uma atipicidade de meios executivos. Os dois dispositivos são chamados pela doutrina processualista de cláusulas gerais de efetivação,[385] autorizando o magistrado a utilizar meios atípicos para assegurar o adimplemento das obrigações fixadas na decisão judicial.

Assim, os processos estruturais, por tratarem de litígios complexos, com diversos interesses em conflito e com múltiplas possibilidades de solução, necessitam de tutelas executivas altamente específicas, capazes de se adequarem às exigências dos casos concretos, razão pela qual a atipicidade dos meios executivos mostra-se muito útil a esse tipo de demanda.[386] Por reconhecer essa necessidade, Didier, Zaneti Jr. e Oliveira[387] afirmam que a base normativa para a execução de decisões estruturais é a combinação do art. 139, IV, com o art. 536, §1º.

Portanto, o CPC possui uma dupla dimensão que, em conjunto, pode fundamentar a utilização de um remédio estrutural participativo. Por um lado, ressalta o dever de as partes do processo buscarem, constantemente, a solução consensual da demanda judicial. Por outro, tratando-se de obrigação de fazer, na qual se insere a criação de um plano de ação para políticas públicas, o Código autoriza o juiz a adotar as medidas executivas necessárias à tutela específica dos direitos violados, consagrando as cláusulas gerais de efetivação. A união das duas dimensões possibilita uma execução estrutural dialógica, em que o

---

[385] ANDRADE, Tatiane Costa de. *Medidas executivas atípicas*: a interpretação do art. 139, inciso IV, do CPC e suas controvérsias. 2020. 231f. Dissertação (Mestrado) – Curso de Direito, Pontifícia Universidade Católica de Minas Gerais, Belo Horizonte, 2020. p. 26.

[386] MINAMI, Marcos Youji. *Proposta de concretização dogmática das cláusulas gerais executivas do Código de Processo Civil Brasileiro de 2015*. 110f. Tese (Doutorado) – Curso de Direito, Universidade Federal da Bahia, Salvador, 2017. p. 34-36.

[387] DIDIER JR., Fredie; ZANETI JR., Hermes; OLIVEIRA, Rafael Alexandria de. Notas sobre as decisões estruturantes. *In*: ARENHART, Sérgio Cruz; JOBIM, Marco Félix (Org.). *Processos estruturais*. Salvador: Juspodivm, 2017. p. 351-368. p. 363.

Poder Público ouve os grupos afetados pelo litígio e seus representantes, permitindo a influência desses atores na solução do problema.

Eduardo Costa,[388] ainda sob a égide do CPC de 1973, defendia a importância de uma execução negociada de políticas públicas, na qual deve preponderar o consenso, não a coerção, criando-se, a partir de um diálogo entre as partes, um cronograma para a implementação das políticas, prevendo-se, inclusive, as eventuais sanções aplicáveis quando as determinações daquele fossem desrespeitadas. Se a execução negociada de políticas públicas já se mostrava relevante na vigência do antigo Código, ela se torna imprescindível na lógica do novo CPC, especialmente em planos de ação desenvolvidos dentro de um processo estrutural.

Em resumo, o CPC, tanto quanto a Constituição, oferece base normativa para a utilização de remédios estruturais participativos. O seu compromisso com a promoção do diálogo e da cooperação, elementos fundamentais para a execução estrutural,[389] é evidente. Já as cláusulas gerais de efetividade, previstas pelo arts. 139, IV, e 536, §1º, permitem que o magistrado use as medidas necessárias para assegurar uma tutela específica e eficiente na fase executória.

Os argumentos apresentados levam a questões importantes, cujas respostas são condições necessárias à aplicação das cláusulas de efetivação. Assim, se as cláusulas gerais buscam ampliar a efetividade da execução, os remédios participativos teriam potencial para contribuir com essa tarefa? Quais contribuições à tutela de direitos e à efetividade do processo estrutural a sua utilização pode oferecer?

Sem responder aos referidos questionamentos, não faz sentindo afirmar que as cláusulas gerais de efetividade podem justificar remédios participativos. Por isso, nos próximos dois tópicos do capítulo, analisam-se as vantagens de remédios que promovam tanto o diálogo institucional como a participação do grupo afetado na resolução dos litígios estruturais. A partir do estudo feito sobre o Compromisso Significativo, aqui considerado como paradigma, investiga-se se há razões para defender a utilização de um remédio semelhante no País.

---

[388] COSTA, Eduardo José da Fonseca. A "execução negociada" de políticas públicas em juízo. *Revista de Processo*. São Paulo: RT, ano 37, v. 212, p. 25-56, 2012.

[389] VITORELLI, Edilson. *Processo civil estrutural*: teoria e prática. Salvador: Juspodivm, 2020. p. 72-73.

4.2 O Compromisso Significativo e as críticas aos processos estruturais

Ainda no segundo capítulo, foram apresentadas as principais críticas feitas aos litígios que envolvem os DESCs, especialmente quando estes se tornam processos estruturais. A finalidade deste tópico é investigar, com base na experiência sul-africana estudada no capítulo anterior, o potencial do Compromisso Significativo para responder às críticas usualmente feitas.

É importante frisar, relembrando o tópico 2.5, que todo estudo jurídico comparativo deve primar pela justificação, ou seja, ao defender o aprendizado com a ordem jurídica estrangeira, faz-se necessário apresentar as razões pelas quais as experiências do outro país podem impactar positivamente no direito nacional. Dessa forma, se defendemos que o Brasil pode aprimorar os seus processos estruturais com base na experiência sul-africana, é preciso analisar se o Compromisso pode, teoricamente, mitigar as críticas apresentadas no capítulo 2.

4.2.1 O ativismo judicial dialógico e a necessidade de repensar a separação de poderes

A primeira crítica levantada contra os processos estruturais é, na verdade, a clássica objeção feita ao controle judicial de políticas públicas em sentido amplo: a ameaça à separação de poderes. Não à toa, Sturm[390] elenca o respeito à separação dos poderes como um dos critérios que deve nortear o desenvolvimento de um remédio estrutural. Para os críticos, o Judiciário, ao utilizar o processo estrutural para influenciar a formulação de políticas públicas, estaria ultrapassando os limites de sua função típica, pretendendo exercer uma atribuição que cabe à Administração Pública. Afinal, "O Judiciário não faz políticas públicas. Ele atua apenas contingencialmente".[391] Assim, a intervenção judicial em litígios estruturais, capaz de conduzir à reformulação de políticas públicas e à reorganização burocrática de instituições estatais, seria mais um claro exemplo de ativismo judicial, propiciando decisões cada vez mais solipsistas por parte dos magistrados.

---

[390] STURM, Susan P. A normative theory of public law remedies. *Georgetown Law Journal*, v. 79, p. 1357-1445, 1991. p. 1405.

[391] STRECK, Lenio Luiz; LIMA, Martonio Mont'Alverne Barreto. Lei das Políticas Públicas é "Estado Social a golpe de caneta?". *Revista Consultor Jurídico*, v. 10, 2015.

De todos os argumentos apresentados contra os processos estruturais, a violação da separação de poderes é o mais frágil. Alguns podem achar a afirmação surpreendente, mas há boas razões que corroboram com ela. Para demonstrar isso, é preciso esclarecer dois importantes pontos. Primeiro, o princípio da separação de poderes, em um Estado Democrático de Direito organizado sob uma constituição de caráter transformador, não pode ser visto sob uma perspectiva estática, mas dinâmica. Segundo, é preciso esclarecer o que se entende por ativismo judicial para, em seguida, verificar como o ativismo judicial dialógico ameniza o dilema da justiciabilidade.

4.2.1.1 O diálogo institucional como novo paradigma de relacionamento entre os Poderes

Quando os críticos afirmam que os processos estruturais violam a separação de poderes, geralmente o fazem encarando esse princípio de uma forma estática. Para eles, além de a separação dos poderes não implicar somente um conjunto de funções típicas atribuídas a cada um dos três Poderes, estes só podem interferir nas funções exercidas pelos demais dentro das possibilidades estritamente previstas pelo texto constitucional. Ademais, haveria uma presunção de legitimidade nos atos do Legislativo e do Executivo, que os fortaleceria em face da intervenção judicial. Neste subtópico, a análise está centrada especificamente no controle judicial de atos do Executivo.[392]

Ainda que em um primeiro momento a argumentação apresentada pareça sólida e convincente, ela só se sustenta se o pressuposto que a fundamenta não for questionado. No caso, os críticos geralmente partem da premissa de que o Judiciário, ao interferir na atuação do Executivo, atuará de forma solipsista, unilateral, formulando políticas públicas e buscando dar a última palavra sobre o sentido da Constituição, cabendo à Administração Pública apenas seguir os detalhes estabelecidos na

---

[392] A restrição ao Executivo explica-se por duas razões. Primeiro, porque os processos estruturais costumam levar a intervenções mais intensas no âmbito de atuação deste Poder, e não do Legislativo. Segundo, porque o debate sobre o controle judicial de atos do Executivo e do Legislativo são bem diferentes, apesar de existirem alguns argumentos em comum nos dois casos. A referida diferença fez com que até mesmo Jeremy Waldron, ferrenho opositor do *judicial review* sobre a atuação legislativa, considerasse pouco problemática, quanto ao quesito da legitimidade, a intervenção judicial nas atribuições do Executivo. WALDRON, Jeremy. A essência da oposição ao judicial review. *In*: BIGONHA, Antonio Carlos Alpino; MOREIRA, Luiz (Org.). *Legitimidade da jurisdição constitucional*. Rio de Janeiro: Lumen Júris, 2010. p. 93-157. p. 99.

decisão judicial.[393] Segundo Gargarella,[394] esse pensamento baseia-se em uma visão enrijecida do princípio da separação de poderes, mais adequada para uma situação de permanente confronto que para esforços de diálogo.

Entretanto, conforme explica Conrado Hübner Mendes,[395] não faz mais sentido encarar a separação de poderes de forma tão estática, ou seja, que imunize os atos do Executivo ao controle judicial. Para o autor, isso sequer foi cogitado pelos primeiros idealizadores do sistema de *checks and balances*, e muito menos deve ser defendido agora. Ele complementa, ainda, defendendo que a legitimidade de uma decisão pública, de qualquer dos três Poderes, é dinâmica e depende da argumentação empregada para justificá-la.[396] Dessa forma, ainda que determinadas funções sejam típicas de um Poder específico, pode ser necessária uma intervenção circunstancial de um dos outros Poderes nessa atribuição, em virtude de características específicas do caso concreto. Se isso for feito de forma justificada, isto é, baseada em fundamentos normativos suficientes, então o Judiciário pode ter até mais legitimidade de tomar determinadas decisões que o órgão encarregado de exercer aquela função tipicamente.

Aqui, é preciso fazer alguns esclarecimentos. Mendes não defende, tampouco nós o fazemos, que o Judiciário exerça unilateralmente as atribuições dos demais Poderes. Defende-se, na verdade, que o Judiciário possa contribuir de forma significativa com o controle e aprimoramento das decisões tomadas pelo Executivo, sem violar a separação dos poderes ou o princípio democrático. Na realidade, uma intervenção fundamentada e dialógica do Judiciário, baseada em direitos fundamentais previstos na Constituição, pode contribuir não só com o respeito à separação de poderes, mas também com o fortalecimento do próprio regime democrático.[397]

---

[393] RODRÍGUEZ-GARAVITO, César. Beyond the courtroom: The impact of judicial activism on socioeconomic rights in Latin America. *Texas Law Review*, v. 89, p. 1669-1698, 2011. p. 1689.

[394] GARGARELLA, Roberto. Deliberative democracy, dialogic justice and the promise of social and economic rights. *In*: GARCÍA, Helena Alviar; KLARE, Karl; WILLIAMS, Lucy A. (Ed.). *Social and Economic Rights in Theory and Practice:* Critical Inquiries. Nova York: Routledge Research in Human Rights Law, 2014. p. 105-120. p. 113-114.

[395] MENDES, Conrado Hübner. *Direitos fundamentais, separação de poderes e deliberação*. São Paulo: Saraiva, 2011.

[396] MENDES, Conrado Hübner. *Direitos fundamentais, separação de poderes e deliberação*. São Paulo: Saraiva, 2011.

[397] THIBAU, T. C. S. B.. As ações coletivas e a judicialização de políticas públicas no Estado Democrático de Direito: possibilidades e limites. *MPMG jurídico*, v. 17, p. 33-36, 2009. p. 35.

Por conseguinte, se o Judiciário não vai intervir com a intenção de atrair para si as funções típicas do Executivo e sim para auxiliar no aprimoramento das decisões públicas tomadas, a ideia de que ele irá, inevitavelmente, construir políticas públicas em processos estruturais está equivocada. Esta é a primeira contribuição do Compromisso Significativo para os processos estruturais no Brasil: apresentar um modelo de remédio estrutural que, enquanto permite uma intervenção judicial que retira a Administração Pública de sua inércia, não torna o juiz o criador das políticas que deverão ser executadas.[398]

A diferença fica clara ao observar a atuação judicial na resolução do caso *Joe Slovo*. A Corte não detalhou quais medidas e políticas deveriam ser formuladas pela Administração Pública. Em sua decisão, apenas estabeleceu quais eram os direitos violados pelo Poder Público, quais as metas do plano de ação a ser desenvolvido pela cidade de *Cape Town* e a necessidade de que o referido plano fosse construído em diálogo efetivo com o segmento populacional afetado, já que a cidade, antes da judicialização do litígio, apenas tentou impor a sua decisão aos residentes do local.[399]

Assim, o Judiciário e o Executivo, ao atuarem na resolução de um litígio estrutural, não devem ser tidos como concorrentes ou detentores da palavra final sobre o sentido da Constituição. Devem, na verdade, ver-se como colaboradores para a realização de uma tarefa comum: concretizar as promessas constitucionais, especialmente aquelas referentes aos DESCs. Remédios estruturais participativos, como o Compromisso Significativo, enquadram-se na ideia de constitucionalismo cooperativo, que denota uma visão dinâmica da separação de poderes. Tratando do tema, Vanice Valle e Cecilia Silva explicam que:

> Importa o constitucionalismo cooperativo, portanto, na afirmação de que, ainda que se tenha em conta a supremacia da Constituição, e que a proteção desse valor se tenha confiada ao Judiciário, disso não decorre a exclusão da possibilidade/utilidade do compartilhamento com as demais estruturas do poder, das distintas tarefas envolvidas no resultado final "efetividade de direitos". Ao contrário, essa se revelaria a estratégia mais legítima do cumprimento desse mister, afastando como possibilidade a

---

[398] MAHOMEDY, Sameera. *The potential of meaningful engagement in realsing socio-economic rights*: Addressing quality concerns. 2019. 171f. Dissertação (Mestrado) – Law, Stellenbosch University, Stellenbosch, 2019. p. 20.

[399] MAHOMEDY, Sameera. *The potential of meaningful engagement in realsing socio-economic rights*: Addressing quality concerns. 2019. 171f. Dissertação (Mestrado) – Law, Stellenbosch University, Stellenbosch, 2019. p. 55.

adoção de uma *judicial review* encerrada no isolacionismo da supremacia clássica, hermética e não cooperativa.[400]

O aprendizado com a experiência sul-africana pode contribuir para o desenvolvimento de um processo estrutural dialógico, pautado na ideia de colaboração entre os Poderes para a efetivação das promessas constitucionais. Aqui, vale a pena transcrever um trecho esclarecedor da autoria de David Pardo, um dos primeiros estudiosos acerca das contribuições que o Compromisso Significativo pode dar para o País. Segundo o autor:

> O método do compromisso significativo apresenta a vantagem de ser modelo de revisão judicial compatível com a democracia. Propicia que os indivíduos e comunidades sejam posicionados como parceiros no processo de tomada de decisões, que a decisão final seja construída em conjunto. Constitui postura judicial respeitosa com os representantes eleitos pelo público e fomenta a participação e a política democrática. De outro lado, a organização financeira do Estado é mais bem respeitada, pois há contemporânea atuação do Poder Judiciário na solução de conflitos que envolvem direitos sociais fundamentais. Oportunidade para as próprias partes detalharem a forma de implementação de direitos, modulando-a de acordo com os recursos disponíveis. O controle imediato do orçamento permanece com a Administração Pública, ainda que sob a ordem judicial de atendimento aos direitos. A ideia é que o Estado deve se comprometer significativamente com a situação em que há violação dos direitos, por meio de iniciativas e políticas para uma solução razoável e tempestiva, antes de receber veredito judicial substantivo. A alternativa à intervenção judicial em políticas públicas é o jogo interativo mais rico e complexo, não a imunidade total da Administração Pública, nem a prevalência absoluta dos juízes. O compromisso significativo bem podia ser testado como novo padrão positivo de relacionamento entre os tribunais e os demais poderes no Brasil.[401]

Portanto, quando se fala em processos estruturais, é necessário afastar a ideia de que eles consistem em um instrumento processual para a criação judicial de políticas públicas, no qual o juiz impõe à Administração Pública uma agenda específica a ser seguida. Trata-se,

---

[400] VALLE, Vanice Regina Lírio do Valle; SILVA, Cecília de Almeida. Constitucionalismo cooperativo ou a supremacia do Judiciário?. *Jurispoiesis* (Rio de Janeiro), v. 12, p. 321-348, 2009. p. 331.
[401] PARDO, D. W. A. Judiciário e políticas públicas ambientais: uma proposta de atuação baseada no "compromisso significativo". *Revista de Direito Ambiental*, v. 72, p. 161-210, 2013.

primeiramente, de uma oportunidade para obter uma atuação colaborativa entre os dois Poderes, possibilitando que alguns pontos cegos da atuação do Executivo sejam superados.[402] Tal questão será retomada no último tópico deste capítulo, na análise das razões intrínsecas e extrínsecas que justificam a participação pública em processos estruturais.

Por fim, cabe, ainda, refutar uma ideia apresentada no primeiro parágrafo deste subtópico. Não seria a função típica do Judiciário atuar de forma contingencial e pontual, resolvendo questões específicas? Ao atuar em um processo estrutural, o juiz não estaria intervindo em um âmbito que gera consequências muito amplas?

Isso seria verdade caso a separação entre o contingencial e o global fosse clara como alguns pretendem, mas não o é. Hoje, a atuação contingencial do Judiciário, em matérias relacionadas aos DESCs, pode ser muito mais prejudicial e onerosa que a realização de um processo estrutural. Um exemplo simples ilustra bem o que se quer dizer. Suponhamos que, no Estado do Ceará, 2.000 pacientes ajuízem ações individuais pretendendo obter um novo tratamento, ainda não ofertado pelo SUS, cujo valor é de R$20.000,00 (vinte mil reais) por pessoa. Se metade dessas ações forem deferidas, o gasto total para o Poder Público será de 20 milhões, ainda que, para o juiz de primeira instância, que julga uma causa particular, o custo seja de R$20.000,00.

Quando se trata de litígio coletivo, o tratamento atomizado, isto é, a tutela caso a caso, sem uma visão ampla do quadro geral, pode ser mais perigosa e onerosa que o tratamento coletivo da questão. Defender que o Judiciário deve intervir contingencialmente na atuação da Administração Pública, como se isso não tivesse impactos globais equivalentes ao próprio desenvolvimento de uma política pública, é persistir em uma visão míope, que ignora os impactos gerais que decisões individuais podem apresentar. Ademais, o pior é que o critério de acesso à justiça torna-se o de quem chega primeiro, isto é, de quem pede primeiro ao juiz para que o seu direito individual seja atendido, ainda que aquela ação seja uma manifestação particular de um litígio coletivo estrutural subjacente.[403]

Dados divulgados pela Advocacia Geral da União (AGU), em 2019, reforçam o argumento aqui apresentado. Segundo a AGU, os gastos

---

[402] DIXON, Rosalind. Creating dialogue about socioeconomic rights: Strong-form versus weak-form judicial review revisited. *International Journal of Constitutional Law*, v. 5, n. 3, p. 391-418, 2007. p. 402.

[403] VITORELLI, Edilson. *Processo civil estrutural*: teoria e prática. Salvador: Juspodivm, 2020. p. 114-115.

da União com a judicialização da saúde cresceram 4.600%, entre 2007 e 2018, sendo que só em 2018 ultrapassaram R$1,1 bilhão.[404] A tendência é de que esses gastos continuem aumentando, já que as ações individuais, por seu caráter atomizado, não tratam das origens do problema, apenas tentam amenizar alguns dos sintomas. Isso é apenas uma pequena amostra das despesas com a judicialização da saúde, já que os dados não incluem os gastos feitos pelos Estados e pelos municípios.

Nesse mesmo sentido, relatório elaborado por Fabíola Sulpino Vieira para o Instituto de Pesquisa Econômica Aplicada (Ipea), divulgado em março de 2020, ressalta a necessidade de o Judiciário ampliar o seu olhar para além da tutela individual. O estudo analisou o direito à saúde no Brasil, focando nos aspectos relacionados à sua judicialização e à necessidade de se buscar uma macrojustiça. Em suas considerações finais, vê-se que o relatório chega a conclusões semelhantes às ideias aqui defendidas:

> Se há problemas de formulação e implementação da política, ou até mesmo inexistência de ação estatal para resolver determinado problema da população, é preciso que o Judiciário exerça a macrojustiça, a fim de agir para que o Executivo cumpra os desígnios constitucionais em matéria de direitos, entre eles, os do direito à saúde. Assim, o Judiciário catalisaria os resultados de sua atuação, constituindo-se em importante canal de ampliação da cidadania, e agiria para impedir lesão ou ameaça ao direito de qualquer indivíduo de ter a sua necessidade de saúde atendida por meio da oferta de bens e serviços de saúde previstos em política pública, como determina o art. 196 da CF/1988. O que não parece razoável é que o Judiciário permaneça intervindo na área da saúde por meio da determinação de que o Executivo garanta o tratamento dos pacientes, individualmente, com a oferta de um serviço ou de um medicamento específico, não previsto nas políticas do SUS. Trata-se de uma intervenção direta sobre o conteúdo da política.[405]

Afirmar que o princípio da separação de poderes impõe ao Judiciário uma atuação contingencial é negligenciar que os juízes, ao

---

[404] AMADO, Guilherme. Gastos da União com judicialização da Saúde cresceram 4600% em 10 anos. *Época*, 2019. Disponível em: https://epoca.globo.com/guilherme-amado/gastos-da-uniao-com-judicializacao-da-saude-cresceram-4600-em-dez-anos-23684050#:~:text=O%20dado%20consta%20de%20apresenta%C3%A7%C3%A3o,R%24%201%2C1%20bilh%C3%A3o. Acesso em 31 out. 2020.

[405] VIEIRA, Fabíola Sulpino. Direito à saúde no Brasil: seus contornos, judicialização e necessidade da macrojustiça. Texto para Discussão n. 2547, p. 57. *Instituto de Pesquisa Econômica Aplicada (IPEA)*. Brasil, 2020. Disponível em: http://repositorio.ipea.gov.br/handle/11058/9714. Acesso em: 1º jan. 2021.

decidirem inúmeras causas individuais que têm origem em problemas estruturais, já tomam decisões que possuem o alcance orçamentário de verdadeiras políticas públicas. A grande questão hoje é decidir se o Judiciário seguirá intervindo de uma forma desestruturada, "enxugando gelo" e tratando apenas alguns dos sintomas dos problemas estruturais, ou se irá intervir de forma estruturada, buscando produzir uma reorganização do estado de coisas causador das violações aos direitos fundamentais.[406]

Caso se opte pela segunda alternativa, que também apresenta os seus desafios, haverá mais chances de produzir soluções duradouras que, embora ocorram em longo prazo, são mais eficazes e igualitárias por tratarem do problema diretamente em sua matriz, contemplando a coletividade. Nesse caso, remédios estruturais dialógicos, como o Compromisso Significativo, terão um importante papel a desempenhar, não só por tratarem de forma digna os grupos afetados pela atuação estatal, mas por serem uma alternativa que possibilita uma atuação colaborativa entre Judiciário e Executivo, mitigando as preocupações relacionadas à separação de poderes.

4.2.1.2 É realmente necessário um ativismo judicial dialógico?

Como visto no subtópico anterior, a compreensão dinâmica defende que o Judiciário pode atuar de forma consentânea à separação de poderes, sem formular políticas públicas e, ao mesmo tempo, promover a concretização dos direitos socioeconômicos.[407] O juiz não seria um substituto do gestor público, formulando unilateralmente as políticas que devem ser executadas, mas sim um colaborador em prol da efetividade dos dispositivos constitucionais. Por essa razão, alguns juristas têm defendido o chamado ativismo judicial dialógico[408] como modelo de intervenção judicial no âmbito das políticas públicas.

---

[406] VITORELLI, Edilson. *Processo civil estrutural*: teoria e prática. Salvador: Juspodivm, 2020. p. 114-115.

[407] DIXON, Rosalind. Creating dialogue about socioeconomic rights: Strong-form versus weak-form judicial review revisited. *International Journal of Constitutional Law*, v. 5, n. 3, p. 391-418, 2007. p. 418.

[408] LIMA, Flavia; FRANÇA, Eduarda. Ativismo dialógico x bloqueios institucionais: limites e possibilidades do controle jurisdicional de políticas públicas a partir da sentença T-025/04 da Corte Colombiana. *Argumenta Journal Law*, n. 31, p. 209-243, 2019. p. 230-231.

À primeira vista, a proposta pode soar incômoda, visto que o termo ativismo judicial tem sido utilizado como um trunfo argumentativo. Em discussões sobre a validade ou a legitimidade de uma decisão judicial, tão logo um dos debatedores consiga enquadrá-la como ativista, muitos dão a questão por encerrada como se, na essência da palavra ativismo, estivesse presente a própria inconstitucionalidade.[409]

Isso, entretanto, não é verdade. Marmelstein,[410] analisando a abertura semântica da expressão, aponta que, a depender do autor utilizado, encontram-se diversos tipos de ativismo judicial, cuja classificação depende dos diferentes fatores que motivam a atuação do órgão jurisdicional.[411] Consequentemente, não é possível, aprioristicamente, atribuir um caráter patológico à expressão. A sua adequação à ordem jurídico-constitucional irá depender não do termo ativismo, mas da forma como ele se manifesta e da fundamentação utilizada na decisão.

É nesse mesmo sentido o pensamento de Oscar Vilhena, que defende uma diferenciação entre responsividade e usurpação. A responsividade está associada à ideia de que o Judiciário deve atuar ativamente para promover a efetividade dos dispositivos constitucionais e, em especial, dos direitos fundamentais.[412] A responsividade depende do arcabouço institucional e pode ser legítima, não implicando, necessariamente, usurpação. Esclarecendo a diferença, o autor explica:

> A responsividade não deve ser confundida com a usurpação, em que o Judiciário avança, sem a devida justificativa normativa, sobre a função de outros poderes, e não com a finalidade de emitir um juízo normativo sobre a validade de determinados atos e normas em relação à Constituição,

---

[409] KLARE, Karl. Critical perspectives on social and economic rights, democracy and separation of powers. *In*: GARCÍA, Helena Alviar; KLARE, Karl; WILLIAMS, Lucy A. (Ed.). *Social and Economic Rights in Theory and Practice*: Critical Inquiries. Nova York: Routledge Research in Human Rights Law, 2014. p. 3-22. p. 5.

[410] MARMELSTEIN, George. *O que é ativismo, afinal?*. Disponível em: https://direitosfundamentais.net/2018/04/18/o-que-e-ativismo-afinal/. Acesso em: 23 abr. 2018.

[411] É comum, inclusive, a equivocada associação entre ativismo judicial e valores progressistas, como se apenas decisões ou juízes que defendem valores progressistas possam adotar uma postura ativista. Desmistificando esse pensamento, Graber mostra que também há ativismo judicial em prol dos valores conservadores, especialmente em momentos históricos nos quais grupos conservadores ascendem na arena política. GRABER, Mark A. Does It Really Matter?. Conservative Courts in a Conservative Era. *Fordham Law Review*, v. 75, p. 675-708, 2006. p. 677-679.

[412] VILHENA, Oscar Vilhena. *A batalha dos poderes*: da transição democrática ao mal-estar constitucional. São Paulo: Companhia das Letras, 2018. p. 175.

mas com o objetivo de substituir decisões políticas ou técnicas tomadas pelos demais poderes por seus próprios juízos técnicos ou políticos.[413]

Dessa forma, adota-se um conceito mais amplo de ativismo judicial, o qual é defendido por Campos:[414] podem ser assim adjetivadas as decisões que manifestam uma autoexpansão do papel político-institucional do Judiciário em face dos outros Poderes. Se essa é uma expansão constitucional ou não, irá depender do contexto no qual a decisão foi proferida. O autor também afirma que "[...] o ativismo judicial não pode ser considerado aprioristicamente ilegítimo, pois isso depende dos diferentes fatores envolvidos e da dimensão decisória manifestada",[415] de maneira que apenas a dimensão antidialógica, constituída por uma supremacia judicial e uma recusa a dialogar com os outros Poderes, deve ser tida como manifestação judicial ilegítima.

Logo, devem-se afastar eventuais preconceitos e antipatias em relação ao ativismo judicial dialógico, visto que essa postura intenta justamente mitigar as principais críticas feitas às condutas excessivamente proativas do Judiciário. As decisões dialógicas definem as metas e os caminhos para a implementação de políticas públicas, acompanhando o progresso do cumprimento das decisões e deixam as escolhas mais importantes para as agências governamentais.[416] Complementando a conceituação, Marmelstein[417] explica que, adotando uma postura ativista, mas dialogal, o Judiciário não usurparia os poderes administrativos ou legislativos. O foco seria construir um diálogo institucional, para que os entes estatais responsáveis atuem conforme as suas atribuições típicas, construindo soluções adequadas dentro de suas esferas de competência.

Decisões judiciais pautadas pelo ativismo dialógico possibilitam uma maior reflexão e compreensão do problema enfrentado, evitando que o Judiciário imponha medidas paliativas e pouco eficientes, como

---

[413] VILHENA, Oscar Vilhena. *A batalha dos poderes*: da transição democrática ao mal-estar constitucional. São Paulo: Companhia das Letras, 2018. p. 175-176.

[414] CAMPOS, Carlos Alexandre de Azevedo. *Dimensões do ativismo judicial do STF*. Rio de Janeiro: Forense, 2014. p. 347.

[415] CAMPOS, Carlos Alexandre de Azevedo. *Estado de coisas inconstitucional*. Salvador: Juspodivm, 2016, p. 15.

[416] CHAGAS, Tayná Tavares das *et al*. Estado de coisas inconstitucional: um estudo sobre os casos colombiano e brasileiro. *Revista Quaestio Iuris*, [s.l.], v. 8, n. 4, p. 2596-2612, 26 dez. 2015. p. 2206.

[417] MARMELSTEIN, George. O estado de coisas inconstitucional: uma análise panorâmica. *In*: OLIVEIRA, Pedro Augusto de; LEAL, Gabriel Prado (Org.). *Diálogos jurídicos luso-brasileiros – perspectivas atuais de direto público*: o Direito em tempos de crise. Salvador: Faculdade Baiana de Direito, 2015, p. 241-264. p. 250-251.

ocorreu com a sentença T-153, na Colômbia. Naquele caso, foi exatamente a falta de diálogo e a pressa da Corte Constitucional em resolver, unilateralmente, a omissão política que ceifou a possibilidade de um diálogo sobre as reais razões da crescente taxa de encarceramento no país, bem como sobre as melhores medidas para solucionar o ECI.[418]

Em síntese, o ativismo dialógico promove maior respeito à separação de poderes, corroborando com tudo o que foi exposto no subtópico anterior. Quando o Judiciário atua de forma dialógica, funciona como uma verdadeira força motriz que retira os setores políticos da sua inércia, fixando metas e parâmetros constitucionais a serem observados pelo Executivo, sem impor quais políticas públicas devem ser realizadas.[419] Assim, os detalhes orçamentários permanecem com os Poderes competentes para tanto, ou seja, o Executivo e o Legislativo.

O ativismo judicial dialógico não só é uma boa alternativa para a preservação da separação dos poderes, como também ajuda a mitigar a crítica da incompetência técnica do Judiciário para interferir em políticas públicas, como será visto no próximo subtópico.

4.2.2 O diálogo institucional como alternativa à incompetência técnica do Judiciário

Logo após levantarem o risco à separação de poderes, os críticos dos processos estruturais argumentam que o Judiciário não possui a capacidade técnica para lidar com complexas questões de políticas públicas.[420] Como visto no capítulo 2, essa crítica tem duas dimensões. A primeira diz respeito à falta de conhecimentos técnicos do juiz para formular políticas públicas e decidir como complexas questões relacionadas à saúde, à educação, à moradia, entre outros direitos, devem ser solucionadas pelo Estado. Já a segunda, por sua vez, questiona a capacidade institucional do Judiciário em manter a supervisão sobre a execução de políticas públicas, mesmo aquelas que foram originadas

---

[418] ARIZA, Libardo José. The Economic and Social Rights of Prisoners and Constitutional Court Intervention in the Penitentiary System in Colombia. *In*: MALDONADO, Daniel Bonilla. *Constitutionalism of the Global South*: The activist tribunals of India, South Africa, and Colombia. New York: Cambridge University Press, 2013. p. 129-162. p. 151.

[419] ALBUQUERQUE, Felipe Braga; SERAFIM, Matheus Casimiro Gomes. A importância da participação pública nos processos estruturais: contribuições da teoria normativa de Susan Sturm. *REI – Revista Estudos Institucionais*, v. 6, n. 2, p. 643-665, 2020. p. 653.

[420] VITORELLI, Edilson. *Processo civil estrutural*: teoria e prática. Salvador: Juspodivm, 2020. p. 107.

de um processo estrutural. Os juízes, já superlotados de processos, não conseguirão abarcar uma nova competência: supervisionar pessoalmente a realização do plano de ação formulado pela Administração Pública.

Diferentemente da crítica analisada no tópico anterior, a objeção da incapacidade judicial, em suas duas dimensões, é mais sólida e persuasiva. Afinal, se os processos estruturais devem funcionar como um avanço para os processos coletivos tradicionais, permitindo a adequada solução de litígios complexos e a transformação de um estado de coisas violador de direitos, não faz sentido utilizá-los se o Judiciário não tiver a capacidade técnica para tanto. Provavelmente, o resultado seria um estado de coisas pior ou idêntico ao inicial, só que com mais gastos, em razão da ação estrutural ajuizada. Seria o Compromisso Significativo capaz de dar uma resposta satisfatória às duas dimensões supracitadas? Acredita-se que sim.

Quanto à primeira dimensão, segundo a qual o Judiciário não é competente para formular as políticas públicas necessárias ao caso, a Corte Constitucional sul-africana apoia várias de suas decisões relacionadas a direitos socioeconômicos sobre essa mesma premissa, tentando contornar a objeção da separação de poderes e da incapacidade institucional.[421] Tanto na chamada primeira onda de litígios socioeconômicos quanto na segunda onda, a Corte sempre evitou proferir decisões invasivas, que determinassem unilateralmente as políticas que deveriam ser executadas pela Administração Pública, chegando ao ponto de, no julgamento do caso *Grootboom*, afastar a ideia de que os DESCs asseguram um mínimo existencial.[422] Esses precedentes influenciaram a criação do Compromisso Significativo, remédio estrutural característico da procedimentalização dos processos estruturais na Corte.

Dessa forma, o Compromisso Significativo não implica uma construção, por parte do Judiciário, das políticas públicas que serão executadas no caso concreto. Antes, cabe à Corte a função de determinar quais as obrigações e os direitos das partes envolvidas, além de estabelecer metas e parâmetros normativos que orientem as negociações e, no máximo, aplicar as chamadas medidas profiláticas[423] que assegurem, de forma emergencial, os direitos básicos do grupo afetado.

---

[421] NGANG, Carol C. Judicial enforcement of socio-economic rights in South Africa and the separation of powers objection: The obligation to take 'other measures'. *African Human Rights Law Journal*, v. 14, n. 2, p. 655-680, 2014. p. 664-665.

[422] MBAZIRA, Christopher. Grootboom: A paradigm of individual remedies versus reasonable programmes. *Southern African Public Law*, v, 26, n. 1, p. 60-80, 2011. p. 61.

[423] DORF, Michael C.; SABEL, Charles F. A constitution of democratic experimentalism. *Columbia Law Review*, p. 267-473, 1998. p. 453.

Como ressaltou o juiz Sandile Ngcobo,[424] no julgamento do caso *Joe Slovo*, a competência de formular as políticas públicas permanece com a Administração Pública, que deve atuar em parceria com o segmento social afetado. Por essa razão, acredita-se que o Compromisso Significativo, bem como os remédios estruturais participativos a ele semelhantes, possui grande potencial para superar a primeira dimensão do problema da incapacidade técnica do Judiciário.[425]

Quanto à crítica de que o Judiciário não teria condições de fiscalizar o diálogo entre o Poder Público e o grupo afetado, e a subsequente implementação do plano de ação desenvolvido, a experiência sul-africana também fornece importantes contribuições.

Como a Corte decidiu em *Olivia Road*, as partes devem registrar como o Compromisso foi realizado, criando-se um arquivo público sobre o tema, a fim de facilitar o trabalho da Corte, caso precise verificar se alguma irregularidade foi cometida, bem como para contribuir com a realização de futuros Compromissos.[426] Com o registro das negociações, pelo menos em suas partes mais importantes, os juízes não precisariam acompanhar presencialmente o diálogo entre o Poder Público afetado, mas, havendo irregularidades, poderiam verificar como as reuniões transcorreram e os argumentos utilizados pelos envolvidos para sustentar determinado posicionamento.

Complementando esse ponto, a Corte, ao manter a jurisdição sobre o caso, determinou que o plano de ação a ser implementado deveria ser homologado judicialmente, contribuindo para a supervisão judicial quanto ao resultado do engajamento entre as partes.[427] Em *Joe Slovo*, determinou que as partes reportassem o andamento e os resultados das negociações, o que contribuiu para o engajamento do governo de *Cape Town* e para a revisão da decisão de remover os moradores de suas residências.[428]

---

[424] ÁFRICA DO SUL. Corte Constitucional. *Residents of Joe Slovo Community, Western Cape vs. Thebelisha Homes and Others (CCT 22/08)*. Joanesburgo, 2009. p. 135. Disponível em: http://www.saflii.org/za/cases/ZAGPHC/2008/255.pdf. Acesso em: 23 mar. 2020.

[425] BRAND, Jacobus Frederick Danie. *Courts, socio-economic rights and transformative politics*. 2009. 312f. Tese (Doutorado) – Curso de Direito, Stellenbosch University, Stellenbosch, 2009. p. 137.

[426] RAY, Brian. *Engaging with Social Rights:* Procedure, Participation, and Democracy in South Africa's Second Wave. Cambridge: Cambridge University Press, 2016. p. 116-117.

[427] SWANEPOEL, Philip. *The potential of structural interdicts to constitute effective relief in socio-economic rights cases*. 2017. 220f. Dissertação (Mestrado) – Curso de Direito, Stellenbosch University, Stellenbosch, 2017. p. 163.

[428] RAY, Brian. *Engaging with Social Rights:* Procedure, Participation, and Democracy in South Africa's Second Wave. Cambridge: Cambridge University Press, 2016. p. 121.

Ademais, essas primeiras alternativas podem ser acrescidas de outras boas ideias. A própria Corte, no julgamento do caso *Port Elizabeth*, entendeu que seria possível nomear mediadores que conduzissem as deliberações entre a Administração Pública e os representantes do grupo afetado, o que otimizaria os trabalhos e desincumbiria o juiz de presidir esses encontros presencialmente. A depender do caso, é possível transferir a supervisão para uma instância judicial inferior e mais próxima às circunstâncias do caso, como a Corte fez no caso *Pheko*,[429] facilitando o acompanhamento das negociações e da implementação do plano de ação.

Aqui, vale ressaltar, como feito no tópico 3.1, que este trabalho não defende que o STF seja a instância mais adequada para a solução de litígios estruturais. Tendo em vista as diversas atribuições que possui e o número de casos com que precisa lidar, o processo estrutural no Tribunal deve seguir a regra da excepcionalidade. Ainda assim, caso uma ação estrutural seja aceita pelo STF ou por outro tribunal superior, medidas semelhantes às de *Pheko* podem contribuir para um acompanhamento mais próximo ao caso concreto. Por outro lado, se já é uma ação de caráter local, tramitando em primeira instância, o acompanhamento do caso pelo juiz se torna mais fácil do que a fiscalização a ser realizada por uma instituição mais distante, como o Supremo.

Além dessas alternativas, pode-se aprender com soluções encontradas em outros países que enfrentam as mesmas críticas aos processos estruturais. É possível apontar um servidor público especializado no tema para supervisionar a efetivação do remédio estrutural, à semelhança dos *special masters* nos Estados Unidos, que são designados para acompanhar as mudanças institucionais designadas em uma decisão estrutural.[430] A figura do *special master* parece muito apropriada à supervisão de um remédio estrutural, já que:

> Os *masters* são geralmente nomeados em assuntos que são complexos ou técnicos e envolvem conhecimentos ou habilidades que o juiz normalmente não possuiria ou que envolvem uma grande quantidade de trabalho demorado. O especialista é considerado como tendo um

---

[429] ÁFRICA DO SUL. Corte Constitucional. *Pheko and Others vs. Ekurhuleni Metropolitan Municipality (No 2) (CCT19/11)*. Joanesburgo, 2015. Disponível em: http://www.saflii.org/za/cases/ZACC/2015/10.pdfhttp://www.saflii.org/za/cases/ZAGPHC/2008/255.pdf. Acesso em: 23 nov. 2020.

[430] ERASMUS, Deon; HORNIGOLD, Angus. Court supervised institutional transformation in South Africa. *Potchefstroom Electronic Law Journal/Potchefstroomse Elektroniese Regsblad*, v. 18, n. 7, p. 2457-2501, 2015. p. 2461-2462.

papel quase judicial e como um continuador do trabalho judicial. Esta função tem sido descrita como um "braço do tribunal".[431]

O recurso ao *special master* permite que o juiz seja amparado por um profissional com grande *expertise* na área objeto do litígio e que, assim, possa auxiliá-lo com informações técnicas sobre o desenrolar da execução estrutural, evitando a maquiagem do cumprimento de metas pelo compromissário que esteja de má-fé e até mesmo relatando dificuldades legítimas do cumprimento das metas estabelecidas.[432] Em estudo sobre o caso *Wuori vs. Zitnay*, Leviane[433] defende a importância dos *special masters* nas reformas estruturais no sistema prisional americano, argumentando que o auxílio dos referidos especialistas foi fundamental para que a intervenção judicial obtivesse bons resultados.

Outra possibilidade, utilizada na Índia em casos de litígios estruturais, é a nomeação de um comitê de peritos para supervisionar a implementação do plano de ação, os quais devem reportar à Corte os avanços na solução de problemas estruturais e podem, inclusive, sugerir medidas a serem implementadas.[434] Analisando a técnica adotada pelos tribunais indianos, Bhagwati e Dias[435] explicam que os comitês podem ser formados por oficiais do Judiciário, membros do Executivo, jornalistas, professores, pesquisadores e especialistas técnicos e independentes, que atuarão de forma imparcial com o fito de avaliar os avanços ou retrocessos do caso.

Soluções criativas para o problema também têm sido implementadas no Brasil. Arenhart,[436] analisando o caso da ACP do Carvão, menciona o Grupo de Assessoramento Técnico do Juízo (GTA), formado

---

[431] "Masters are usually appointed in matters that are complex or technical and involve knowledge or skills which the judge would normally not possess or that would involve a large amount of time-consuming work. The master is considered to have a quasi-judicial role and to be carrying out the work of the judiciary. This role has been described as an 'arm of the court'". ERASMUS, Deon; HORNIGOLD, Angus. Court supervised institutional transformation in South Africa. *Potchefstroom Electronic Law Journal/Potchefstroomse Elektroniese Regsblad*, v. 18, n. 7, p. 2457-2501, 2015. p. 2462.

[432] VITORELLI, Edilson. *Processo civil estrutural*: teoria e prática. Salvador: Juspodivm, 2020. p. 203.

[433] LEVINE, Murray. The role of special master in institutional reform litigation: A case study. *Law & Policy*, v. 8, n. 3, p. 275-321, 1986. p. 311.

[434] CASSELS, Jamie. Judicial Activism and Public Interest Litigation in India: Attempting the Impossible?. *The American Journal of Comparative Law*, v. 37, n. 3, p. 495-519, 1989. p. 500.

[435] BHAGWATI, P. N.; DIAS, C. J. The judiciary in India: a hunger and thirst for justice. *NUJS Law Review*, v. 5, p. 171-188, 2012. p. 180.

[436] ARENHART, Sérgio Cruz. Processos estruturais no direito brasileiro: reflexões a partir do caso da ACP do carvão. *Revista de Processo Comparado*, São Paulo, v. 2, 2015, edição eletrônica.

por representantes técnicos de todas as partes e por terceiros independentes, ligados à questão ambiental. O Grupo tem como tarefa monitorar e elaborar relatórios avaliando as consequências das soluções adotadas. Em casos de grande complexidade, como é típico dos processos estruturais, Cabral e Zaneti Jr.,[437] baseados na experiência norte-americana, propõem a utilização de "entidades de infraestrutura específica", que contribuam com a efetividade do plano de ação e supervisionem a implementação de políticas públicas. Segundo os autores, um exemplo brasileiro desse tipo de entidade seria a Fundação Renova, organização sem fins lucrativos criada especialmente para promover a reparação do dano ambiental ocorrido no caso Mariana.

Antes de encerrar este tópico, é necessário responder a uma pergunta que pode estar sendo feita por alguns leitores. Se os processos estruturais são tão complexos e exigem tantas soluções inovadoras, realmente compensa recorrer a um instrumento processual tão difícil? Como resposta, cabe reiterar uma importante observação de Vitorelli:

> A afirmação de que o resultado do processo coletivo é insatisfatório não deveria ser feita sem que se apontasse qual instrumento poderia ter gerado o efeito esperado. Na maioria dos casos, a alternativa ao processo é a manutenção do *status quo*, porque nenhuma outra ferramenta de mudança social apresenta-se com potencial concreto para fazer a alteração que se pretende.[438]

Os remédios dialógicos não são uma panaceia, uma solução milagrosa para os problemas estruturais existentes. Um estado de coisas violador de direitos fundamentais não foi estabelecido do dia para à noite e, da mesma forma, a sua solução também não será construída de forma miraculosa e abrupta.[439] É um processo gradual, que exige contínuas reavaliações e reajustes.[440]

As ideias apresentadas neste subtópico, acerca de como o Compromisso fornece importantes contribuições para amenizar a crítica da

---

[437] CABRAL, Antonio do Passo; ZANETI JR.; Hermes. Entidades de infraestrutura específica para a resolução de conflitos coletivos: as *claims resolutions facilities* e sua aplicabilidade no Brasil. *Revista de Processo*, v. 287, ano 44, p. 445-483, 2019. p. 453.

[438] VITORELLI, Edilson. *Processo civil estrutural*: teoria e prática. Salvador: Juspodivm, 2020. p. 107.

[439] BUDLENDER, Geoff. The role of the courts in achieving the transformative potential of socio-economic rights: panel discussion. *ESR Review: Economic and Social Rights in South Africa*, v. 8, n. 1, p. 9-11, 2007. p. 11.

[440] GALDINO, Matheus Souza. *Processos estruturais*: identificação, funcionamento e finalidade. Salvador: Juspodivm, 2020. p. 198.

incapacidade judicial e o risco de inefetividade, não significam que todas as dificuldades serão superadas com a utilização de remédios dialógicos. Antes, é uma lembrança de que não é possível se acomodar diante das dificuldades surgidas nos processos estruturais. Não basta simplesmente criticá-los; é necessário mostrar qual seria a alternativa mais adequada para efetivamente superar o problema estrutural em questão. Portanto, as contribuições do Compromisso aqui apontadas são boas alternativas para a crítica da incompetência, mas devem ser acrescidas e aprimoradas com outras medidas que se mostrem adequadas para mitigar o problema da incapacidade técnica.

Em síntese, o mais importante é que o argumento da incapacidade técnica não seja uma justificativa para não recorrer ao processo estrutural e deixar um grupo social em estado de vulnerabilidade. Como alerta Budlender,[441] as dificuldades práticas não devem ser uma desculpa para que o Judiciário permita que os direitos socioeconômicos percam a sua normatividade. Na verdade, devem funcionar como um estímulo ao desenvolvimento de soluções inovadoras e criativas, bem como ao aprendizado com a experiência de países que conseguiram lidar satisfatoriamente com as mesmas dificuldades.

4.2.3 A importância do diálogo institucional para a colaboração da Administração Pública

Por fim, há a terceira crítica: o risco de um efeito *backlash*, compreendido como uma resposta negativa e violenta à conduta de autoridades públicas,[442] que pode advir tanto da sociedade quanto de instituições públicas. Aqui, o foco pertence ao possível efeito *backlash* do Legislativo e, principalmente, do Executivo, o que costuma ocorrer em face de decisões judiciais consideradas excessivamente ativistas, isto é, que desrespeitam os interesses dos poderes políticos.[443] Para minar os efeitos da decisão, o Legislativo pode promulgar uma lei ou emenda à Constituição que consolide a vontade legislativa em detrimento do

---

[441] BUDLENDER, Geoff. The role of the courts in achieving the transformative potential of socio-economic rights: panel discussion. *ESR Review: Economic and Social Rights in South Africa*, v. 8, n. 1, p. 9-11, 2007. p. 10-11.

[442] CHUEIRI, Vera Karam de; MACEDO, José Arthur Castillo de. Teorias constitucionais progressistas, *backlash* e vaquejada. *Sequência*, n. 80, p. 123-150, 2018. p. 126.

[443] SILVA, Otávio Santiago Gomes da. *Judicialização da política e backlash legislativo no Brasil*: uma análise do reconhecimento judicial da união homoafetiva (2011-2018). 2018. 125f. Dissertação (Mestrado) – Curso de Ciência Política, Universidade Federal de Pelotas, Pelotas, 2018. p. 45-46.

entendimento judicial, como ocorreu no caso da vaquejada. Por outro lado, o Executivo pode se negar a cumprir de forma plena uma decisão judicial, retardando ou dificultando que a decisão produza os efeitos pretendidos, como foi feito em *Mamba*.

O risco de um efeito *backlash* é uma ameaça real à efetividade do processo estrutural, sendo fundamental buscar alternativas que mitiguem essa possibilidade. Sem dúvidas, o comprometimento da Administração Pública é essencial para a solução do problema estrutural.[444] Se o Poder Público não demonstra vontade política em resolver o litígio, o Judiciário não conseguirá alterar o estado de coisas violador, por mais que estabeleça ordens detalhadas, equivalentes a políticas públicas. Mas como o Compromisso pode contribuir para solucionar o impasse?

A principal contribuição está na busca por soluções construídas de forma dialógica, que não resultam de uma imposição unilateral do Judiciário. Segundo Mark Tushnet,[445] os modelos dialógicos de *judicial review*, que mitigam a ideia de que a última palavra sempre pertence ao Judiciário e buscam a construção de um diálogo institucional, favorecem o comprometimento das instâncias políticas com a decisão judicial e, por conseguinte, diminuem as chances de um efeito *backlash*. Isso porque, como alerta Sarlet,[446] quanto maior a ingerência do Judiciário no âmbito de atuação dos demais órgãos estatais, maiores as chances de ineficiência da decisão e insatisfação do Poder Público.

As tentativas de impor decisões minuciosas, com o detalhamento das políticas que devem ser feitas pela Administração, podem favorecer uma má vontade política em resolver o problema enfrentado. Afinal, os gestores públicos verão decisões de caráter técnico e com ampla repercussão orçamentária, que tipicamente fazem parte de suas competências, serem tomadas por magistrados que, geralmente, não estão preparados para lidar com essas questões, visto que não conhecem as prioridades da Administração Pública e que, muitas vezes, não visualizam como a política de uma área pode impactar nos recursos e nas prioridades estabelecidas para outras. Diversamente, uma intervenção judicial dialógica possibilita que os gestores públicos ganhem mais crédito

---

[444] GLOPPEN, Siri. *Social Rights Litigation as Transformation*: South African Perspectives. Chr. Michelsen Institute, CMI Working Paper WP 2005: 3. p. 3-4.

[445] TUSHNET, Mark. A response to David Landau. *In*: ARENHART, Sérgio Cruz; JOBIM, Marco Félix (Org.). *Processos estruturais*. Salvador: Juspodivm, 2017. p. 53-62. p. 59-61.

[446] SARLET, Ingo Wolfgang. Direito fundamentais sociais e mínimo existencial – notas sobre um possível papel das assim chamadas decisões estruturais na perspectiva da jurisdição constitucional. *In*: ARENHART, Sérgio Cruz; JOBIM, Marco Félix (Org.). *Processos estruturais*. Salvador: Juspodivm, 2017. p. 203-232. p. 227-228.

pela solução implementada, considerando que possuem uma maior margem de discricionariedade para sua atuação, o que contribui para o seu engajamento com a implementação da decisão.[447]

Além de contribuir para a solução do litígio estrutural especificamente enfrentado, o processo estrutural dialógico pode colaborar com a melhoria na atuação geral da instituição pública envolvida no caso. Como explicam Cummings e Rhode,[448] demandas estruturais podem aumentar a visibilidade de uma causa social que está subjacente a um litígio estrutural específico, mas é mais ampla e precisa ser enfrentada pela sociedade. Um processo estrutural dialógico pode, por um lado, oportunizar a participação de grupos que estão excluídos dos espaços públicos deliberativos tradicionais e, por outro, pode colocar em movimento outras forças sociais que estavam alheias ao problema. O comprometimento e a boa vontade da Administração são fundamentais para que essas demandas sociais sejam satisfatoriamente solucionadas, o que pode não ocorrer com medidas judiciais unilaterais e rígidas. Assim, decisões dialógicas são passíveis de contribuir para uma maior abertura da Administração Pública aos novos influxos sociais, permitindo que a atuação da instituição seja aprimorada para casos futuros, possibilitando, inclusive, que sejam resolvidos fora do Judiciário.

Por essas razões, a Corte Constitucional sul-africana, ao aplicar o Compromisso Significativo no caso *Olivia Road*, não pretendeu estabelecer a solução para o litígio estrutural em uma única decisão. Consciente de sua limitação técnica e da importância de obter o apoio da Administração Pública, desenvolveu um remédio participativo, que preserva a competência dos gestores públicos para pensar e desenvolver o plano de ação para a superação do problema estrutural. Contudo, essa atribuição deve ser exercida ouvindo a coletividade afetada e as instituições que atuam em sua defesa, como também justificando para o grupo as escolhas feitas pela Administração.

Ainda que o diálogo institucional deva ser um referencial importante para os processos estruturais, não se deve confundi-lo com a simples deferência judicial, capaz de esvaziar o conteúdo normativo dos DESCs e deixar o grupo afetado totalmente desprotegido. Se intervenções

---

[447] SARLET, Ingo Wolfgang. Direito fundamentais sociais e mínimo existencial – notas sobre um possível papel das assim chamadas decisões estruturais na perspectiva da jurisdição constitucional. *In*: ARENHART, Sérgio Cruz; JOBIM, Marco Félix (Org.). *Processos estruturais*. Salvador: Juspodivm, 2017. p. 203-232. p. 230.

[448] CUMMINGS, Scott L.; RHODE, Deborah L. Public Interest Litigation: Insights from Theory and Practice. *Fordham Urban Law Journal*, v. 36, p. 603-652, 2009.

muito rígidas e unilaterais favorecem o não comprometimento da Administração Pública, a excessiva deferência pode conseguir o mesmo resultado. Importante lembrar que foi exatamente isso o que ocorreu no caso *Mamba*, quando a Corte, ao proferir uma ordem muito vaga, sem determinar os direitos e obrigações das partes, nem estabelecer metas a serem alcançadas pelo Compromisso ou reter a jurisdição para supervisionar o andamento do caso, aumentou a vulnerabilidade do segmento social afetado, o qual ficou à disposição da discricionariedade do governo de *Gauteng*.[449]

Dessa forma, o aprendizado com a experiência estrangeira não ocorre apenas nos casos de sucesso, mas especialmente nos casos de fracasso. Por isso, é importante frisar novamente alguns pontos ressaltados no capítulo 3. O Judiciário, ao atuar em um processo estrutural, deve buscar o diálogo e a colaboração da Administração Pública, mas deve: estabelecer critérios normativos que orientam a construção do plano de ação para a superação do problema estrutural; fixar medidas emergenciais de proteção ao grupo que foi vítima do litígio estrutural, mitigando sua condição de vulnerabilidade e preservando o seu mínimo existencial; e reter a jurisdição sobre o caso, estabelecendo formas de supervisionar não só a construção do plano de ação, mas a sua implementação.

4.3 A importância da democratização dos processos estruturais

Ao estudar o caso *Olivia Road*, restou claro que o Compromisso Significativo possui duas características principais: a promoção do diálogo institucional e a inclusão do grupo social afetado na resolução do litígio estrutural. No tópico anterior, ao analisar as contribuições do Compromisso para mitigar as críticas feitas aos processos estruturais, viram-se, principalmente, as contribuições do diálogo institucional. Agora, no último tópico do trabalho, estudam-se as contribuições da segunda característica do Compromisso: a participação pública na construção da solução do litígio. Assim, serão analisadas as razões intrínsecas e extrínsecas para justificar a importância da democratização dos processos estruturais.

---

[449] BERG, Shanelle van Der. Meaningful engagement: Proceduralising socio-economic rights further or infusing administrative law with substance?. *South African Journal on Human Rights*, [s.l.], v. 29, n. 2, p. 376-398, jan. 2013. p. 384-385.

4.3.1 O valor intrínseco: a ampliação do espaço público deliberativo

A ideia de um espaço público deliberativo consolida-se na Idade Moderna, especialmente após as revoluções burguesas do século XVIII, já que na Idade Média não havia uma clara diferenciação entre o público e o privado.[450] Habermas[451] explica que a esfera pública burguesa pode ser compreendida como a reunião pública de pessoas privadas, a fim de discutir as questões de interesse público que geravam repercussões no intercâmbio de mercadorias. O espaço público era visto, assim, como o fórum em que as pessoas privadas obrigavam o Estado a se legitimar diante da opinião pública, tentando interferir na formação da vontade estatal e nas decisões sobre políticas públicas.[452]

Contudo, o espaço público burguês criou uma contradição prática. Teoricamente, a expressão "espaço público" teria dois sentidos: ambiente no qual são tratados interesses universais, comum a todos; e fórum de ampla acessibilidade, aberto para os interessados em acompanhar e participar das discussões públicas.[453] Como ressalta Guedes, no entanto, a esfera pública era integrada por atores majoritariamente masculinos e de elite, tornando-se um "Espaço de representação dos proprietários, universalizava unicamente os interesses particulares desses".[454] Por isso, a construção do espaço público burguês favoreceu a exclusão de determinados grupos que não integravam os interesses sociais hegemônicos.

Ao mesmo tempo, a colonização da esfera pública por interesses de grupos dominantes contribuiu para o fenômeno da encriptação do poder popular pela Constituição. O processo de encriptação pode ser definido como a gradual desarticulação política da democracia, com a redução de todos os conflitos sociais às formas jurídicas, que podem ser manipuladas linguisticamente.[455] Como consequência, o povo perde a

---

[450] GRAU, Nuria Cunil. *Repensando lo público a través de la sociedad*: nuevas formas de gestión pública y representación social. Caracas: CLAD y Nueva Sociedad, 1997. p. 21-22.

[451] HABERMAS, Jürgen. *Mudança estrutural na esfera pública*. Rio de Janeiro: Tempo Brasileiro, 2003. p. 42

[452] HABERMAS, Jürgen. *Mudança estrutural na esfera pública*. Rio de Janeiro: Tempo Brasileiro, 2003. p. 40.

[453] SILVA, Filipe Carreira da. *Espaço público em Habermas*. Lisboa: Imprensa de Ciências Sociais, 2002. p. 13.

[454] GUEDES, Éllida Neiva. Espaço público contemporâneo: pluralidade de vozes e interesses. *Biblioteca Online de Ciências da Comunicação*, p. 1-16, 2010.

[455] CLARK, Giovani Clark; LIMA, Bruno Fernandes Magalhães Pinheiro. Políticas urbanas: a encriptação do direito e a desencriptação pela aplicação da ideologia constitucional adotada. *Revista de Direito, Economia e Desenvolvimento Sustentável*, v. 2, n. 2, p. 1-16, 2017. p. 8.

sua capacidade de discutir, politicamente, como os conflitos que vivencia devem ser solucionados.[456]

A consequência direta desse fenômeno é o esvaziamento da participação popular no processo de tomada de decisões públicas, as quais são cada vez mais realizadas em ambientes restritos, de pouca transparência e de difícil acesso ao cidadão comum.[457] O debate político seria controlado pelos atores hegemônicos, enquanto o povo oculto, real detentor da soberania e que deveria ser o fundamento de legitimidade das instituições democráticas, é excluído do diálogo político.[458] Diante desse cenário, Hincapié e Restrepo[459] mostram que a encriptação do poder cria um simulacro da democracia, ou seja, um sistema político falsamente democrático, que reconhece direitos fundamentais, mas, simultaneamente, nega-os de forma parcial ou total, em razão da instrumentalidade do Direito pelo poder constituído.

A solução para o problema é o processo de desencriptação, isto é, reverter a exclusão da população, incluindo-a no exercício do poder político.[460] Apesar de não ser uma tarefa fácil, a desencriptação é possível por meio da reinserção dos cidadãos nas esferas públicas deliberativas, possibilitando que o indivíduo assuma uma postura decisiva na gestão pública.[461] Consequentemente, a vivência da experiência democrática amplia a capacidade das pessoas de transcenderem o seu contexto, afetando a visão que possuem de si mesmas, das suas necessidades e das suas possibilidades.[462]

Durante muito tempo, a concepção de esfera pública contribuiu com a exclusão de determinados grupos, por ser vista como um

---

[456] MCDONALD, Angus. Crypt, Mausoleaum, Cenotaph; Supulchre: metaphors of encryption. *Revista da Faculdade Mineira de Direito*, v. 23, n. 45, p. 49-60, 2020. p. 59.

[457] RESTREPO, Ricardo Sanín. *Teoría crítica constitucional*: la democracia a la enésima potencia. Valencia: Tirant lo Blanch, 2014. p. 207.

[458] RESTREPO, Ricardo Sanín. Cinco tesis desde el pueblo oculto. *Oxímora Revista Internacional de Ética y Política*, n. 1, p. 10-39, 2012. p. 37.

[459] HINCAPIÉ, Gabriel Méndez; RESTREPO, Ricardo Sanín. La constitución encriptada: nuevas formas de emancipación del poder global. *Revista de Derechos Humanos y Estudios Sociales*, v. 4, n. 8, p. 97-120, 2012. p. 112-113.

[460] RESTREPO, Ricardo Sanín. *Teoría crítica constitucional*: la democracia a la enésima potencia. Valencia: Tirant lo Blanch, 2014. p. 207-208.

[461] SERAFIM, Matheus Casimiro Gomes; ALBUQUERQUE, Felipe Braga. A desencriptação do poder pelos processos estruturais: uma análise da experiência sul-africana. *Revista da Faculdade Mineira de Direito*, v. 23, n. 46, p. 299-323, 2020. p. 314-315.

[462] KLARE, Karl E. Critical perspectives on social and economic rights, democracy and separation of powers. *In*: GARCÍA, Helena Alviar; KLARE, Karl; WILLIAMS, Lucy A. (Ed.). *Social and Economic Rights in Theory and Practice*: Critical Inquiries. Nova York: Routledge Research in Human Rights Law, 2014. p. 3-22. p. 15.

ambiente deliberativo unitário. Contudo, Habermas,[463] no final do último século, passa a enfatizar uma concepção de espaço público pluralista, contribuindo para a reflexão e o estudo das esferas públicas periféricas ou parciais. Tratando do tema, Guedes explica:

> A esfera pública deixa de ser vista como um elemento unitário e indivisível da sociedade ou como uma caixa de ressonância passiva da cultura dominante. Ao invés disso, uma diversidade de fóruns de discussão convive com uma esfera pública geral, ainda dominada pelos interesses dos meios de comunicação de massa e do capital.[464]

Nessa perspectiva, há diversos ambientes públicos deliberativos parciais, capazes de contribuir para a discussão de questões e interesses sub-representados nos fóruns deliberativos tradicionais, como o parlamento. Ainda que o Legislativo seja o detentor da competência para promulgar as leis, as esferas parciais podem colaborar com a proteção de grupos de pouca representação política, chamando a atenção da sociedade e dos poderes políticos para graves problemas enfrentados por esses segmentos sociais.

Aqui se verifica a primeira contribuição que a democratização dos processos estruturais, fomentada pelo Compromisso Significativo e por remédios participativos similares, pode oferecer. Ao tratar do tema, Liebenberg[465] afirma que a participação dos grupos sociais afetados na formulação de políticas públicas tem um valor intrínseco, pois permite que grupos historicamente marginalizados e economicamente excluídos possam ter expressão política e, efetivamente, participem do processo de tomada de decisões públicas. Para aprofundar a democracia participativa, é preciso que os cidadãos possam atuar nas instituições públicas de seu país, influenciando a formulação das políticas que afetam diretamente a sua comunidade, e isso inclui a instância judicial.[466] Como ressaltam Souza Neto e Sarmento, "O cidadão e os movimentos sociais devem ter sempre a possibilidade de lutar, nos mais diversos espaços – no Judiciário e fora dele –, pela sua leitura da Constituição,

---

[463] HABERMAS, Jürgen. *Direito e democracia*: entre facticidade e validade (v. II). Rio de Janeiro: Tempo Brasileiro, 1997.

[464] GUEDES, Éllida Neiva. Espaço público contemporâneo: pluralidade de vozes e interesses. *Biblioteca Online de Ciências da Comunicação*, p. 1-16, 2010. p. 5.

[465] LIEBENBERG, Sanda. Participatory Justice in Social Rights Adjudication. *Human Rights Law Review*, [s.l.], v. 18, n. 4, p.623-649, 21 nov. 2018. p. 626.

[466] HELLER, Patrick. Democratic deepening in India and South Africa. *Journal of Asian and African Studies*, v. 44, n. 1, p. 123-149, 2009. p. 130-131.

buscando aproximar as práticas constitucionais do seu ideário político e de suas utopias".[467]

Em um modelo de democracia deliberativa e participativa, as Cortes tanto protegem os direitos fundamentais constitucionalmente assegurados, quanto tentam preservar as condições para uma justa participação nos processos de tomada de decisão em que os referidos direitos são concretizados, como na formulação de políticas públicas.[468] Nesse mesmo sentido, Liebenberg parece concordar com a ideia de que o Judiciário pode funcionar como um espaço público deliberativo parcial, protegendo a dignidade dos grupos afetados e possibilitando a sua participação:

> Na melhor das hipóteses, os tribunais podem se tornar um local institucionalizado para ouvir vozes marginalizadas e dar atenção deliberativa às suas reivindicações de direitos humanos. Através do caráter público e institucional do processo, essas vozes podem ser amplificadas e canalizadas para as estruturas formais de tomada de decisões políticas e formulação de políticas.[469]

A jurisprudência sobre o Compromisso Significativo deixa clara a sua estreita ligação com a democracia participativa. A Constituição sul-africana de 1996 busca promovê-la, incentivando o engajamento dos cidadãos nas deliberações públicas que possam afetar as suas vidas.[470] Há a compreensão de que o direito de ser ouvido no processo de decisão pública é particularmente importante para os membros de

---

[467] SOUZA NETO, Cláudio Cruz; SARMENTO, Daniel. Notas sobre jurisdição constitucional e democracia: a questão da "última palavra" e alguns parâmetros de autocontenção judicial. *Quaestio Iuris*, v. 6, n. 2, p. 119-161, 2013. p. 160.

[468] GARGARELLA, Roberto. Deliberative democracy, dialogic justice and the promise of social and economic rights. *In*: GARCÍA, Helena Alviar; KLARE, Karl; WILLIAMS, Lucy A. (Ed.). *Social and Economic Rights in Theory and Practice*: Critical Inquiries. Nova York: Routledge Research in Human Rights Law, 2014. p. 105-120. p. 106-108.

[469] "At their best, courts can become an institutionalised site for hearing marginalised voices and according deliberative attention to their human rights claims. Through the public, institutional character of litigation, these voices can be amplified and channelled into the formal structures of political decision making and policy formulation". LIEBENBERG, Sandra. Engaging the paradoxes of the universal and particular in human rights adjudication: The possibilities and pitfalls of 'meaningful engagement'. *African Human Rights Law Journal*, Pretoria, v. 12, n. 1, p. 1-29, 2012. p. 11.

[470] AUGUS, Vanessa Mary. *The mechanism of meaningful engagement in socio-economic rights cases as an enabler for the realisation of transformation and capacity building of the poor*. 2018. 84f. Dissertação (Mestrado) – Curso de Direito, Universidade de Pretoria, Pretoria, 2018. p. 19-20.

grupos que são vítimas de marginalização social, econômica e política.[471] Como o juiz Zakeria Yacoob ressaltou no julgamento do caso *Olivia Road*, os grupos vulneráveis prejudicados por um problema estrutural não podem ser tratados como uma coletividade sem poder algum, pelo contrário, devem ser encorajados a participar proativamente da solução do litígio estrutural.[472]

Nessa perspectiva, o Compromisso é visto como um instrumento fundamental para o fortalecimento da democracia participativa. Afinal, a sua utilização exige que a Administração Pública e a comunidade escutem-se mutuamente com o intuito de alcançar pontos em comum. As comunidades envolvidas devem ser consideradas como partes integrantes do processo de construção das políticas que serão adotadas, estando o Poder Público obrigado a executar o que pactuar com esses grupos. Acredita-se que remédios participativos semelhantes ao Compromisso podem encorajar um ambiente no qual as pessoas são tratadas com respeito e dignidade,[473] tendo sua visão levada em consideração na construção do plano de ação.

Portanto, em primeiro lugar, a participação pública em processos estruturais possui um valor intrínseco, visto que permite a reinserção de grupos minoritários e vulneráveis, insuficientemente protegidos pelo Estado, na esfera pública deliberativa. Em uma sociedade plural, com uma diversidade de esferas públicas parciais, o Judiciário pode oportunizar a manifestação e a influência dos grupos sociais afetados por um grave litígio estrutural, geralmente desprovidos de força política para solucioná-lo por outras vias, que poderão influir na construção do plano de ação a ser utilizado na transformação do estado de coisas violador de direitos fundamentais.

---

[471] LIEBENBERG, Sandra. Participatory Justice in Social Rights Adjudication. *Human Rights Law Review*, [s.l.], v. 18, n. 4, p. 623-649, 21 nov. 2018. p. 624-625.

[472] ÁFRICA DO SUL. Corte Constitucional. *Occupiers of 51 Olivia Road, Berea Township, and 197 Main Street vs. City of Johannesburg*. Joanesburgo, 2008. p. 13-14. Disponível em: http://www.saflii.org/za/cases/ZACC/2008/1.pdf. Acesso em: 09 mar. 2020.

[473] MAKABA, Ipeleng Josephinah. *Citizen participation and meaningful engagement as effective tools for good governance in policy-making and realisation of economic, social and cultural rights*. 2018. 67f. Dissertação (Mestrado) – Curso de Direito, University of Pretoria, Pretoria, 2018. p. 65.

4.3.2 Valores extrínsecos: vantagens práticas para a democratização dos processos estruturais

Não é incomum o pensamento de que a participação em processos judiciais, ainda que possua um valor intrínseco, pode comprometer a sua efetividade e os valores práticos que pretende realizar. Owen Fiss, um dos maiores defensores das *structural injunctions* nos Estados Unidos, chega a afirmar que, para alcançar algum grau de eficácia na utilização de medidas estruturais, "Pode ser necessário renunciar ao direito de participação e deixar vários indivíduos sem outra garantia além de que seus interesses serão adequadamente representados".[474]

No entanto, como ressalta Sturm,[475] além do valor intrínseco, há também razões práticas que justificam a participação e que são tão relevantes quanto à razão intrínseca. Aqui, são analisadas as três principais vantagens: o ganho epistêmico, o efeito desestabilizador e a promoção da transparência pública.

4.3.2.1 O ganho epistêmico e o papel do Judiciário no enfrentamento de pontos cegos

Em um primeiro momento, pode-se pensar que ampliar a participação na construção do plano de ação para solucionar um problema estrutural dificultará a sua elaboração ou contribuirá com a sua ineficiência. O ganho epistêmico, aqui defendido, mostra exatamente o oposto.[476]

Com a participação dos grupos afetados, os gestores públicos podem analisar melhor o problema enfrentado, confrontando suas ideias com as opiniões e as necessidades daquelas pessoas diretamente afetadas pela atuação estatal, sendo possível alcançar uma solução mais

---

[474] "It may be necessary to forgo the right of participation and to leave various individuals with no other assurance than that their interests will be adequately represented". FISS, Owen. The allure of individualism. *Iowa Law Review*, v. 78, p. 965-979, 1993. p. 979.

[475] STURM, Susan. The Promise of Participation. *Iowa Law Review*, v. 78, p. 981-1010, 1993. p. 996-997.

[476] MAKABA, Ipeleng Josephinah. *Citizen participation and meaningful engagement as effective tools for good governance in policy-making and realisation of economic, social and cultural rights.* 2018. 67f. Dissertação (Mestrado) – Curso de Direito, University of Pretoria, Pretoria, 2018. p. 10.

adequada ao problema,[477] o que contribuiria, inclusive, para mitigar a crítica da incapacidade técnica do Judiciário.

Em ambientes deliberativos, nos quais há uma pluralidade de ideias, cada indivíduo pode comunicar ao outro experiências e discernimentos que complementam os que o outro já possui, fazendo com que o grupo, como um todo, tenha um importante ganho epistêmico para fundamentar as decisões que serão tomadas.[478] Isso é ainda mais relevante em processos estruturais, já que em intervenções unilaterais, nas quais os grupos afetados não são ouvidos, é comum que as verdadeiras causas do problema não sejam enfrentadas, adotando-se medidas paliativas e temporárias.

O ganho epistêmico aqui referido está diretamente ligado ao enfrentamento de pontos cegos na produção legislativa e de políticas públicas. Tratando do tema, Dixon[479] afirma que existem três pontos cegos principais: o de aplicação, já que o Legislativo e o Executivo, ao elaborarem uma lei ou outro ato normativo, não conseguem prever todas as consequências advindas de sua aplicação; o de perspectiva, pois, durante a elaboração de leis e políticas públicas, as perspectivas de grupos vulneráveis e marginalizados, geralmente pouco influentes nos fóruns políticos, podem não ser consideradas adequadamente; e, por fim, a da inércia, quando o Poder Público permanece apático diante de um problema que compromete os direitos fundamentais de determinados segmentos.

Segundo Scott e Sturm, o Judiciário possui o papel de catalisador no enfrentamento dos referidos pontos cegos.[480] Em virtude de sua função de aplicador dos atos normativos e de sua relativa independência política, pode analisar as consequências advindas de uma legislação após a sua elaboração, utilizar a linguagem jurídica para defender os direitos de grupos minoritários e sub-representados, e identificar situações de graves violações a direitos fundamentais, chamando a atenção do Legislativo e do Executivo para essas questões.

---

[477] MAHOMEDY, Sameera. *The potential of meaningful engagement in realsing socio-economic rights:* Addressing quality concerns. 2019. 171f. Dissertação (Mestrado) – Law, Stellenbosch University, Stellenbosch, 2019. p. 15.

[478] WALDRON, Jeremy. *A dignidade da legislação.* Tradução de Luís Carlos Borges. São Paulo: Martins Fontes, 2003. p. 143.

[479] DIXON, Rosalind. Creating dialogue about socioeconomic rights: Strong-form versus weak-form judicial review revisited. *International Journal of Constitutional Law*, v. 5, n. 3, p. 391-418, 2007. p. 402-403.

[480] SCOTT, Joanne; STURM, Susan. Courts as catalysts: re-thinking the judicial role in new governance. *Columbia Journal of European Law*, v. 13, p. 565-594, 2006. p. 575.

Nessa perspectiva, a participação pública pode favorecer o enfrentamento dos pontos cegos. O juiz não precisa presumir quais as necessidades mais urgentes do grupo afetado, possibilitando que o próprio grupo manifeste seus interesses e necessidades. Assim, os tribunais tornam-se uma fonte de comunicação de ideias, promovendo a troca de informações entre partes que dificilmente dialogariam, sem, contudo, serem os criadores dessas ideias ou a instância que determinará quais serão aceitas.[481] Consequentemente, a Administração Pública deverá ouvir as necessidades e pedidos do grupo afetado, podendo aprender com a visão de quem vivencia as consequências do problema estrutural diariamente e aprimorar sua atuação com base nesse influxo de informações.

O caso *Joe Slovo* é um bom exemplo de como a Administração Pública pode ignorar o ganho epistêmico decorrente do diálogo com o grupo afetado. Antes da fase judicial, o governo municipal de *Cape Town* se negou a realizar um diálogo efetivo com a comunidade que seria despejada.[482] Enquanto o grupo solicitava que as reformas fossem feitas sem o despejo, a Administração Pública negava a adequação dessa possibilidade. Após a judicialização do caso e a decisão estrutural da Corte Constitucional, o governo municipal reviu seu posicionamento, desistindo de realizar o despejo e optando por realizar as reformas *in situ*.[483] Como explica Mahomedy,[484] a real abertura da municipalidade para ouvir o grupo afetado poderia ter evitado anos de demanda judicial, facilitando a vida dos moradores de *Joe Slovo*, que teriam acesso à moradia digna mais rapidamente, e reduzido os gastos do Poder Público com a judicialização do litígio.

Além disso, como a Corte Constitucional sul-africana ressaltou no caso *Olivia Road*, as instituições públicas e privadas que atuam na defesa dos direitos fundamentais do grupo afetado podem e devem contribuir com a construção do plano e a solução do litígio, auxiliando o grupo a traduzir para uma linguagem técnica os seus interesses e

---

[481] SCOTT, Joanne; STURM, Susan. Courts as catalysts: re-thinking the judicial role in new governance. *Columbia Journal of European Law*, v. 13, p. 565-594, 2006. p. 571-572.

[482] MCLEAN, Kirsty. Meaningful Engagement: One Step Forward or Two Back?. Some thoughts on Joe Slovo. *Constitutional Court Review*, Johannesburg, v. 3, p. 223-242, 2010. p. 237.

[483] LIEBENBERG, Sandra. Engaging the paradoxes of the universal and particular in human rights adjudication: The possibilities and pitfalls of 'meaningful engagement'. *African Human Rights Law Journal*, Pretoria, v. 12, n. 1, p. 1-29, 2012. p. 24-25.

[484] MAHOMEDY, Sameera. *The potential of meaningful engagement in realsing socio-economic rights:* Addressing quality concerns. 2019. 171f. Dissertação (Mestrado) – Law, Stellenbosch University, Stellenbosch, 2019. p. 55.

aspirações.[485] A assistência de organizações públicas e privadas é essencial para mitigar a desigualdade de poderes entre as partes que, por sua vez, decorre dos diferentes graus de acesso das coletividades afetadas a recursos e informações.[486] Dessa forma, resta claro que as referidas instituições têm um importante papel a desempenhar na ampliação do ganho epistêmico, visto que facilitam o engajamento do Poder Público com o grupo afetado de todas formas possíveis.[487]

4.3.2.2 A participação pública e o efeito desestabilizador

A segunda vantagem prática da participação popular na solução de processos estruturais é a abertura de instituições burocráticas, tradicionalmente fechadas ao controle social dos cidadãos, aos influxos dos grupos sociais que serão afetados pelas políticas estatais.

Isso é possível porque, nos processos estruturais participativos, os direitos fundamentais desempenham o papel de desestabilização do *status quo*, abrindo instituições que falham em cumprir com os seus deveres constitucionais. Unger[488] apresenta o conceito de *destabilization rights*, os quais podem ser compreendidos como chaves de acesso às instituições públicas que, cronicamente, falham em cumprir suas obrigações e que estão relativamente isoladas do controle político popular. Complementando essa definição, o autor afirma:

> Direitos de desestabilização protegem o interesse do cidadão em abrir as organizações de grande escala ou as amplas áreas de prática social que permanecem fechadas aos efeitos desestabilizadores de conflitos comuns e, desse modo, sustentam hierarquias isoladas de poder e privilégios. A combinação de direitos de imunidade com direitos de desestabilização dá expressão jurídica ao mecanismo institucional central de todo o plano constitucional. O direito à desestabilização vincula o interesse coletivo

---

[485] PILLAY, Anashri. Toward effective social and economic rights adjudication: The role of meaningful engagement. *International Journal of Constitutional Law*, v. 10, n. 3, p. 732-755, 2012. p. 754.

[486] LIEBENBERG, Sandra. Remedial principles and meaningful engagement in education rights disputes. *PER*: *Potchefstroomse Elektroniese Regsblad*, v. 19, n. 1, p. 1-43, 2016. p. 6.

[487] ÁFRICA DO SUL. Corte Constitucional. *Occupiers of 51 Olivia Road, Berea Township, and 197 Main Street vs. City of Johannesburg*. Joanesburgo, 2008. p. 14. Disponível em: http://www.saflii.org/za/cases/ZACC/2008/1.pdf. Acesso em: 09 mar. 2020.

[488] UNGER, Roberto Mangabeira. *False necessity*: anti-necessitarian social theory in the service of radical democracy. Cambridge: Cambridge University Press, 1987. p. 530-531.

em garantir que todas as instituições e práticas possam ser criticadas e revisadas, em prol do interesse individual de evitar a opressão.[489]

A ideia de *destabilization rights* contribui significativamente com os processos estruturais, especialmente quando são observados pela ótica do experimentalismo democrático.[490] No modelo experimentalista, as Cortes abandonam o seu papel tradicional de última instância decisória sobre o sentido da Constituição, procurando estimular processos dialógicos com o Legislativo, com o Executivo e com os segmentos sociais afetados pela atuação estatal.[491] Como dito no capítulo 2, o Compromisso Significativo é um remédio estrutural que se enquadra à proposta experimentalista.[492]

Os processos estruturais, quando conduzidos conforme a perspectiva experimentalista, expõem as instituições públicas à avaliação popular, viabilizam a participação dos segmentos sociais afetados na construção de políticas públicas e reforçam a responsabilidade dos setores políticos em face dos cidadãos, já que o Poder Público deverá justificar as suas escolhas para os grupos afetados por suas decisões. Como explica Cristóvam,[493] os cidadãos possuem um direito fundamental a uma "Administração Pública que seja, a um só tempo, transparente e dialógica nas suas ações, mas também proba e imparcial nas suas relações". E é justamente esse o principal efeito dos *destabilization rights*.[494]

---

[489] "Destabilization rights protect the citizen's interest in breaking open the large-scale organizations or the extended areas of social practice that remain closed to the destabilizing effects of ordinary conflict and thereby sustain insulated hierarchies of power and advantage. The combination of immunity rights with destabilization rights gives legal expression to the central institutional mechanism of the whole constitutional plan. The destabilization entitlement ties the collective interest in ensuring that all institutions and practices can be criticized and revised to the individual interest in avoiding oppression". UNGER, Roberto Mangabeira. *False necessity*: anti-necessitarian social theory in the service of radical democracy. Cambridge: Cambridge University Press, 1987. p. 530.

[490] SABEL, Charles F.; SIMON, William H. Destabilization rights: How public law litigation succeeds. *Harvard Law Review*, v. 117, p. 1016-1101, 2004. p. 1020.

[491] LIEBENBERG, Sandra; YOUNG, Katharine G. Adjudicating social and economic rights: Can democratic experimentalism help?. *In*: GARCÍA, Helena Alviar; KLARE, Karl; WILLIAMS, Lucy A. (Ed.). *Social and Economic Rights in Theory and Practice:* Critical Inquiries. Nova York: Routledge Research in Human Rights Law, 2014. p. 237-257. p. 237.

[492] RAY, Brian. *Engaging with Social Rights:* Procedure, Participation, and Democracy in South Africa's Second Wave. Cambridge: Cambridge University Press, 2016. p. 115.

[493] CRISTÓVAM, José Sérgio da Silva. O Estado Democrático de Direito como princípio constitucional estruturante do direito administrativo: uma análise a partir do paradigma emergente da Administração Pública democrática. *Revista de Direito Administrativo e Gestão Pública*, v. 2, n. 2, p. 145-167, 2016. p. 164.

[494] GREER, Scott L.; RAUSCHER, Simone. Destabilization rights and restabilization politics: policy and political reactions to European Union healthcare services law. *Journal of European Public Policy*, v. 18, n. 2, p. 220-240, 2011. p. 222.

Por ser muito amplo, o efeito desestabilizador engloba impactos mais específicos dele decorrentes. Sabel e Simon[495] elencam seis efeitos específicos, mas é importante dar especial atenção a dois deles. O primeiro é chamado pelos autores de efeito do véu.[496] Em processos estruturais conduzidos sob a ótica experimentalista, os planos de ação podem ser constantemente revistos e modificados para se adequarem às necessidades do caso, e o Judiciário pode supervisionar todas essas mudanças. À vista disso, as partes não lutarão apenas pelos seus interesses, pois estão sob um véu de ignorância. Não sabem o que pode acontecer se não colaborarem com o plano a ser desenvolvido, então ficam mais abertas ao diálogo. A incerteza limita o egoísmo e, consequentemente, há uma maior abertura ao diálogo e ao aprendizado mútuo.

Sabel e Simon também apontam para o efeito *status quo*: o remédio estrutural reverte a presunção em favor do *status quo*, rompendo com as limitações mentais dos gestores para considerar alternativas até então ignoradas.[497] Os autores fazem referência ao chamado viés do *status quo*,[498] que pode ser compreendido como a preferência de um indivíduo por manter seu estado atual, mesmo que a alteração de suas condições proporcionasse um aumento de bem-estar.[499] Indivíduos que atuam sob esse viés muitas vezes escolhem opções predefinidas, mesmo que outras melhores estejam à disposição. Como os processos estruturais questionam um estado de coisas já consolidado, o *status quo* deixa de ser a opção mais fácil, já que está estigmatizada, favorecendo a mudança das instituições.

---

[495] SABEL, Charles F.; SIMON, William H. Destabilization rights: How public law litigation succeeds. *Harvard Law Review*, v. 117, p. 1016-1101, 2004. p. 1074-1075.

[496] SABEL, Charles F.; SIMON, William H. Destabilization rights: How public law litigation succeeds. *Harvard Law Review*, v. 117, p. 1016-1101, 2004. p. 1074-1075.

[497] SABEL, Charles F.; SIMON, William H. Destabilization rights: How public law litigation succeeds. *Harvard Law Review*, v. 117, p. 1016-1101, 2004. p. 1075-1076.

[498] Os juízes podem ser influenciados pelos mais diversos vieses no momento de decidir um caso, sendo o viés do *status quo* apenas um exemplo. Vitorelli ressalta a importância de analisar o impacto dos vieses cognitivos no julgamento de processos estruturais, afirmando que "Nesse tipo de cenário, o juiz está mais exposto à contaminação de seus processos heurísticos por vieses cognitivos, que merecem estudos mais detidos". VITORELLI, Edilson. Litígios estruturais: decisão e implementação de mudanças socialmente relevantes pela via processual. *In*: ARENHART, Sérgio Cruz; JOBIM, Marco Félix (Org.). *Processos estruturais*. Salvador: Juspodivm, 2017. p. 369-422. p. 385.

[499] SAMUELSON, W.; ZECKHAUSER, R. Status Quo Bias in Decision Making. *Journal of Risk and Uncertainty*, v. 1, n.1, p. 7-59, 1988. p. 7-9.

Por fim, importante também mencionar o efeito persuasivo decorrente da desestabilização, mencionado por Swanepoel.[500] Os remédios estruturais, ao identificarem um estado de coisas violador de direitos, cuja responsabilidade de transformação é do Estado, podem influenciar as condutas estatais em futuros casos de litígios estruturais e desencorajar violações aos direitos em questão. Mesmo que o Judiciário não possa formular a solução ideal à proteção do grupo afetado, a judicialização do problema estrutural pode chamar a atenção pública para o caso e contribuir com uma maior proteção do segmento social pelos canais políticos tradicionais.[501] Na pior das hipóteses, o processo estrutural força os poderes políticos a justificarem publicamente as suas escolhas, fortalecendo o caráter de participação política do litígio. Dessa forma, o processo pode ser uma esfera participativa para aqueles que não conseguem participar adequadamente no âmbito político tradicional.

Quatro exemplos brasileiros revelam o potencial do efeito desestabilizador inerente às ações estruturais. O primeiro é a ADPF nº 347, que discute a crise do sistema carcerário brasileiro. A ação, por si só, possui um forte efeito desestabilizador, já que conduz o Poder Público a reanalisar as suas prioridades e dar maior atenção ao mínimo existencial de um grupo sub-representado politicamente. Mas, se esse potencial já está presente na referida ação, o que poderia acontecer se o STF, ao julgar o caso em definitivo, recorresse a um remédio estrutural participativo?

Isso pode ser feito com a determinação de que o plano de ação da União e dos Estados para solucionar a crise não seja construído unilateralmente, mas em parceria com instituições públicas e privadas que atuam na defesa dos direitos dos encarcerados, como: a Pastoral Carcerária da Conferência Nacional dos Bispos do Brasil (CNBB); o Instituto Terra, Trabalho e Cidadania (ITTC); o Instituto de Defesa do Direito de Defesa (IDDD); o Conselho Nacional de Direito Humanos (CNDH); entre outas entidades e associações. Além disso, seria importante ouvir relatos dos próprios presidiários para compreender melhor as vivências, dificuldades e necessidades do grupo afetado. As duas medidas favoreceriam o efeito desestabilizador da ação e permitiriam um olhar mais atento à realidade dos encarcerados.

---

[500] SWANEPOEL, Philip. *The potential of structural interdicts to constitute effective relief in socio-economic rights cases*. 2017. 220f. Dissertação (Mestrado) – Curso de Direito, Stellenbosch University, Stellenbosch, 2017. p. 41.
[501] KAVANAGH, Aileen. Participation and judicial review: A reply to Jeremy Waldron. *Law and Philosophy*, v. 22, n. 5, p. 451-486, 2003. p. 483.

O segundo exemplo, este mais recente, é o da ADPF nº 635, que questiona as políticas de segurança pública do Estado do Rio de Janeiro, especialmente a letalidade das operações policiais. A ação possibilitou uma audiência pública histórica entre os dias 16 e 19 de abril, permitindo que familiares de vítimas de operações policiais pudessem apresentar ao STF a violenta realidade das comunidades da cidade. O objetivo da audiência era coletar informações que fornecessem subsídio para o governo estadual formular um plano de redução da letalidade policial, o que mostra o potencial desestabilizador da ação.

O terceiro caso é o da ADPF nº 709, que trata das omissões da União na proteção das comunidades indígenas durante a pandemia de Covid-19. No julgamento da medida cautelar, confirmada pelo Pleno do Tribunal em 05.08.2020, o relator, ministro Luís Roberto Barroso, fixou algumas importantes medidas para a proteção dos grupos indígenas: criação de barreiras sanitárias que impeçam o ingresso de terceiros nos territórios dos PIIRC; criação de sala de situação para gestão de ações de combate à pandemia quanto aos povos em isolamento; necessidade de elaboração e monitoramento de um Plano de Enfrentamento da Covid-19 para os povos indígenas, com a participação do Conselho Nacional de Direitos Humanos, da Fundação Nacional do Índio (Funai), da Fundação Osvaldo Cruz, do Grupo de Trabalho de Saúde Indígena da Associação Brasileira de Saúde Coletiva (Abrasco) e dos representantes das comunidades indígenas.[502]

O quarto exemplo encontra-se na ADPF nº 742, com a decisão do Plenário de que o governo federal deveria constituir, em até 72 horas, grupo de trabalho interdisciplinar e paritário, com a finalidade de debater, aprovar e monitorar a execução do plano de imunização, com integrantes, pelo menos, do Ministério da Saúde, do Ministério da Mulher, da Família e dos Direitos Humanos, da Fundação Cultural Palmares, da Defensoria Pública da União, do Ministério Público Federal, do Conselho Nacional de Direitos Humanos, da Associação Brasileira de Saúde Coletiva e de representantes das comunidades quilombolas.

A inclusão de representantes das comunidades indígenas e quilombolas, bem como de instituições técnicas na elaboração do plano de ação, é uma medida semelhante às adotadas na África do Sul e alinhada à perspectiva experimentalista, capaz de promover o efeito

---

[502] BRASIL. Supremo Tribunal Federal. Arguição de Descumprimento de Preceito Fundamental nº 709. Decisão monocrática sobre os pedidos cautelares. Relator: Ministro Luís Roberto Barroso. *Diário Oficial da União*, Brasília, 2020. p. 33-35. Disponível em: http://portal.stf. jus.br/processos/downloadPeca.asp?id=15343710124&ext=.pdf. Acesso em: 31 out. 2020.

desestabilizador. Como os requerentes alegaram em suas iniciais, os povos indígenas e quilombolas, além de uma vulnerabilidade imunológica e sociocultural, também são vulneráveis politicamente, visto que são grupos minoritários e insuficientemente representados nas esferas políticas. "Em razão disso, as comunidades indígenas enfrentariam enorme dificuldade em ter os seus interesses contemplados nas instâncias majoritárias e teriam baixíssimo acesso a todo tipo de serviços públicos essenciais, tais como a educação, o saneamento básico e a saúde".[503]

Aqui, vale ressaltar um ponto importante. É comum o pensamento de que, em situações de crise, não seria útil conversar com o grupo afetado, uma vez que poderia haver atraso na resolução do problema. Assim, se estamos em meio a uma grave pandemia, por que perder tempo dialogando com os representantes indígenas quando, na verdade, precisamos estabelecer medidas urgentes? Enfrentando esse argumento, o ministro Luís Roberto Barroso, no julgamento da medida cautelar, afirmou:

> Tampouco procede a alegação de que a pandemia demanda ações emergenciais e velocidade de resposta que autorizariam o afastamento extraordinário da participação indígena. O que se postula nesta ação é a complementação de tais ações com medidas que são imprescindíveis para torná-las eficazes e que não foram providenciadas pelo Poder Público, a despeito da sua atuação emergencial. Aí está a relevância e a necessidade da participação. Por isso se requer a elaboração de um plano concreto, com cronograma de implementação e identificação das autoridades responsáveis.[504]

A determinação, inclusive, está em conformidade com as orientações de entidades internacionais, que têm produzido diretrizes para auxiliar os governos no combate à Covid-19. O Programa Conjunto das Nações Unidas sobre HIV/Aids (ONUSIDA), em documento contendo diretrizes para o enfrentando da pandemia, ressalta a importância de o

---

[503] BRASIL. Supremo Tribunal Federal. Arguição de Descumprimento de Preceito Fundamental nº 709. Decisão monocrática sobre os pedidos cautelares. Relator: Ministro Luís Roberto Barroso. *Diário Oficial da União*, Brasília, 2020. p. 6. Disponível em: http://portal.stf.jus.br/processos/downloadPeca.asp?id=15343710124&ext=.pdf. Acesso em: 31 out. 2020.

[504] BRASIL. Supremo Tribunal Federal. Arguição de Descumprimento de Preceito Fundamental nº 709. Decisão monocrática sobre os pedidos cautelares. Relator: Ministro Luís Roberto Barroso. *Diário Oficial da União*, Brasília, 2020. p. 22-23. Disponível em: http://portal.stf.jus.br/processos/downloadPeca.asp?id=15343710124&ext=.pdf. Acesso em: 31 out. 2020.

Poder Público dialogar e atuar com os grupos vulneráveis ao vírus.[505] Mais do que simples objetos da tutela estatal, esses segmentos sociais precisam ser vistos como parceiros no enfrentamento do problema, sendo consultados, sempre que possível, para a construção de um plano de enfrentamento da crise.

Se medidas participativas forem implementadas não só na construção do plano, mas durante a sua execução e monitoramento, a ADPF nº 709 também poderá apresentar um amplo efeito desestabilizador, abrindo a burocracia estatal para influxos das comunidades indígenas e instituições que atuam em sua defesa.

Em síntese, remédios participativos, como o Compromisso Significativo, fazem com que os direitos fundamentais violados em um litígio estrutural funcionem como *destabilization rights*, ou seja, como chaves de acesso a instituições burocráticas entrincheiradas, cuja atuação afeta diretamente a vida e os interesses da comunidade, sem que a recíproca seja verdadeira. Diante do processo estrutural, a instituição pública envolvida precisará reajustar a sua atuação não só na solução do problema estrutural que originou o processo, mas também em casos futuros, a fim de evitar a judicialização de novos litígios.[506] O efeito desestabilizador possibilita que o *status quo* seja questionado por grupos vulneráveis, cujos esforços por mudanças pelas vias políticas tradicionais costumam ser inefetivos.

4.3.2.3 A transparência da atividade estatal

Por fim, a terceira vantagem prática de remédios participativos é a transparência da atuação estatal, valor fundamental em um Estado Democrático de Direito atento às suas responsabilidades no que concerne aos cidadãos.

A Constituição brasileira, em seu art. 5º, XIV, assegura o direito fundamental à informação que, a seu turno, divide-se em duas vertentes: o direito de emitir e receber informações e o dever de informar, o qual

---

[505] ONUSIDA. 2020. Los Derechos Humanos en tiempos de Covid-19: Lecciones del VIH para una respuesta efectiva dirigida por la comunidad. p. 6-7. Disponível em: https://www.unaids.org/sites/default/files/media_asset/human-rights-and-covid19_es.pdf. Acesso em: 31 out. 2020.

[506] SWANEPOEL, Philip. *The potential of structural interdicts to constitute effective relief in socio-economic rights cases*. 2017. 220f. Dissertação (Mestrado) – Curso de Direito, Stellenbosch University, Stellenbosch, 2017. p. 41.

não se aplica apenas à imprensa, mas também aos órgãos públicos.[507] Complementando o direito à informação, o art. 37, *caput*, estabelece a publicidade como princípio fundamental da Administração Pública direta e indireta e, em seu §3º, II, determina que os usuários de serviços públicos podem ter acesso a registros administrativos e a informações sobre atos de governo. Enquanto isso, o art. 163-A estabelece que os entes federados devem disponibilizar suas informações e dados contábeis, orçamentários e fiscais. Os referidos dispositivos revelam como a transparência e o acesso à informação são assegurados e devem pautar a atuação do Poder Público. O texto constitucional está conforme o Pacto Internacional de Direitos Civis e Políticos,[508] assemelhando-se às Constituições Portuguesa, Espanhola e Sueca.[509]

É comum, no entanto, que as decisões da Administração Pública sobre como determinados problemas estruturais serão resolvidos não sejam publicizadas ou justificadas, especialmente para a coletividade afetada. Ainda que se recorra ao argumento da tecnicidade das decisões administrativas e da competência estatal para tomá-las, é importante justificar essas escolhas aos grupos que deverão viver sob os seus efeitos, sobretudo quando se está diante de uma escolha drástica, em que os interesses de um segmento social serão priorizados em detrimento de outros. Conforme ressalta Mureinik,[510] espera-se que todo exercício de poder seja justificado, de forma que a solução dada pelo governo sustente-se na força de argumentos e não por meio do medo inspirado pelo comando estatal.

Como apontam Sabel e Simon,[511] os processos estruturais, principalmente quando conduzidos sob a perspectiva experimentalista, podem contribuir com a transparência estatal em duas perspectivas: como norma de *accountability* e como instrumento de aprendizado.

---

[507] OLIVEIRA, Rafael Santos de; RAMINELLI, Francieli Puntel. O direito ao acesso à informação na construção da democracia participativa: uma análise da página do Conselho Nacional de Justiça no Facebook. *Sequência*, n. 69, p. 159-182, 2014. p. 164.

[508] O art. 19, em seu segundo tópico, dispõe que "2. Toda pessoa terá direito à liberdade de expressão; esse direito incluirá a liberdade de procurar, receber e difundir informações e ideias de qualquer natureza, independentemente de considerações de fronteiras, verbalmente ou por escrito, em forma impressa ou artística, ou por qualquer outro meio de sua escolha". BRASIL. *Pacto Internacional sobre Direito Civis e Políticos*. Brasília, 1992. Disponível em: http://www.planalto.gov.br/ccivil_03/decreto/1990-1994/d0592.htm. Acesso em: 09 dez. 2020.

[509] CARVALHO, Luiz Gustavo Grandinetti Castanho de. *Liberdade de informação e o direito difuso à informação verdadeira*. Rio de Janeiro: Renovar, 2003. p. 85.

[510] MUREINIK, Etienne. A bridge to where?. Introducing the Interim Bill of Rights. *South African Journal on Human Rights*, v. 10, n. 1, p. 31-48, 1994. p. 32.

[511] SABEL, Charles F.; SIMON, William H. Destabilization rights: How public law litigation succeeds. *Harvard Law Review*, v. 117, p. 1016-1101, 2004. p. 1071-1072.

Quanto ao primeiro aspecto, trata-se de uma consequência da necessidade de o Poder Público justificar, para o Judiciário e para a coletividade afetada, por que está realizando determinadas escolhas e não outras. Espinosa,[512] analisando o significado de *accountability*, explica que o termo expressa a ideia de controle, fiscalização, prestação de contas e responsabilização do Poder Público por suas ações e escolhas. Com a utilização de remédios estruturais participativos, a Administração Pública, na construção do plano de ação, precisa apresentar à coletividade afetada e às instituições que as auxiliam quais medidas foram consideradas para solucionar o problema, quais devem ser escolhidas e por quais razões essa é a melhor opção possível dentro das possibilidades orçamentárias do Estado.

Scott e Sturm[513] defendem que o Judiciário pode fazer os gestores públicos refletirem sobre suas escolhas, questionando suas opiniões assentadas em preconceitos ou opiniões não fundamentadas, fazendo com que sejam responsabilizados pelas consequências de suas decisões. Ao exercer essa função, o Judiciário reconhece que não pode substituir os órgãos administrativos, revendo todas as informações fáticas e tomando as decisões finais sobre o tema. Mas ele não se restringe à deferência. O juiz deve, portanto, analisar se o órgão que tomou a decisão adotou uma fonte qualificada de informações, capaz de resolver o problema em questão. Segundo os autores, a fiscalização judicial pode exigir três importantes qualidades das decisões administrativas técnicas: excelência, independência e transparência.[514] Por razões democráticas, um órgão público não está vinculado pelo parecer de um técnico, mas deve apresentar razões para afastá-lo, e essas razões devem estar em um patamar de relevância semelhantes às razões técnicas que não foram aceitas.

O caso *Olivia Road* ilustra bem como remédios participativos podem promover a transparência das escolhas estatais. Ao determinar a realização do Compromisso Significativo, a Corte Constitucional ressaltou a necessidade de que as partes expusessem as suas perspectivas e interesses em um diálogo destinado a solucionar o problema

---

[512] ESPINOSA, Roberto Moreno. Accountability. *In*: CASTRO, Carmen Lúcia Freitas de; GONTIJO, Cynthia Rúbia Braga; AMABILE, Antônio Eduardo de Noronha. *Dicionário de políticas públicas*. Barbacena: EdUEMG, 2012. p. 16.

[513] SCOTT, Joanne; STURM, Susan. Courts as catalysts: re-thinking the judicial role in new governance. *Columbia Journal of European Law*, v. 13, p. 565-594, 2006. p. 582-583.

[514] SCOTT, Joanne; STURM, Susan. Courts as catalysts: re-thinking the judicial role in new governance. *Columbia Journal of European Law*, v. 13, p. 565-594, 2006. p. 583-584.

enfrentado.[515] Consequentemente, o Poder Público tanto deveria ouvir e considerar os argumentos do grupo afetado, como deveria apresentar os motivos pelos quais desejava realizar o despejo, quais medidas alternativas iria propor e por quais razões elas seriam as mais adequadas, promovendo a transparência de suas decisões e a responsabilização em face da comunidade. Como ressaltou o juiz Zakeria Yacoob, "Finalmente, é preciso deixar claro que o sigilo é contraprodutivo ao processo de engajamento entre as partes. O valor constitucional da transparência é inimigo do sigilo".[516]

Uma segunda medida estabelecida pela Corte no caso *Olivia* é a necessidade de se criar um registro público dos Compromissos implementados, o qual seria composto por relatórios que sintetizassem os principais pontos das reuniões realizadas.[517] A medida permite que a Corte e as partes tenham maior controle sobre as questões discutidas no Compromisso, permitindo que os juízes, em caso de dúvidas sobre alguma irregularidade cometida, possam tomar decisões bem embasadas.

A partir da decisão sul-africana, acredita-se que o conteúdo do arquivo público pode ser ampliado, sendo composto não apenas por relatórios sobre as reuniões e debates realizados, mas também por informações e documentos relevantes para a compreensão das decisões tomadas. Afinal, como ressaltam Scott e Sturm,[518] não é suficiente que o Poder Público dê razões, mas que as razões sejam baseadas em registros de informações e dados confiáveis. Desse modo, a publicidade dessas informações contribui não só para o controle judicial, mas também para a obtenção de compreensão e legitimidade junto à comunidade.

Neste ponto, é importante ressaltar que as novas tecnologias podem gerar uma grande contribuição à transparência nos processos estruturais. As inovações tecnológicas já impactam as atividades do Judiciário e podem ser utilizadas para aprimorar a sua atuação. Os dados relevantes sobre um litígio estrutural podem ser disponibilizados por aplicativos específicos para isso, facilitando o acesso à informação pelos

---

[515] ÁFRICA DO SUL. Corte Constitucional. *Occupiers of 51 Olivia Road, Berea Township, and 197 Main Street vs. City of Johannesburg*. Joanesburgo, 2008. p. 10. Disponível em: http://www.saflii.org/za/cases/ZACC/2008/1.pdf. Acesso em: 09 mar. 2020.

[516] "Finally it must be mentioned that secrecy is counter-productive to the process of engagement. The constitutional value of openness is inimical to secrecy". ÁFRICA DO SUL. Corte Constitucional. *Occupiers of 51 Olivia Road, Berea Township, and 197 Main Street vs. City of Johannesburg*. Joanesburgo, 2008. p. 14. Disponível em: http://www.saflii.org/za/cases/ZACC/2008/1.pdf. Acesso em: 09 mar. 2020.

[517] RAY, Brian. *Engaging with Social Rights:* Procedure, Participation, and Democracy in South Africa's Second Wave. Cambridge: Cambridge University Press, 2016. p. 116-117.

[518] SCOTT, Joanne; STURM, Susan. Courts as catalysts: re-thinking the judicial role in new governance. *Columbia Journal of European Law*, v. 13, p. 565-594, 2006. p. 587.

membros da coletividade atingida. Da mesma forma, os registros dos diálogos entre o Poder Público, os representantes do segmento social e as instituições colaboradoras também poderiam ser publicizados virtualmente. Aqui, é pertinente lembrar o pensamento de Pérez Luño que, tratando dos impactos das novas tecnologias para a democracia, afirma que elas podem reforçar os valores cívicos e promover novas formas de exercício dos direitos, além de contribuir para o fortalecimento do tecido participativo das sociedades democráticas.[519]

Por último, mas não menos importante, a Corte sul-africana, ao estabelecer que o plano construído precisaria de homologação judicial, possibilitou a verificação das justificativas para a versão final do plano e se as medidas adotadas foram condizentes com os registros feitos dos diálogos entre as partes. Do contrário, o Poder Público, caso atuasse de má-fé em um caso específico, poderia desconsiderar todas as discussões feitas com a coletividade, esvaziando a utilização do remédio participativo.

Portanto, as duas medidas são complementares. Ao reter a jurisdição sobre o caso e determinar a produção de relatórios sobre a implementação do Compromisso Significativo, a Corte deixa claro que pode coibir práticas ilegais durante as negociações e, ao mesmo tempo, determina a produção de uma fonte segura de informações sobre o que ocorreu nas reuniões entre as partes.

Por outro lado, o segundo aspecto da transparência – o aprendizado com processos estruturais passados – também pode ser reforçado pelo exemplo sul-africano. A transformação de um estado de coisas A, violador de direitos fundamentais, em um estado de coisas B, no qual esses direitos são assegurados, é uma evolução gradual e que exige constantes revisões do plano de ação adotado para corrigir o problema estrutural.[520] É necessário acompanhar atentamente os efeitos das medidas implementadas, aprender com os resultados obtidos e readequar a estratégia para o futuro. Com base nos casos estudados, é possível citar ao menos duas importantes contribuições.

A primeira delas consiste no fato de que o aprendizado pode ser extraprocessual, isto é, os registros públicos podem aprimorar a atuação do Judiciário em casos futuros. É possível que juízes e tribunais, ao lidar com um processo estrutural semelhante a algum realizado em

---

[519] PÉREZ LUÑO, Antonio Enrique. *Los derechos humanos en la sociedad tecnológica*. Madrid: Editorial Universitas, 2012. p. 42.

[520] VITORELLI, Edilson. *Processo civil estrutural*: teoria e prática. Salvador: Juspodivm, 2020. p. 68-69.

outra região, recorrem ao arquivo público de processos estruturais, em que podem ter acesso não só às decisões judiciais do referido caso, mas verificar como os diálogos ocorreram entre as partes, quais as instituições autorizadas a participar e quais os instrumentos utilizados para permitir a escuta de membros do grupo afetado.

Será possível aprender não só com os acertos, mas também com os erros cometidos por outros órgãos judiciais. Assim, as medidas adotadas em um processo estrutural, ainda que não alcancem a plenitude dos efeitos pretendidos no litígio de origem, poderão servir de parâmetro para casos parecidos.

Em segundo lugar, os registros das reuniões e acordos firmados no processo podem contribuir para o aprendizado intraprocessual. Como dito, as execuções estruturais não costumam ter um prazo de duração curto, podendo se prologar por anos até que o problema estrutural esteja satisfatoriamente solucionado.[521] Nesse período, o juiz responsável pelo caso pode ser substituído pelas mais diversas razões. Nesse caso, como o novo juiz pode ter acesso a tudo o que já foi discutido e acordado antes? O mais adequado seria que ele atuasse no caso apenas com base nas decisões judiciais proferidas pelo juiz anterior?

Caso o magistrado não possa acessar os diálogos anteriores e desconheça o modo como os acordos têm sido construídos e executados, a sua intervenção pode comprometer um bom trabalho que já estava sendo realizado pelo juiz anterior. Para evitar esse erro, não é suficiente ter acesso às decisões judiciais, razão pela qual seria útil analisar os registros das reuniões e acordos entre o Poder Público e o grupo afetado. O conhecimento desses elementos irá embasar melhores decisões, sem que o equilíbrio formado no processo seja quebrado por novas decisões desconexas com o que vinha sendo feito pelo magistrado anterior.

Diante dos argumentos apresentados neste tópico, constata-se que a transparência é uma das principais razões instrumentais para se adotar um remédio participativo. Por um lado, o diálogo do Poder Público com o grupo afetado favorece a *accountability* pública, já que as decisões precisarão levar em consideração os posicionamentos do grupo afetado e deverão ser devidamente justificadas. Por outro, a formação de um registro público dessas negociações pode contribuir com o aprendizado extra e intraprocessual, permitindo que o juiz do caso em questão e o Judiciário aprimorem a sua atuação futura.

---

[521] GALDINO, Matheus Souza. *Processos estruturais*: identificação, funcionamento e finalidade. Salvador: Juspodivm, 2020.

CONCLUSÃO

Antes de apresentar as conclusões gerais da pesquisa, bem como as perguntas que ela suscita, sintetizam-se os principais aprendizados de cada capítulo.

No capítulo 2, viu-se que os processos coletivos estruturais de interesse público são instrumentos processuais que buscam transformar um estado de coisas A, violador de direitos fundamentais, em um estado de coisas B, que seja capaz de assegurá-los. O processo estrutural foge da lógica processual tradicional, de caráter eminentemente reparatório e adversarial. Mais do que responsabilizar indivíduos por atos passados, destina-se a alterar um quadro de sistemáticas e profundas violações a direitos fundamentais, contribuindo para que o Poder Público sane as omissões políticas existentes e desenvolva as políticas necessárias à efetivação dos direitos em questão. A sua utilização ainda é controversa, sendo possível apontar quatro importantes críticas à sua utilização no Brasil: a ameaça à separação de poderes, a incompetência judicial para interferir nas políticas públicas, a possibilidade de um efeito *backlash* e o raciocínio indutivista descontextualizado, que pode orientar a tentativa de importar remédios estruturais estrangeiros.

Quanto à última crítica, defendeu-se, ainda no capítulo 2, que a solução para esse desafio perpassa por uma nova metáfora para os estudos jurídicos comparativos. Aprender com a experiência estrangeira não é almejar por um reflexo no espelho, em que sempre se busca a identidade de sistemas jurídicos, tampouco se resume ao transplante de institutos estrangeiros. A própria ideia de transplante é falha, uma vez que o resultado do processo é sempre algo novo, diferente do que se verificou na realidade original. Desse modo, para desenvolver estudos comparados que verdadeiramente contribuam com o aprimoramento dos processos estruturais brasileiros, é mais adequado utilizar a metáfora da tradução jurídica, para a qual se propõem três diretrizes metodológicas: similaridade, contextualização e justificação.

Por último, buscou-se estabelecer critérios que auxiliassem a avaliação dos casos sul-africanos que seriam estudados. A teoria normativa de Susan Sturm forneceu cinco diretrizes: participação, respeito à separação de poderes, imparcialidade, fundamentação adequada das decisões e remediação.

O capítulo 3 buscou atender, principalmente, ao critério da contextualização. Para isso, antes de estudar os três casos selecionados, fez-se uma breve apresentação da Constituição sul-africana de 1996 e o papel da Corte Constitucional no novo regime democrático. É claro o compromisso da Constituição com a transformação da realidade socioeconômica do país, e a Corte tem um importante papel a desempenhar para que esse objetivo seja alcançado. Após a apresentação de importantes precedentes da primeira onda de litígios socioeconômicos, *Grootboom* e *Port Elizabeth*, foram analisados três casos emblemáticos da chamada segunda onda, ou fase da procedimentalização, na qual o Compromisso Significativo foi desenvolvido: *Olivia Road*, *Mamba* e *Joe Slovo*.

Nos três casos, fica clara a preocupação da Corte Constitucional em respeitar as atribuições típicas do Executivo e Legislativo. A instituição reconhece o caráter transformador do texto constitucional, mas sabe que o protagonismo na efetivação dos DESCs é da Administração Pública, que detém a competência para formular e implementar políticas públicas. Por outro lado, a atuação da Corte revela uma preocupação em dar um mínimo de proteção aos grupos vulneráveis envolvidos em litígios estruturais, para que os DESCs não tenham a sua força normativa esvaziada.

A solução da Corte para o dilema da justiciabilidade foi o Compromisso Significativo, marco da procedimentalização dos litígios socioeconômicos no país. Com esse remédio estrutural, a Administração Pública mantém a atribuição que lhe é própria de desenvolver e implementar políticas públicas, todavia, não fará isso sozinha. O grupo afetado pelo litígio tem o direito de ser ouvido e influir na construção e na implementação do plano de ação, e não apenas ser informado das decisões administrativas. A Corte também enfatizou, principalmente em *Olivia Road*, que os grupos afetados não devem estar sozinhos nesse diálogo, devendo ser representados ou assessorados por instituições públicas e privadas com capacidade técnica para auxiliá-los.

A construção do Compromisso também está baseada na compreensão de que os direitos socioeconômicos podem contribuir para o fortalecimento da democracia participativa, permitindo que o Judiciário funcione como um espaço público deliberativo parcial. Viu-se também que o Compromisso possui duas características essenciais, das quais as demais derivam e que podem contribuir com os processos estruturais no Brasil: o diálogo institucional e a participação dos grupos afetados na construção da solução do litígio.

A partir dos três casos estudados, contata-se que a Corte conseguiu atender principalmente a quatro dos cinco critérios de Sturm: participação, respeito à separação de poderes, imparcialidade e fundamentação adequada das decisões. Entretanto, como ressaltado na análise do caso *Mamba*, há uma curiosa contradição quanto à remediação. Quando a Corte favoreceu excessivamente a separação de poderes, apenas determinando que as partes dialogassem e buscassem um acordo, mas sem assegurar uma efetiva e imediata proteção ao grupo vulnerável, nem estabelecer parâmetros normativos que orientassem o Compromisso, o critério da remediação restou comprometido. A ordem genérica de diálogo comprometeu tanto a remediação, quanto a participação efetiva, uma vez que os deslocados internos sequer foram ouvidos pelo governo de *Gauteng*.

Portanto, ao aplicar o Compromisso, a Corte não pode adotar uma atitude excessivamente deferente. O caso *Mamba* mostra os riscos de uma deferência excessiva, concretizando os principais receios relacionados à procedimentalização dos processos estruturais: ao focar demais em promover o diálogo entre as partes, o Judiciário deixa de fornecer garantias e parâmetros que norteiem as negociações e equilibrem a relação entre o grupo afetado e o Poder Público, duas partes que estão naturalmente em desequilíbrio de forças e recursos. À vista disso, de modo semelhante ao que ocorreu em *Joe Slovo*, é fundamental estabelecer metas a serem alcançadas pela negociação, deixar claro os direitos e obrigações de cada parte, fixar parâmetros normativos de avaliação das negociações e reter a jurisdição sobre o caso, pressionando os envolvidos a manterem um engajamento de boa-fé. A lição é útil não só para a Corte sul-africana, mas também para eventuais utilizações de remédios estruturais participativos no Brasil.

Por fim, no capítulo 4, buscou-se atender aos critérios da similaridade e da justificação. Quanto ao primeiro, é possível encontrar valores constitucionais muito semelhantes entre a Constituição de 1988 e a Constituição sul-africana de 1996. Ambas podem ser enquadradas no chamado *transformative constitutionalism*, revelando um firme comprometimento em transformar as relações socioeconômicas e promover a igualdade material. Além disso, a Constituição brasileira conferiu plena força normativa aos DESCs e previu diversos dispositivos que fortalecem a democracia participativa. O CPC também possui disposições que viabilizam a utilização de um remédio estrutural participativo, cabendo destacar a sua ênfase na construção de soluções dialógicas e coparticipativas, bem como a previsão de cláusulas gerais de efetivação, nos arts. 139, IV, e 536, §1º.

Quanto à justificação, o capítulo 4 mostrou que a característica do diálogo institucional pode contribuir para responder às críticas usualmente feitas aos processos estruturais. Afinal, ao utilizar o Compromisso ou remédios participativos semelhantes, o Judiciário não precisa formular, detalhadamente, quais políticas serão implementadas. Antes, deve estabelecer metas e parâmetros normativos, supervisionando a implementação do plano de ação e mantendo constante diálogo com a Administração Pública, a qual preserva suas atribuições típicas.

A segunda característica do Compromisso, a participação pública na resolução do litígio, também pode contribuir para mitigar as críticas usuais, além de possuir razões intrínsecas e extrínsecas para que seja adotada. Não só há um valor inerente à participação do grupo afetado, que será tratado com dignidade e reinserido nas esferas públicas deliberativas, como também há bons argumentos consequencialistas que a justificam: o ganho epistêmico e o enfrentamento dos pontos cegos; o efeito desestabilizador e a abertura de instituições públicas entrincheiradas; e a promoção da transparência e da *accountability* estatal.

Ainda que a pesquisa tenha mostrado os benefícios de se utilizar remédios estruturais participativos semelhantes ao Compromisso, algumas perguntas permanecem em aberto, indo além dos objetivos deste livro. Apesar disso, é importante que a conclusão sintetize não só os aprendizados, mas as perguntas que ainda precisam de respostas.

Se a ideia de transplante jurídico é equivocada, como construir um remédio estrutural participativo adequado à realidade jurídica brasileira? Quais devem ser as suas características? A sua construção deve ficar a cargo exclusivamente do Judiciário, ou é necessária uma regulamentação legal? Como operacionalizar a democratização dos processos estruturais no Brasil, assegurando uma efetiva participação? Como permitir que o Judiciário supervisione a construção e a implementação do plano de ação, sem que seja necessário um acompanhamento pessoal do juiz do caso? Como estabelecer quais instituições, sejam públicas ou privadas, devem atuar na construção do plano de ação? Como determinar se as referidas instituições são representantes adequadas do segmento social afetado? Objetivou-se contribuir para a resposta de algumas dessas indagações, mas são questionamentos que ultrapassam o escopo da pesquisa, pretendendo-se abordá-los em estudos futuros.

Não existem soluções fáceis para problemas complexos. As medidas sugeridas neste trabalho, sem dúvidas, não são fáceis, tampouco milagrosas, exigindo mudanças importantes na atuação dos atores envolvidos em processos coletivos relacionados à efetivação de políticas públicas. Contudo, como dito no capítulo 4, a dificuldade não deve ser uma razão para se conformar com o *status quo* atual, e sim uma justificativa para desenvolver soluções inovadoras e criativas.

Os processos estruturais podem funcionar como um importante instrumento de proteção aos grupos vulneráveis no País, permitindo que alcancem mudanças institucionais inviáveis por outros meios. A principal lição que a experiência sul-africana pode dar ao Brasil é mostrar que os referidos grupos não devem ser encarados apenas como objeto da tutela judicial ou administrativa, mas tratados com dignidade e vistos como colaboradores na construção da solução do problema estrutural.

Portanto, mesmo que se reconheçam diferenças na realidade jurídica e social brasileira quando comparada à realidade sul-africana, acredita-se que o exemplo sul-africano pode contribuir para o aperfeiçoamento dos processos estruturais no Brasil, merecendo maior atenção por parte dos juristas brasileiros que querem repensar o papel do povo no constitucionalismo contemporâneo.

REFERÊNCIAS

ÁFRICA DO SUL. *Breaking New Groung*. Pretória, 2004. Disponível em: http://housingfinanceafrica.org/app/uploads/South-Africa-Breaking-New-Ground-BNG.pdf. Acesso em: 10 mar. 2020.

ÁFRICA DO SUL. Constituição (1996). *Constitution of the Republic of South Africa No. 108 of 1996*. Pretória, 1996. Disponível em: https://www.gov.za/sites/default/files/images/a108-96.pdf. Acesso em: 17 fev. 2021.

ÁFRICA DO SUL. Corte Constitucional da África do Sul. *Mazibuko and Others vs. City of Johannesburg and Others (CCT 39/09)*. Joanesburgo, 2009. Disponível em: http://www.saflii.org/za/cases/ZACC/2009/28.pdf. Acesso em: 11 mar. 2020.

ÁFRICA DO SUL. Corte Constitucional da África do Sul. *Minister of Health and Others vs. Treatment Action Campaign and Others (CCT8/02)*. Joanesburgo, 2002. Disponível em: http://www.saflii.org/za/cases/ZACC/2002/15.pdf. Acesso em: 12 maio 2020.

ÁFRICA DO SUL. Corte Constitucional da África do Sul. *Primeiro Julgamento de Certificação da Constituição da República da África do Sul nº CCT 23/96*. Joanesburgo, 1996. Disponível em: http://www.saflii.org/za/cases/ZACC/1996/26.pdf. Acesso em: 16 jan. 2020.

ÁFRICA DO SUL. Corte Constitucional. *Fose vs. Minister of Safety and Security (CCT14/96)*. Joanesburgo, 1997. Disponível em: http://www.saflii.org/za/cases/ZACC/1997/6.pdf. Acesso em: 12 maio 2020.

ÁFRICA DO SUL. Corte Constitucional. *Occupiers of 51 Olivia Road, Berea Township, and 197 Main Street vs. City of Johannesburg*. Joanesburgo, 2008. Disponível em: http://www.saflii.org/za/cases/ZACC/2008/1.pdf. Acesso em: 09 mar. 2020.

ÁFRICA DO SUL. Corte Constitucional. *Pheko and Others vs. Ekurhuleni Metropolitan Municipality (No 2) (CCT19/11)*. Joanesburgo, 2015. Disponível em: http://www.saflii.org/za/cases/ZACC/2015/10.pdfhttp://www.saflii.org/za/cases/ZAGPHC/2008/255.pdf. Acesso em: 23 nov. 2020.

ÁFRICA DO SUL. Corte Constitucional. *Port Elizabeth Municipality vs. Various Occupiers (CCT 53/03)*. Joanesburgo, 2004. Disponível em: http://www.saflii.org/za/cases/ZACC/2004/7.html. Acesso em: 17 jan. 2020.

ÁFRICA DO SUL. Corte Constitucional. *Residents of Joe Slovo Community, Western Cape vs. Thebelisha Homes and Others (CCT 22/08)*. Joanesburgo, 2009. Disponível em: http://www.saflii.org/za/cases/ZAGPHC/2008/255.pdf. Acesso em: 23 mar. 2020.

ÁFRICA DO SUL. Corte Constitucional. *Residents of Joe Slovo Community, Western Cape vs. Thebelisha Homes and Others (CCT 22/08)*. Joanesburgo, 2011. Disponível em: http://www.saflii.org/za/cases/ZACC/2011/8.pdf. Acesso em: 23 mar. 2020.

ÁFRICA DO SUL. High Court of South Africa (Transvaal Provincial Division). *Mamba and Other vs. Minister of Social Development n° 36573/08*. Joanesburgo, 2008. Disponível em: http://www.saflii.org/za/cases/ZAGPHC/2008/255.pdf. Acesso em: 23 mar. 2020.

ÁFRICA DO SUL. *Housing Act 107*. Pretória, 1997. Disponível em: http://thehda.co.za/pdf/uploads/multimedia/Housing_Act_107_of_1997.pdf. Acesso em: 10 mar. 2020.

ÁFRICA DO SUL. *Promotion of Administrative Justice Act 3*. Pretória, 2000. Disponível em: https://www.qcto.org.za/images/legal/PAJA.pdf. Acesso em: 10 mar. 2020.

ALBUQUERQUE, Felipe Braga; SERAFIM, Matheus Casimiro Gomes. A importância da participação pública nos processos estruturais: contribuições da teoria normativa de Susan Sturm. *REI – Revista Estudos Institucionais*, v. 6, n. 2, p. 643-665, 2020.

ALENCAR, Rafael Vieira de. *A proposta racial de Nina Rodrigues para a leitura do Brasil no final do século XIX*: assimilação e ruptura. 2018. 132f. Dissertação (Mestrado) – Curso de Direito, Universidade Federal do Ceará, Fortaleza, 2018.

AMADO, Guilherme. Gastos da União com judicialização da saúde cresceram 4600% em 10 anos. *Época*, 2019. Disponível em: https://epoca.globo.com/guilherme-amado/gastos-da-uniao-com-judicializacao-da-saude-cresceram-4600-em-dez-anos-23684050#:~:text=O%20dado%20consta%20de%20apresenta%C3%A7%C3%A3o,R%24%201%2C1%20bilh%C3%A3o. Acesso em: 31 out. 2020.

ANDRADE, Érico. Gestão processual flexível, colaborativa e proporcional: cenários para implementação das novas tendências no CPC/2015. *Revista da Faculdade de Direito da UFMG*, n. 76, p. 183-212, 2020.

ANDRADE, Tatiane Costa de. *Medidas executivas atípicas*: a interpretação do art. 139, inciso IV, do CPC e suas controvérsias. 2020. 231f. Dissertação (Mestrado) – Curso de Direito, Pontifícia Universidade Católica de Minas Gerais, Belo Horizonte, 2020.

ARENHART, Sérgio Cruz. Decisões estruturais no direito processual civil brasileiro. *Revista de Processo*, [S.l.], v. 38, n. 225, p. 389-410, nov. 2013.

ARENHART, Sérgio Cruz. Processo multipolar, participação e representação de interesses concorrentes. *In*: ARENHART, Sérgio Cruz; JOBIM, Marco Félix (Org.). *Processos Estruturais*. Salvador: Juspodivm, 2017. p. 423-448.

ARENHART, Sérgio Cruz. Processos estruturais no direito brasileiro: reflexões a partir do caso da ACP do carvão. *Revista de Processo Comparado*, São Paulo, v. 2, 2015, edição eletrônica.

ARIZA, Libardo José. The Economic and Social Rights of Prisoners and Constitutional Court Intervention in the Penitentiary System in Colombia. *In*: MALDONADO, Daniel Bonilla. *Constitutionalism of the Global South*: The activist tribunals of India, South Africa, and Colombia. New York: Cambridge University Press, 2013. p. 129-162.

AUGUS, Vanessa Mary. *The mechanism of meaningful engagement in socio-economic rights cases as an enabler for the realisation of transformation and capacity building of the poor*. 2018. 84f. Dissertação (Mestrado) – Curso de Direito, Universidade de Pretoria, Pretoria, 2018.

BATISTA, Felipe Vieira. *A recuperação judicial como processo coletivo*. 2017. 155f. Dissertação (Mestrado) – Curso de Direito, Universidade Federal da Bahia, Salvador, 2017.

BEATTY, David M. *A essência do Estado de Direito*. Tradução de Ana Aguiar Cotrim. São Paulo: WMF Martins Fontes, 2014.

BENJAMIN, Walter. The Translator's Task. Translated by Steven Rendall. *Ttr*: traduction, terminologie, rédaction, [s.l.], v. 10, n. 2, p. 151-165, 1997.

BERG, Shanelle van Der. Meaningful engagement: Proceduralising socio-economic rights further or infusing administrative law with substance?. *South African Journal on Human Rights*, [s.l.], v. 29, n. 2, p. 376-398, jan. 2013.

BHABHA, Homi K. *The Location of Culture*. Londres: Routledge, 1994.

BHAGWATI, P. N.; DIAS, C. J. The judiciary in India: a hunger and thirst for justice. *NUJS Law Review*, v. 5, p. 171-188, 2012.

BONAVIDES, Paulo. *Teoria constitucional da democracia participativa*. São Paulo: Malheiros, 2001.

BRANCO, Luís Bernardo Nunes Mexia Castelo. *A política externa sul-africana*: do apartheid a Mandela. 2003. 445f. Tese (Doutorado) – Curso de Ciências Sociais, Instituto Superior de Ciências do Trabalho e da Empresa, Lisboa, 2003.

BRAND, Jacobus Frederick Danie. *Courts, socio-economic rights and transformative politics*. 2009. 312f. Tese (Doutorado) – Curso de Direito, Stellenbosch University, Stellenbosch, 2009.

BRAND, Jacobus Frederick Danie. The proceduralisation of South African socio-economic rights jurisprudence or what are socioeconomic rights for. *In*: BOTHA, Henk; VAN DER WALT, André; VAN DER WALT, Johan (Org.). *Rights and democracy in a transformative constitution*. Stellenbosch: Sun Press, 2003. p. 33-56.

BRASIL. Câmara dos Deputados. *Projeto de Lei nº 8058/2014*. Institui processo especial para o controle e intervenção em políticas públicas pelo Poder Judiciário e dá outras providências. Brasília, 2014. Disponível em: https://www.camara.leg.br/proposicoesWeb/fichadetramitacao?idProposicao=687758. Acesso em: 03 fev. 2021.

BRASIL. Ministério da Justiça. DEPEN – Departamento Penitenciário Nacional. *Levantamento nacional de informações penitenciárias – INFOPEN*. Brasília: Ministério da Justiça – DEPEN, fev. 2020. Disponível em: https://app.powerbi.com/view?r=eyJrIjoiMmU4ODAwNTAtY2IyMS00OWJiLWE3ZTgtZGNjY2ZhNTYzZDliIiwidCI6ImViMDkwNDIwLTQ0NGMtNDNmNy05MWYyLTRiOGRhNmJmZThlMSJ9. Acesso em: 20 dez. 2019.

BRASIL. *Pacto Internacional sobre Direito Civis e Políticos*. Brasília, 1992. Disponível em: http://www.planalto.gov.br/ccivil_03/decreto/1990-1994/d0592.htm. Acesso em: 09 dez. 2020.

BRASIL. Senado. *Projeto de Lei do Senado nº 736/2015*. Altera as Leis nºs 9.882, de 03 de dezembro de 1999, e 13.105, de 16 de março de 2015, para estabelecer termos e limites ao exercício do controle concentrado e difuso de constitucionalidade pelo Supremo Tribunal Federal, dispor sobre o estado de coisas inconstitucional e o compromisso significativo. Brasília, 2015c. Disponível em: https://www25.senado.leg.br/web/atividade/materias/-/materia/124010. Acesso em: 02 jan. 2020.

BRASIL. Supremo Tribunal Federal. *Arguição de Descumprimento de Preceito Fundamental nº 45/DF*. Arguente: Partido da Social-Democracia Brasileira – PSDB. Relator: Ministro Celso de Mello. Disponível em: http://www.sbdp.org.br/arquivos/material/343_204%20ADPF%202045.pdf. Acesso em: 17 set. 2019.

BRASIL. Supremo Tribunal Federal. Arguição de Descumprimento de Preceito Fundamental nº 347/DF. Relator: Ministro Marco Aurélio. *Diário Oficial da União*. Brasília, 2015b. Disponível em: http://www.jota.info/wp-content/uploads/2015/05/ADPF-347.pdf. Acesso em: 25 jul. 2019.

BRASIL. Supremo Tribunal Federal. Arguição de Descumprimento de Preceito Fundamental nº 682. Decisão monocrática do relator. Relator: Ministro Ricardo Lewandowski. *Diário Oficial da União*. Brasília, 2020b. Disponível em: http://www.stf.jus.br/arquivo/cms/noticiaNoticiaStf/anexo/ADPF682.pdf. Acesso em: 17 ago. 2020.

BRASIL. Supremo Tribunal Federal. Arguição de Descumprimento de Preceito Fundamental nº 709. Decisão monocrática sobre os pedidos cautelares. Relator: Ministro Luis Roberto Barroso. *Diário Oficial da União*. Brasília, 2020c. p. 5-7. Disponível em: http://portal.stf.jus.br/processos/downloadPeca.asp?id=15343710124&ext=.pdf. Acesso em: 31 out. 2020.

BRASIL. Supremo Tribunal Federal. Arguição de Descumprimento de Preceito Fundamental nº 682. Petição inicial. Relator: Ministro Ricardo Lewandowski. *Diário Oficial da União*. Brasília, 2020a. p. 70. Disponível em: https://www.jota.info/wp-content/uploads/2020/05/oab-suspensao-cursos-de-direito.pdf. Acesso em: 09 maio 2020.

BRASIL. Supremo Tribunal Federal. Arguição de Descumprimento de Preceito Fundamental nº 822. Voto do relator. Relator: Ministro Marco Aurélio. *Diário Oficial da União*. Brasília, 2021. p. 25. Disponível em: https://www.migalhas.com.br/arquivos/2021/6/462C9A5171F20B_5364115.pdf. Acesso em: 26 jun. 2021.

BRASIL. Supremo Tribunal Federal. Arguição de Descumprimento de Preceito Fundamental nº 635. Relator: Ministro Edson Fachin. *Diário Oficial da União*. Brasília, 2019. Disponível em: https://portal.stf.jus.br/processos/detalhe.asp?incidente=5816502. Acesso em: 26 jun. 2021.

BRASIL. Supremo Tribunal Federal. Arguição de Descumprimento de Preceito Fundamental nº 742. Decisão monocrática sobre os pedidos cautelares. Relator: Ministro Marco Aurélio. *Diário Oficial da União*. Brasília, 2020d. Disponível em http://portal.stf.jus.br/processos/detalhe.asp?incidente=6001379. Acesso em: 26 jun. 2021.

BRASIL. Supremo Tribunal Federal. Recurso Extraordinário nº 271.286/RS. Relator: Ministro Celso de Mello. *Diário Oficial da União*. Brasília, 2000. Disponível em: http://redir.stf.jus.br/paginadorpub/paginador.jsp?docTP=AC&docID=335538. Acesso em: 16 maio 2020.

BRASIL. Supremo Tribunal Federal. Recurso Extraordinário nº 592.581. Relator: Ministro Ricardo Lewandowski. *Diário Oficial da União*. Brasília, 2015a. Disponível em: http://www.stf.jus.br/portal/jurisprudenciaRepercussao/verAndamentoProcesso.asp?incidente=2637302&numeroProcesso=592581&classeProcesso=RE&numeroTema=220. Acesso em: 17 set. 2019.

BRASIL. Supremo Tribunal Federal. Recurso Extraordinário nº 594.018/RJ. Relator: Ministro Eros Grau. *Diário Oficial da União*. Brasília, 2009. Disponível em: http://www.mpsp.mp.br/portal/page/portal/Educacao/Jurisprudencia/STF-%20RE%20594018-RJ-Carencia%20de%20professores.pdf. Acesso em: 16 maio 2020.

BUDLENDER, Geoff. The role of the courts in achieving the transformative potential of socio-economic rights: panel discussion. *ESR Review: Economic and Social Rights in South Africa*, v. 8, n. 1, p. 9-11, 2007.

BUENO, C. C.; FACHIN, Melina Girardi. Decisões estruturantes na jurisdição constitucional brasileira: critérios processuais da tutela jurisdicional de direitos prestacionais. *Revista de Estudos Institucionais*, v. 4, p. 211-246, 2018.

CABRAL, Antonio do Passo; ZANETI JR.; Hermes. Entidades de infraestrutura específica para a resolução de conflitos coletivos: as *claims resolutions facilities* e sua aplicabilidade no Brasil. *Revista de Processo*, v. 287, ano 44, p. 445-483, 2019.

CAMPOS, Carlos Alexandre de Azevedo. *Dimensões do ativismo judicial do STF*. Rio de Janeiro: Forense, 2014.

CAMPOS, Carlos Alexandre de Azevedo. *Estado de coisas inconstitucional*. Salvador: Juspodivm, 2016.

CAPPELLETTI, Mauro; GARTH, Bryant. *Acesso à justiça*. Tradução de Ellen Gracie Northfleet. Porto Alegre: Sergio Antonio Fabris, 1988.

CARDOSO, J. C. As vantagens da comparação jurídica de sistemas. *Revista da Faculdade de Ciências Humanas e Sociais*, Porto, n. 1, p. 145-150, 2004.

CARVALHO, Luiz Gustavo Grandinetti Castanho de. *Liberdade de informação e o direito difuso à informação verdadeira*. Rio de Janeiro: Renovar, 2003.

CARVALHO, Márcia Haydée Porto de; MURAD, Rakel Dourado. O caso da vaquejada entre o Supremo Tribunal Federal e o Poder Legislativo: a quem cabe a última palavra?. *Revista de Biodireito e Direito dos Animais*, [s.l.], v. 3, n. 2, p. 18-37, dez. 2017.

CASSELS, Jamie. Judicial Activism and Public Interest Litigation in India: Attempting the Impossible?. *The American Journal of Comparative Law*, v. 37, n. 3, p. 495-519, 1989.

CHAGAS, Tayná Tavares das *et al*. Estado de coisas inconstitucional: um estudo sobre os casos colombiano e brasileiro. *Revista Quaestio Iuris*, [s.l.], v. 8, n. 4, p. 2596-2612, 26 dez. 2015.

CHALMERS, A. F. *O que é ciência afinal?*. Tradução de Raul Filker. Brasília: Brasiliense, 1993.

CHENWI, Lilian. 'Meaningful engagement' in the realisation of socio-economic rights: the South African experience. *Southern African Public Law*, v. 26, n. 1, p. 128-156, 2011.

CHENWI, Lilian. Democratizing the socio-economic rights-enforcement process. *In*: GARCÍA, Helena Alviar; KLARE, Karl; WILLIAMS, Lucy A. (Ed.). *Social and Economic Rights in Theory and Practice*: Critical Inquiries. Nova York: Routledge Research in Human Rights Law, 2014. p. 178-196.

CHENWI, Lilian; TISSINGTON, Kate. *Engaging meaningfully with government on socio-economic rights*: a focus on the right to housing. University of the Western Cape: Community Law Centre, March, 2010.

CHUEIRI, Vera Karam de; MACEDO, José Arthur Castillo de. Teorias constitucionais progressistas, *backlash* e vaquejada. *Sequência*, n. 80, p. 123-150, 2018.

CLARK, Giovani Clark; LIMA, Bruno Fernandes Magalhães Pinheiro. Políticas urbanas: a encriptação do direito e a desencriptação pela aplicação da ideologia constitucional adotada. *Revista de Direito, Economia e Desenvolvimento Sustentável*, v. 2, n. 2, p. 1-16, 2017.

CLOETE, Clireesh Terry. *A critical analysis of the approach of the courts in the application of eviction remedies in the pre-constitutional and constitutional context*. 2016. 231f. Dissertação (Mestrado) – Curso de Direito, Stellenbosch University, Stellenbosch, 2016.

COSTA, Eduardo José da Fonseca. A "execução negociada" de políticas públicas em juízo. *Revista de Processo*, São Paulo, ano 37, v. 212, p. 25-56, 2012.

COTA, Samuel Paiva; NUNES, Leonardo Silva. Medidas estruturais no ordenamento jurídico brasileiro: os problemas da rigidez do pedido na judicialização dos conflitos de interesse público. *Revista de Informação Legislativa*, v. 55, n. 217, p. 243-255, jan./mar. 2018.

CRISTÓVAM, José Sérgio da Silva. O Estado Democrático de Direito como princípio constitucional estruturante do direito administrativo: uma análise a partir do paradigma emergente da Administração Pública democrática. *Revista de Direito Administrativo e Gestão Pública*, v. 2, n. 2, p. 145-167, 2016.

CUMMINGS, Scott L.; RHODE, Deborah L. Public Interest Litigation: Insights from Theory and Practice. *Fordham Urban Law Journal*, v. 36, p. 603-652, 2009.

DAVIS, D. M. The Case against the Inclusion of Socioeconomic Demands in a Bill of Rights Except as Directive Principles. *South African Journal on Human Rights*, [s.l.], v. 8, n. 4, p. 475-490, jan. 1992.

DAVIS, Dennis M.; MACKLEM, Patrick; MUNDLAK, Guy. Social Rights, Social Citizenship, and Transformative Constitutionalism: A Comparative Assessment. *Labour Law in an Era of Globalization transformative Practices and Possibilities*, [s.l.], p. 510-534, 29 jan. 2004.

DELGADO, Maurício José Godinho; SOUZA, Luiza Baleeiro Coelho. Introdução ao *Welfare State*: construção, pilares estruturais e sentido civilizatório. *Revista da Faculdade Mineira de Direito*, v. 22, n. 43, p. 1-28, 2019.

DIAS, Roberto; MOHALLEM, Michael Freitas. O diálogo jurisdicional sobre direitos humanos e a ascensão da rede global de cortes constitucionais. *In*: PIOVESAN, Flávia; SALDANHA, Jânia Maria Lopes. *Diálogos jurisdicionais e direitos humanos*. S.l: Gazeta Jurídica, 2016. p. 347-383.

DIDIER JR., Fredie; ZANETI JR., Hermes; OLIVEIRA, Rafael Alexandria de. Notas sobre as decisões estruturantes. *In*: ARENHART, Sérgio Cruz; JOBIM, Marco Félix (Org.). *Processos estruturais*. Salvador: Juspodivm, 2017. p. 351-368.

DIXON, Rosalind. Creating dialogue about socioeconomic rights: Strong-form versus weak-form judicial review revisited. *International Journal of Constitutional Law*, v. 5, n. 3, p. 391-418, 2007.

DOCRAT, Zakeera; KASCHULA, Russell H. 'Meaningful engagement': Towards a language rights paradigm for effective language policy implementation. *South African Journal of African Languages*, [s.l.], v. 35, n. 1, p. 1-9, jan. 2015.

DORF, Michael C.; SABEL, Charles F. A constitution of democratic experimentalism. *Columbia Law Review*, p. 267-473, 1998.

DUGARD, Jackie; ROUX, Theunis. The Record of the South African Constitutional Court in Providing an Institutional Voice for the Poor: 1995-2004. *In*: GARGARELLA, Roberto; DOMINGO, Pilar; ROUX, Theunis. *Courts and social transformation in new democracies*: an institutional voice for the Poor?. Hampshire: Ashgate, 2006. p. 107-126.

DUTRA, D. C. O potencial crítico do direito comparado. *In*: TIBURCIO, Carmen; VASCONCELOS, Raphael; MENEZES, Menezes (Org.). *Panorama do direito internacional privado atual e outros temas contemporâneos*. Belo Horizonte: Arraes Editores, 2015, p. 397-409.

DUTRA, Deo Campos. Transplantes jurídicos: história, teoria e crítica no direito comparado. *Revista da Faculdade de Direito da UFRGS*, Porto Alegre, n. 39, p. 76-96, dez. 2018.

ERASMUS, Deon; HORNIGOLD, Angus. Court supervised institutional transformation in South Africa. *Potchefstroom Electronic Law Journal/Potchefstroomse Elektroniese Regsblad*, v. 18, n. 7, p. 2457-2501, 2015.

ESPINOSA, Roberto Moreno. Accountability. *In*: CASTRO, Carmen Lúcia Freitas de; GONTIJO, Cynthia Rúbia Braga; AMABILE, Antônio Eduardo de Noronha. *Dicionário de políticas públicas*. Barbacena: EdUEMG, 2012.

FERRAZ, Octavio Luiz Motta. Between activism and deference: social rights adjudication in the Brazilian Supreme Federal Tribunal. *In*: GARCÍA, Helena Alviar; KLARE, Karl; WILLIAMS, Lucy A. (Ed.). *Social and Economic Rights in Theory and Practice*: Critical Inquiries. Nova York: Routledge Research in Human Rights Law, 2014. p. 121-137.

FISS, Owen. The allure of individualism. *Iowa Law Review*, v. 78, p. 965-979, 1993.

FISS, Owen. To make the Constitution a living truth: four lectures on the Structural Injunction. *In*: ARENHART, Sérgio Cruz; JOBIM, Marco Félix (Org.). *Processos estruturais*. Salvador: Juspodivm, 2017. p. 583-607.

FOLJANTY, Lena. Legal Transfers as Processes of Cultural Translation: on the Consequences of a Metaphor. *Max Planck Institute for European Legal History Research Paper Series*, n. 2015-09.

FREIRE, Alonso. *Importação de ideias constitucionais*. 2015. Disponível em: http://www.osconstitucionalistas.com.br/importacao-de-ideias-constitucionais. Acesso em: 18 jan. 2020.

FUO, Oliver Njuh. Public participation in decentralised governments in Africa: Making ambitious constitutional guarantees more responsive. *African Human Rights Law Journal*, 15, 2015, 167-191.

GALDINO, Matheus Souza. *Processos estruturais*: identificação, funcionamento e finalidade. Salvador: Juspodivm, 2020.

GARAVITO, César Rodríguez; FRANCO, Diana Rodríguez. *Cortes y cambio social*: Cómo la Corte Constitucional transformó el desplazamiento forzado en Colombia. Bogotá: Colección de Justicia, 2010.

GARGARELLA, Roberto. Deliberative democracy, dialogic justice and the promise of social and economic rights. *In*: GARCÍA, Helena Alviar; KLARE, Karl; WILLIAMS, Lucy A. (Ed.). *Social and Economic Rights in Theory and Practice*: Critical Inquiries. Nova York: Routledge Research in Human Rights Law, 2014. p. 105-120.

GLOPPEN, Siri. *Social Rights Litigation as Transformation*: South African Perspectives. Chr. Michelsen Institute, CMI Working Paper WP, 2005: 3.

GOLDSTONE, Richard J. A South African Perspective on Social and Economic Rights. *Human Rights Brief 13*, n. 2 (2006), p. 4-7.

GRABER, Mark A. Does It Really Matter?. Conservative Courts in a Conservative Era. *Fordham Law Review*, v. 75, p. 675-708, 2006.

GRAU, Nuria Cunil. *Repensando lo público a través de la sociedad*: nuevas formas de gestión pública y representación social. Caracas: CLAD y Nueva Sociedad, 1997.

GREER, Scott L.; RAUSCHER, Simone. Destabilization rights and restabilization politics: policy and political reactions to European Union healthcare services law. *Journal of European Public Policy*, v. 18, n. 2, p. 220-240, 2011.

GUEDES, Éllida Neiva. Espaço público contemporâneo: pluralidade de vozes e interesses. *Biblioteca Online de Ciências da Comunicação*, p. 1-16, 2010.

HABERMAS, Jürgen. *Direito e democracia*: entre facticidade e validade. v. II. Rio de Janeiro: Tempo Brasileiro, 1997.

HABERMAS, Jürgen. *Mudança estrutural na esfera pública*. Rio de Janeiro: Tempo Brasileiro, 2003.

HAILBRONNER, Michaela. Transformative constitutionalism: Not only in the global south. *The American Journal of Comparative Law*, v. 65, n. 3, p. 527-565, 2017.

HELLER, Patrick. Democratic deepening in India and South Africa. *Journal of Asian and African Studies*, v. 44, n. 1, p. 123-149, 2009.

HINCAPIÉ, Gabriel Méndez; RESTREPO, Ricardo Sanín. La constitución encriptada: nuevas formas de emancipación del poder global. *Revista de Derechos Humanos y Estudios Sociales*, v. 4, n. 8, p. 97-120, 2012.

HIRSCHL, Ran. The Comparative in Comparative Constitutional Law: A Response to Dixon and Tushnet. *The American Journal of Comparative Law*, v. 64, n. 1, p. 209-217, 2016.

HIRSCHL, Ran. The question of case selection in comparative constitutional law. *The American Journal of Comparative Law*, v. 53, n. 1, p. 125-156, 2005.

HOLMES, Brenton. *Citizens' engagement in policymaking and the design of public services*. Canberra: Parliamentary Library, 2011.

HOLMES; Stephen; SUNSTEIN, Cass R. *O custo dos direitos*: por que a liberdade depende dos impostos. Tradução de Marcelo Brandão Cipolla. São Paulo: WMF Martins Fontes, 2019.

HOMERO. *Odisseia*. Tradução de Manoel Odorico Mendes. São Paulo: Atena, 2009.

IGNÁCIO, Leonardo Edi. *O progresso da ciência*: uma análise comparativa entre Karl R. Popper e Thomas S. Kuhn. 2015. 121f. Dissertação (Mestrado) – Curso de Filosofia, Filosofia, Universidade Federal de Santa Maria, Santa Maria, 2015.

JACKSON, Vicki C. Constitutional comparisons: convergence, resistance, engagement. *Harvard Law Review*, v. 119, p. 109-128, 2005.

JIUN WEH, J.-R.; CHANG, W.-C. The Changing Landscape of Modern Constitutionalism: Transitional Perspective. *National Taiwan University Law Review*, Vol. 4, No. 1, p. 145-183, 2009.

JOBIM, Marco Félix. *Medidas estruturantes*: da Suprema Corte Estadunidense ao Supremo Tribunal Federal. Porto Alegre: Livraria do Advogado, 2013.

KAHN-FREUND, Otto. On Uses and Misuses of Comparative Law. *Modern Law Review*, vol. 37, 1974.

KAMGA, Serges Alain Djoyou; HELEBA, Siyambonga. Crescimento econômico pode traduzir-se em acesso aos direitos?. Desafios das instituições da África do Sul para que o crescimento conduza a melhores padrões de vida. *SUR – Revista Internacional de Direitos Humanos*, v. 9, n. 17, p. 87-113, 2012.

KATHI, Thandeka *et al*. Constitutional Court statistics for the 2018 term. *South African Journal on Human Rights*, v. 36, n. 1, p. 112-126, 2020.

KAVANAGH, Aileen. Participation and judicial review: A reply to Jeremy Waldron. *Law and Philosophy*, v. 22, n. 5, p. 451-486, 2003.

KLARE, Karl E. Criticial perspectives on social and economic rights, democracy and separation of powers. *In*: GARCÍA, Helena Alviar; KLARE, Karl; WILLIAMS, Lucy A. (Ed.). *Social and Economic Rights in Theory and Practice*: Critical Inquiries. Nova York: Routledge Research in Human Rights Law, 2014. p. 3-22.

KLARE, Karl E. Legal culture and transformative constitutionalism. *South African Journal on Human Rights*, v. 14, n. 1, p. 146-188, 1998.

KOTZÉ, Tina. *Effective relief regarding residential property following a failure to execute an eviction order*. 2016. 229f. Tese (Doutorado) – Curso de Direito, Stellenbosch University, Stellenbosch, 2016.

KOZICKI, Katya. *Backlash*: as "reações contrárias" à decisão do Supremo Tribunal Federal na ADPF nº 153. *In*: SOUZA JÚNIOR, José Geraldo de *et al*. (Org.). *O direito achado na rua*: introdução crítica à justiça de transição na América Latina. Brasília: UnB, 2015. v. 7. p. 192-196.

LANDAU, David. The Reality of Social Rights Enforcement. *Harvard International Law Journal*, v. 53, n. 1, p. 190-247, 2012.

LANGA, Pius. Transformative constitutionalism. *Stellenbosch Law Review*, v. 17, p. 351-360, 2006.

LANGER, Máximo. Dos transplantes jurídicos às traduções jurídicas: a globalização do *plea bargaining* e a tese da americanização do processo penal. *Delictae: Revista de Estudos Interdisciplinares sobre o delito*, [s.l.], v. 2, n. 3, p.19-115, 28 dez. 2017.

LAWRENCE, Rosline. *The impact of supervisory orders and structural interdicts in socio economic rights cases in South Africa*. 2013. 84f. Dissertação (Mestrado) – Curso de Direito, Universidade de Western Cape, Bellville, 2013.

LEGRAND, Pierre. *Como ler o direito estrangeiro*. Tradução de Daniel Wunder Hachem. São Paulo: Contracorrente, 2018.

LEGRAND, Pierre. The Impossibility of 'Legal Transplants'. *Maastricht Journal of European and Comparative Law*, [s.l.], v. 4, n. 2, p. 111-124, jun. 1997.

LEVINE, Murray. The role of special master in institutional reform litigation: A case study. *Law & Policy*, v. 8, n. 3, p. 275-321, 1986.

LIEBENBERG, S. The right to social assistance: the implications of Grootboom for policy reform in South Africa. *South African Journal of Human Rights*, 17(2), p. 232-257, 2001.

LIEBENBERG, Sandra. Participatory Justice in Social Rights Adjudication. *Human Rights Law Review*, [s.l.], v. 18, n. 4, p.623-649, 21 nov. 2018.

LIEBENBERG, Sandra. Engaging the paradoxes of the universal and particular in human rights adjudication: The possibilities and pitfalls of 'meaningful engagement'. *African Human Rights Law Journal*, Pretoria, v. 12, n. 1, p. 1-29, 2012.

LIEBENBERG, Sandra. Remedial principles and meaningful engagement in education rights disputes. *PER: Potchefstroomse Elektroniese Regsblad*, v. 19, n. 1, p. 1-43, 2016.

LIEBENBERG, Sandra; YOUNG, Katharine G. Adjudicating social and economic rights: Can democratic experimentalism help?. *In*: GARCÍA, Helena Alviar; KLARE, Karl; WILLIAMS, Lucy A. (Ed.). *Social and Economic Rights in Theory and Practice*: Critical Inquiries. Nova York: Routledge Research in Human Rights Law, 2014. p. 237-257.

LIMA, Flavia; FRANÇA, Eduarda. Ativismo dialógico X Bloqueios institucionais: limites e possibilidades do controle jurisdicional de políticas públicas a partir da sentença T-025/04 da Corte Colombiana. *Argumenta Journal Law*, n. 31, p. 209-243, 2019.

LOPES FILHO, Juraci Mourão; CIDRÃO, Taís Vasconcelos. A (in)constitucionalidade da vaquejada: desacordos, integridade e *backlash*. *Revista de Direito Econômico e Socioambiental*, v. 9, n. 3, p. 119-160, 2018.

LOPES FILHO, Juraci Mourão; MAIA, Isabelly Cysne Augusto. O uso de precedentes estrangeiros e a declaração de estado de coisas inconstitucionais pelo Supremo Tribunal Federal. *Revista Brasileira de Estudos Políticos*, v. 117, p. 219-273, 2018.

MAGALHÃES, Breno Baía. O estado de coisas inconstitucional na ADPF nº 347 e a sedução do direito: o impacto da medida cautelar e a resposta dos poderes políticos. *Revista Direito GV*, [s.l.], v. 15, n. 2, p. 1-37, 2019.

MAGALHÃES, José Luiz Quadros de. O poder local no Brasil: a alternativa da democracia participativa. *Revista Katálysis*, v. 7, n. 1, p. 85-98, 2004.

MAHOMEDY, Sameera. *The potential of meaningful engagement in realsing socio-economic rights*: Addressing quality concerns. 2019. 171f. Dissertação (Mestrado) – Law, Stellenbosch University, Stellenbosch, 2019.

MAIA, Isabelly Cysne Augusto. *Análise da ADPF nº 347 e da inadequabilidade do estado de coisas inconstitucional para a efetivação dos serviços públicos*: por novos protagonistas na esfera pública democrática. 2018. 177f. Dissertação (Mestrado) – Curso de Direito, Universidade Federal do Ceará, Fortaleza, 2018.

MAKABA, Ipeleng Josephinah. *Citizen participation and meaningful engagement as effective tools for good governance in policy-making and realisation of economic, social and cultural rights*. 2018. 67f. Dissertação (Mestrado) – Curso de Direito, University of Pretoria, Pretoria, 2018.

MARMELSTEIN, George. A eficácia incompleta das normas constitucionais: desfazendo um mal-entendido sobre o parâmetro normativo das omissões inconstitucionais. *Revista Jurídica da Fa7*, Fortaleza, v. 12, n. 1, p. 10-28, 2015a.

MARMELSTEIN, George. O estado de coisas inconstitucional: uma análise panorâmica. *In*: OLIVEIRA, Pedro Augusto de; LEAL, Gabriel Prado (Org.). *Diálogo Jurídicos Luso-Brasileiros – perspectivas atuais de Direto Público*: o Direito em tempos de crise. v. 1. Salvador: Faculdade Baiana de Direito, 2015b, p. 241- 264.

MARMELSTEIN, George. *O que é ativismo, afinal?*. Disponível em: https://direitosfundamentais.net/2018/04/18/o-que-e-ativismo-afinal/. Acesso em: 23 abr. 2018.

MBAZIRA, Christopher. Grootboom: A paradigm of individual remedies versus reasonable programmes. *Southern African Public Law*, v, 26, n. 1, p. 60-80, 2011.

MCDONALD, Angus. Crypt, mausoleaum, cenotaph; supulchre: metaphors of encryption. *Revista da Faculdade Mineira de Direito*, v. 23, n. 45, p. 49-60, 2020.

MCLEAN, Kirsty. Meaningful Engagement: One Step Forward or Two Back? Some thoughts on Joe Slovo. *Constitutional Court Review*, Johannesburg, v. 3, p. 223-242, 2010.

MENDES, Conrado Hübner. *Direitos fundamentais, separação de poderes e deliberação*. São Paulo: Saraiva, 2011.

MICHELMAN, F. I. The constitution, social rights, and liberal political justification. *International Journal of Constitutional Law*, [s.l.], v. 1, n. 1, p. 13-34, jan. 2003.

MINAMI, Marcos Youji. *Proposta de concretização dogmática das cláusulas gerais executivas do Código de Processo Civil Brasileiro de 2015*. 110f. Tese (Doutorado) – Curso de Direito, Universidade Federal da Bahia, Salvador, 2017.

MINHOTO, Antonio Celso Baeta. Ativismo judicial em foco: o Supremo Tribunal Federal na busca do equilíbrio entre inclusão social e respeito ao livre mercado. *Revista Jurídica da Presidência*, v. 17 n. 113, p. 629-656, 2016.

MOKGORO, Yvonne. Ubuntu and the law in South Africa. *Potchefstroom Electronic Law Journal/Potchefstroomse Elektroniese Regsblad*, v. 1, n. 1, p. 1-11, 1998.

MULLER, Gustav. Conceptualizing "Meaningful Engagement" as a Deliberative Democratic Partnership. *Stellenbosch Law Review*, Stellenbosch, v. 22, p.742-758, 2011.

MUREINIK, Etienne. A bridge to where?. Introducing the Interim Bill of Rights. *South African Journal on Human Rights*, v. 10, n. 1, p. 31-48, 1994.

NASCIMENTO, F. A. S. *Direitos fundamentais e sua dimensão objetiva*. Porto Alegre: Sergio Antônio Fabris, 2016.

NEVES, Marcelo. Constitucionalização simbólica e desconstitucionalização fática: mudança simbólica de constituição e permanência das estruturas reais de poder. *Revista de Informação Legislativa*, Brasília, v. 33, n.132, p. 321-330, 1996.

NEVES, Marcelo. *Entre Hidra e Hércules*: princípios e regras constitucionais. 2. ed. São Paulo: WMF Martins Fontes, 2014.

NGANG, Carol C. Judicial enforcement of socio-economic rights in South Africa and the separation of powers objection: The obligation to take 'other measures'. *African Human Rights Law Journal*, v. 14, n. 2, p. 655-680, 2014.

NTLAMA, Nomthandazo Patience. *The implementation of Court orders in respect of socio-economic rights in South Africa*. 2003. 128f. Dissertação (Mestrado) – Curso de Direito, Stellenbosch University, Stellenbosch, 2003.

NUNES, Daniel Capecchi; BRANDÃO, Rodrigo. O STF e as entidades de classe de âmbito nacional: a sociedade civil e seu acesso ao controle concentrado de constitucionalidade. *Revista de Direito da Cidade*, v. 10, n. 1, p. 164-196, 2018.

ODIAKA, N. The face of violence: rethinking the concept of xenophobia, immigration laws and the rights of non-citizens in South Africa. *Brics Law Journal*, [s.l.], v. 4, n. 2, p. 40-70, 1º jan. 2017.

OLIVEIRA, Manfredo. *A ontologia em debate no pensamento contemporâneo*. São Paulo: Paulus, 2014.

OLIVEIRA, Rafael Santos de; RAMINELLI, Francieli Puntel. O direito ao acesso à informação na construção da democracia participativa: uma análise da página do Conselho Nacional de Justiça no Facebook. *Sequência*, n. 69, p. 159-182, 2014.

ONUSIDA. 2020. Los Derechos Humanos en tiempos de Covid-19: Lecciones del VIH para una respuesta efectiva dirigida por la comunidad. Disponível em: https://www.unaids.org/sites/default/files/media_asset/human-rights-and-covid19_es.pdf. Acesso em: 31 out. 2020.

PARDO, D. W. A. Judiciário e políticas públicas ambientais: uma proposta de atuação baseada no 'compromisso significativo'. *Revista de Direito Ambiental*, v. 72, p. 161-210, 2013.

PÉREZ LUÑO, Antonio Enrique. *Los derechos humanos en la sociedad tecnológica*. Madrid: Editorial Universitas, 2012.

PIETERSE, Marius. What do we mean when we talk about transformative constitutionalism?. *SA Public Law*, v. 20, n. 1, p. 155-166, 2005.

PILLAY, Anashri. Toward effective social and economic rights adjudication: The role of meaningful engagement. *International Journal of Constitutional Law*, v. 10, n. 3, p. 732-755, 2012.

POPPER, Karl. O problema da indução. *In*: MILLER, David (Org.). *Popper*: textos escolhidos. Tradução de Vera Ribeiro. Rio de Janeiro: Contraponto, 2010.

POST, Robert; SIEGEL, Reva. Roe rage: democratic constitutionalism and *backlash*. *Harvard Civil Rights-Civil Liberties Law Review*, v. 42, p. 373-433, 2007.

PUGA, Mariela G. *Litigio estructural*. 2013. 329f. Tese (Doutorado) – Faculdade de Direito, Universidade de Buenos Aires, Buenos Aires, 2013.

PUGA, Mariela. El litigio estructural. *Revista de Teoría del Derecho de la Universidad de Palermo*, v. 1, n. 2, p. 41-82, 2014.

PUNTEL, Lorenz B. *A unidade da filosofia e a pluralidade de correntes filosóficas*: expressão da potencialidade criadora do pensamento, prova de autodesqualificação da filosofia ou problema solúvel/insolúvel?. Porto Alegre (mimeo), 2013.

PUNTEL, Lorenz B. *Structure and Being*: A Theoretical Framework for a Systematic Philosophy. Pennsylvania: The Pennsylvania State University Press, 2008.

RADEBE, Sibusiso Blessing. *The protection of the right of access to adequate housing by the South African Constitutional Court*. 2013. 190f. Dissertação (Mestrado) – Curso de Direito, Stellenbosch University, Stellenbosch, 2013.

RAMOS, Eival da Silva. *Ativismo judicial*: parâmetros dogmáticos. 2. ed. São Paulo: Saraiva, 2015.

RAY, Brian. Engagement's Possibilities and Limits as a Socioeconomic Rights Remedy. *Washington University Global Studies Law Review*, v. 9, issue 3, p. 399-425, 2010.

RAY, Brian. *Engaging with Social Rights*: Procedure, Participation, and Democracy in South Africa's Second Wave. Cambridge: Cambridge University Press, 2016.

RAY, Brian. Proceduralisation's Triumph and Engagement's Promise in Socio-Economic Rights Litigation. *South African Journal on Human Rights*, [s.l.], v. 27, n. 1, p. 107-126, jan. 2011.

RESTREPO, Ricardo Sanín. Cinco tesis desde el pueblo oculto. *Oxímora: Revista Internacional de Ética y Política*, n. 1, p. 10-39, 2012.

RESTREPO, Ricardo Sanín. *Teoría crítica constitucional*: la democracia a la enésima potencia. Valencia: Tirant lo Blanch, 2014.

RODRÍGUEZ-GARAVITO, César. Beyond the courtroom: The impact of judicial activism on socioeconomic rights in Latin America. *Texas Law Review*, v. 89, p. 1669-1698, 2011.

RODRÍGUEZ-GARAVITO, César. Empowered Participatory Jurisprudence. *The Future of Economic and Social Rights*, [s.l.], p. 233-258, abr. 2019. Cambridge University Press.

ROSENBLATT, Paulo; ANDRIANI, Lorrane Torres. Transplantes jurídicos pelo Supremo Tribunal Federal em matéria tributária: uma crítica à ausência de método comparativo. *Revista Jurídica da Presidência*, [s.l.], v. 20, n. 122, p.691-715, 31 dez. 2018.

ROUX, Theunis. Legitimating Transformation: Political Resource Allocation in the South African Constitutional Court. *In*: GLOPPEN, Siri; GARGARELLA, Roberto; SKAAR, Elin. *Democratization and the judiciary*: The Accountability Function of Courts in New Democracies. London: Frank Cass Publishers, 2005. p. 66-80.

ROUX, Theunis. *The Politics of Principle*: the first South African Constitutional Court, 1995-2005. New York: Cambridge University Press, 2013.

RUTHERFORD, Jonathan. The Third Space: interview with Homi Bhabha. *In*: RUTHERFORD, Jonathan (Ed.). *Identity*: Community, Culture, Difference. London: Lawrence and Wishart, 1990. p. 207-221.

SABEL, Charles F.; SIMON, William H. *Destabilization rights*: how public law litigation succeeds. Cambridge: Harvard Law Review, 2004.

SALAZAR, Rodrigo; MEIRELES, Edilton. Decisões estruturais e acesso à justiça. *Revista Cidadania e Acesso à Justiça*, [s.l.], v. 3, n. 2, p. 21-38, 02 dez. 2017.

SAMPAIO, Karinne F. O controle e a implementação do direito à saúde: a jurisprudência da África do Sul. *Revista Digital Constituição e Garantia de Direitos*, v. 9, p. 85-109, 2016.

SAMUELSON, W.; ZECKHAUSER, R. Status Quo Bias in Decision Making. *Journal of Risk and Uncertainty*, v. 1, n.1, p. 7-59, 1988.

SARLET, Ingo Wolfgang. Direito fundamentais sociais e mínimo existencial – notas sobre um possível papel das assim chamadas decisões estruturais na perspectiva da jurisdição constitucional. *In*: ARENHART, Sérgio Cruz; JOBIM, Marco Félix (Org.). *Processos estruturais*. Salvador: Juspodivm, 2017. p. 203-232.

SCOTT, Joanne; STURM, Susan. Courts as catalysts: re-thinking the judicial role in new governance. *Columbia Journal of European Law*, v. 13, p. 565-594, 2006.

SERAFIM, Matheus Casimiro Gomes; ALBUQUERQUE, Felipe Braga. A desencriptação do poder pelos processos estruturais: uma análise da experiência sul-africana. *Revista da Faculdade Mineira de Direito*, v. 23, n. 46, p. 299-323, 2020.

SERAFIM, Matheus Casimiro Gomes; FRANÇA, Eduarda Peixoto da Cunha; NÓBREGA, Flavianne Fernanda Bitencourt. Processos estruturais e direito à moradia no Sul Global: contribuições das experiências sul-africana e colombiana. *Revista Opinião Jurídica*, Fortaleza, v. 19, n. 32, p. 148-183, 2021.

SILVA, Filipe Carreira da. *Espaço público em Habermas*. Lisboa: Imprensa de Ciências Sociais, 2002.

SILVA, Otávio Santiago Gomes da. *Judicialização da política e backlash legislativo no Brasil*: uma análise do reconhecimento judicial da união homoafetiva (2011-2018). 2018. 125f. Dissertação (Mestrado) – Curso de Ciência Política, Universidade Federal de Pelotas, Pelotas, 2018.

SILVA, Virgílio Afonso da. Integração e diálogo constitucional na América do Sul. *In*: VON BOGDANDY, Armin; PIOVESAN, Flávia; ANTONIAZZI, Mariela Morales. *Direitos humanos, democracia e integração jurídica na América do Sul*. Rio de Janeiro: Lumen Juris, 2010. p. 515-530.

SILVA, Virgílio Afonso da. Interpretação constitucional e sincretismo metodológico. *In*: SILVA, Virgílio Afonso da. *Interpretação constitucional*. São Paulo: Malheiros, 2005. p. 115-143.

SOUZA NETO, Cláudio Cruz; SARMENTO, Daniel. Notas sobre jurisdição constitucional e democracia: a questão da "última palavra" e alguns parâmetros de autocontenção judicial. *Quaestio Iuris*, v. 6, n. 2, p. 119-161, 2013.

SOUZA NETO, Gentil Ferreira de. *A força normativa da Constituição, a judicialização das políticas públicas e o Compromisso Significativo*. 2018. 146f. Dissertação (Mestrado) – Curso de Direito, Instituto Brasiliense de Direito Público, Brasília, 2018.

STRECK, Lenio Luiz. Estado de coisas inconstitucional é uma nova forma de ativismo. *Revista Consultor Jurídico*, v. 24, 2015. Disponível em: https://www.conjur.com.br/2015-out-24/observatorio-constitucional-estado-coisas-inconstitucional-forma-ativismo. Acesso em: 30 dez. 2020.

STRECK, Lenio Luiz; LIMA, Martonio Mont'Alverne Barreto. Lei das Políticas Públicas é "Estado Social a golpe de caneta?". *Revista Consultor Jurídico*, v. 10, 2015. Disponível em: https://www.conjur.com.br/2015-fev-10/lei-politicas-publicas-estado-social-golpe-caneta. Acesso em: 30 dez. 2020.

STURM, Susan P. A normative theory of public law remedies. *Georgetown Law Journal*, v. 79, p. 1357-1445, 1991.

STURM, Susan. The Promise of Participation. *Iowa Law Review*, v. 78, p. 981-1010, 1993.

SUNSTEIN, Cass R. Against positive rights. *E. Eur. Const. Rev.*, v. 2, p. 35-38, 1993.

SUSTEIN, Cass R. *Designing Democracy*: What Constitutions Do. New York: Oxford University Press, 2001.

SUNSTEIN, Cass R. Social and Economic Rights?. Lessons from South Africa. *Constitutional Forum*, [s.l.], v. 11, n. 1-4, p.123-132, 2001.

SUPREMO TRIBUNAL FEDERAL. *STF profere quase 100 mil decisões em 2020, entre monocráticas e colegiadas*. Disponível em: http://www.stf.jus.br/portal/cms/verNoticiaDetalhe.asp?idConteudo=457782#:~:text=Em%202020%2C%20foram%20recebidos%20at%C3%A9,aos%20ministros%20foram%20distribu%C3%ADdos%2039.185. Acesso em: 18 fev. 2021.

SWANEPOEL, Philip. *The potential of structural interdicts to constitute effective relief in socio-economic rights cases*. 2017. 220f. Dissertação (Mestrado) – Curso de Direito, Stellenbosch University, Stellenbosch, 2017.

TAMBWE, Giteya. *The impact of the engagement principle on the right to have access to adequate housing*: from reasonableness to engagement. 2018. 58f. Dissertação (Mestrado) – Curso de Direito, Universidade de Pretoria, Pretoria, 2018.

THIBAU, T. C. S. B. As ações coletivas e a judicialização de políticas públicas no Estado Democrático de Direito: possibilidades e limites. *MPMG jurídico*, v. 17, p. 33-36, 2009.

TUSHNET, Mark V. *Weak Courts, Strong Rights*: Judicial Review and social welfare rights in comparative constitutional law. Princeton: Princeton University Press, 2008.

TUSHNET, Mark. A response to David Landau. *In*: ARENHART, Sérgio Cruz; JOBIM, Marco Félix (Org.). *Processos estruturais*. Salvador: Juspodivm, 2017. p. 53-62.

TVERSKY, Amos; KAHNEMAN, Daniel. Judgment under uncertainty: Heuristics and biases. *Science*, v. 185, n. 4157, p. 1124-1131, 1974.

UNGER, Roberto Mangabeira. *False necessity*: anti-necessitarian social theory in the service of radical democracy. Cambridge: Cambridge University Press, 1987.

VALLE, Vanice Regina Lírio do Valle; SILVA, Cecília de Almeida. Constitucionalismo cooperativo ou a supremacia do Judiciário?. *Jurispoiesis*, Rio de Janeiro, v. 12, p. 321-348, 2009.

VALLE, Vanice Regina Lírio do. *Backlash à decisão do Supremo Tribunal Federal*: pela naturalização do dissenso como possibilidade democrática [online]. 2013. p. 9. Disponível em: https://www.academia.edu/5159210/Backlash_%C3%A0_decis%C3%A3o_do_Supremo_Tribunal_Federal_pela_naturaliza%C3%A7%C3%A3o_do_dissenso_como_possibilidade_democr%C3%A1tica. Acesso em: 26 nov. 2019.

VALLE, Vanice Regina Lírio do; HUNGRIA, Ana Luiza Hadju. Implementação gradual de direitos socioeconômicos: construtivismo constitucional na Corte Constitucional sul-africana. *Revista de Estudos Constitucionais, Hermenêutica e Teoria do Direito*, [s.l.], v. 4, n. 2, p. 226-238, 20 dez. 2012.

VARGAS HERNÁNDEZ, Clara Inés. La garantía de la dimensión objetiva de los derechos fundamentales y labor del juez constitucional colombiano en sede de acción de tutela: El llamado "Estado de cosas inconstitucional". *Estudios Constitucionales*, v. 1, n. 1, 2003. p. 203-228.

VASCONCELOS, Antônio Gomes; THIBAU, Tereza Cristina Sorice Baracho; OLIVEIRA, Alana Lúcio. O processo coletivo e o acesso à justiça sob o paradigma do Estado Democrático de Direito. *Revista Eletrônica de Direito Processual*, v. 12, n. 12, p. 66-82, 2013.

VIEIRA JUNIOR, R. J. A. *Separação de poderes, estado de coisas inconstitucional e compromisso significativo*: novas balizas à atuação do Supremo Tribunal Federal. Brasília: Núcleo de Estudos e Pesquisas/CONLEG/Senado, dez. 2015. Texto para Discussão nº 186. p. 19. Disponível em: https://www12.senado.leg.br/publicacoes/estudos-legislativos/tipos-de-estudos/textos-para-discussao/td186. Acesso em: 25 jul. 2019.

VIEIRA, Fabíola Sulpino. Direito à saúde no Brasil: seus contornos, judicialização e necessidade da macrojustiça. Texto para Discussão nº 2547, p. 57. Instituto de Pesquisa Econômica Aplicada (IPEA). Brasil, 2020. Disponível em: http://repositorio.ipea.gov.br/handle/11058/9714. Acesso em: 1º jan. 2021.

VIEIRA, J. R.; BEZERRA, R. Estado de coisas fora do lugar: uma análise comparada entre a Sentencia T025 e a ADPF nº 347/DF-MC. *In*: VIEIRA, José Ribas; CAMARGO, Margarida Maria Lacombe; SIDDHARTA, Legale (Org.). *Jurisdição constitucional e direito constitucional internacional*. Belo Horizonte: Fórum, 2016. p. 203-223.

VILHENA, Oscar Vilhena. *A batalha dos poderes*: da transição democrática ao mal-estar constitucional. São Paulo: Companhia das Letras, 2018.

VIOLIN, Jordão. *Processos estruturais em perspectiva comparada*: a experiência norte-americana na resolução de litígios policêntricos. 2019. 256f. Tese (Doutorado) – Curso de Direito, Universidade Federal do Paraná, Curitiba, 2019.

VITORELLI, Edilson. Levando os conceitos a sério: processo estrutural, processo coletivo, processo estratégico e suas diferenças. *Revista de Processo*, v. 284, p. 333-369, out. 2018.

VITORELLI, Edilson. Litígios estruturais: decisão e implementação de mudanças socialmente relevantes pela via processual. *In*: ARENHART, Sérgio Cruz; JOBIM, Marco Félix (Org.). *Processos estruturais*. Salvador: Juspodivm, 2017. p. 369-422.

VITORELLI, Edilson. *O devido processo legal coletivo*: representação, participação e efetividade da tutela jurisdicional. 2015. 719f. Tese (Doutorado) – Curso de Direito, Ciências Jurídicas, Universidade Federal do Paraná, Curitiba, 2015.

VITORELLI, Edilson. *Processo civil estrutural*: teoria e prática. Salvador: Juspodivm, 2020.

WALDRON, Jeremy. *A dignidade da legislação*. Tradução de Luís Carlos Borges. São Paulo: Martins Fontes, 2003.

WALDRON, Jeremy. A essência da oposição ao judicial review. *In*: BIGONHA, Antonio Carlos Alpino; MOREIRA, Luiz (Org.). *Legitimidade da jurisdição constitucional*. Rio de Janeiro: Lumen Júris, 2010. p. 93-157.

WATSON, Alan. *Legal Transplants*: an Approach to Comparative Law. 2. ed. Georgia: University of Georgia Press, 1974.

WATT, Natasha René. *A critical examination of 'meaningful engagement' with regard to education law*. Dissertação (Mestrado em Direito). University of Pretoria, Pretoria, 2015.

WESSON, Murray. Grootboom and Reassessing: Beyond the Socioeconomic Jurisprudence of the South African Constitutional Court. *South African Journal on Human Rights*, [s.l.], v. 20, n. 2, p. 284-308, jan. 2004.

WICKERI, Elisabeth. Grootboom's legacy: Securing the right to access to adequate housing in South Africa?. *Center for Human Rights and Global Justice Working Paper*: Economic, Social and Cultural Rights Series, v. 5, 2004.

WILLIAMS, Lucy A. The Right to Housing in South Africa: An Evolving Jurisprudence. *Columbia Human Rights Law Review*, Vol. 45, No. 3, May 2014, p. 816-845.

WILSON, Stuart. Litigating Housing Rights in Johannesburg's Inner City: 2004-2008. *South African Journal on Human Rights*, [s.l.], v. 27, n. 1, p. 127-151, jan. 2011.

WILSON, Stuart; DUGARD, Jackie. Constitutional Jurisprudence. *Socio-economic Rights in South Africa*, [s.l.], p. 35-62, 2011. Cambridge University Press.